ADAC

Mallorca

von Jens van Rooij

10 ADAC Top Tipps

Das müssen Sie gesehen haben! Die zehn Top Tipps bringen Sie zu den absoluten Highlights.

25 ADAC Empfehlungen

Unterwegs gut beraten: Diese 25 ausgesuchten Empfehlungen machen Ihren Urlaub perfekt.

Preise für ein DZ ohne Frühstück:

€ | bis 110 €
€€ | bis 170 €
€€€ | ab 170 €

Preise für ein Hauptgericht:

€ | bis 15 €
€€ | bis 22 €
€€€ | ab 22 €

1 Mehr Meer geht nicht

Wie wär's mit einem Spaziergang immer in der ersten Meerlinie? Der Weg an der Playa de Palma ist der Lieblingsbummel der Mallorquiner. Und wo sonst, als in Ca'n Pastilla kann man am Strand Flugzeuge zum Greifen nah beobachten. Dazu wird das Panorama Richtung Palma immer eindrucksvoller. Dabei nicht den kleinen Geo-/Naturpark Es Carnatge verpassen. Funktioniert auch mit Bike oder E-Roller.

■ Parken: Nähe Palma Aquarium, Höhe Balneario 14, Einkehren: Anima Beachclub, kurz vor den Avingudas, www.animabeachpalma.com

3-mal draußen

2 Filmreife Kulisse

Eigentlich »nur« ein Spaziergang in die Bucht von Deià – aber was für einer. Thriller-Serien-Filmkulisse, authentische Fischküche, ein wenig Trekking und dann Relaxen in einer der schönsten Buchten des Mittelmeers. Das Set der Serie »Nightmanager« ist auf jeden Fall einen halben Ferientag wert. Start direkt auf dem Fußpfad im Zentrum von Deià. Einkehr unten in der Traumbucht, mit einfacher oder auch mit gehobener mallorquinischer Kost auf Terrassen der Extraklasse.

■ Ca's Patró March, Carrer Sa Cala 16, Deià, oder Ca'n Lluc, Urbanizacion Sa Cala, Deià

3 Magische blaue Weinstunde

Grandiose Weine, Tapas, ganz viel Atmosphäre und der einmalige Blick auf Palma. Sicher, mit 55 € pro Person kein Schnäppchen in Santa Maria. Aber wo sonst wird man mit soviel deutschsprachiger Leidenschaft, profunder Weinkompetenz und zuletzt mit dieser einzigartigen Gesamtkomposition geradezu verzückt. Can Pizà macht blauen Wein – ja. Das Outdoor-Tasting hier überzeugt aber vollkommen mit Biowein auf tollem Niveau mit eigenem Profil.

■ Can Pizà, Carretera Marratxinet, km 2,6, Santa Maria del Camí, Tel. 653 52 86 59, www.canpiza.com

Intro

Magazin

Im Blickpunkt

Unterwegs

Seite 70

Seite 149

Zu diesen Orten und Sehenswürdigkeiten finden Sie Detailkarten im Innenteil des Reiseführers.

Service

Umschlag:

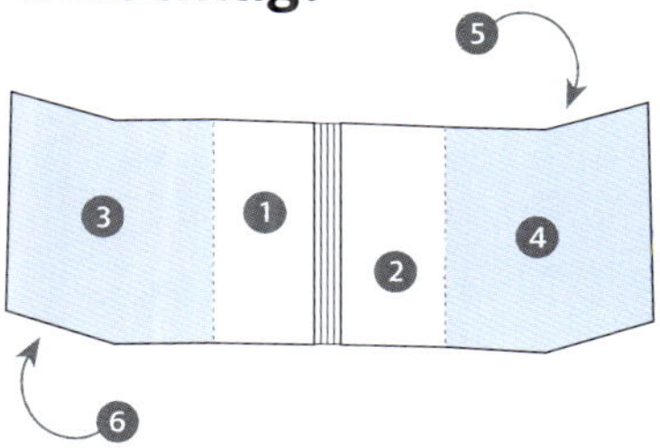

ADAC Top Tipps: Vordere Umschlagklappe, innen 1

ADAC Empfehlungen: Hintere Umschlagklappe, innen 2

Übersichtskarte Mallorca: Vordere Umschlagklappe, innen 3
Großraum Palma de Mallorca: Hintere Umschlagklappe, innen 4
Stadtplan Palma: Hintere Umschlagklappe, außen 5
Ein Tag in Palma: Vordere Umschlagklappe, außen 6

Sehnsuchtsort mit vielen Gesichtern

Rund neuen Millionen Urlauber besuchen jedes Jahr Mallorca – mit unterschiedlichsten Erwartungen. Fast alle werden erfüllt

Bunte Fischerhäuser in Portocolom, dem größten Naturhafen Mallorcas

Es hat sich längst herumgesprochen: Mallorca bietet mehr als nur Sonne, Sand und Nachtleben. Sogar deutlich mehr. Und es ist gerade ihre verblüffende Vielfalt, die diese Insel so faszinierend macht. Ruhesuchende und Naturfreunde finden unberührte Gipfel, fruchtbare Täler, einsame Buchten und ländliche Idylle, Kulturinteressierte streifen durch hochkarätige Galerien und Museen oder begeben sich auf historische Spurensuche, und Shopping-Fans kehren mit prall gefüllten Einkaufstaschen vom Stadtbummel heim, Genießer lassen sich in schillernden Gourmettempeln, urigen Landgasthöfen und auf Wochenmärkten verwöhnen, während Familien an leuchtend weißen Sandstränden im kristallklaren Meerwasser planschen – oder einfach nur im All-inclusive-Komfort ihrer Hotelanlagen schwelgen.

Zwischen Mandelbäumen, Meer und Salzfeldern

Mallorca ist zwar die größte Insel der Balearen, mit einer maximalen Ausdehnung von rund 120 km zwischen Sant Elm im Südwesten und Cala Ratjada im Nordosten aber doch überschaubar. Gleichzeitig entfaltet sich auf einer Fläche von nur 3622 km² ein ganzes

Universum an Landschaften. Steil fallen im Westen die bis zu 1436 m hohen Berge der Serra de Tramuntana ins tiefblaue Meer ab. An ihre teils schroffen Hänge schmiegen sich charmante Bergdörfer, in denen Wanderer, Kletterer und Radfahrer einkehren. Im Schutz des Gebirges gedeihen Oliven- und Zitrusbäume, an den Rebstöcken von Binissalem und Santa Maria del Camí reifen die Trauben für hervorragende mallorquinische Weine. In der Inselmitte erstreckt sich die weite, fruchtbare Ebene Es Pla mit ihren bunten Windmühlen, Mandelplantagen und romantischen Dörfern. Mehrere kleinere Erhebungen und der mächtige Tafelberg Puig de Randa bieten weite Blicke bis zur Küste mit zwei grandiosen Naturschutzgebieten: im Süden die Salzfelder rund um den Naturstrand Es Trenc und das Cap de Ses Salines, im Norden das artenreiche Sumpfgebiet des Parc Natural S'Albufera.

Im Osten wellen sich die Kuppen der Serra de Llevant Richtung Meer. Sie sind

Ein gepflasterter Fußweg führt hinauf zum Castell Alaró (unten) – Mallorcas Mandelblüte von Januar bis März ist für viele die schönste Reisezeit (ganz unten)

zwar niedriger als die Gipfel im Westen, aber nicht weniger anmutig und ursprünglich. Bleibt schließlich noch die Küste Mallorcas, die ganze 550 km Länge aufweist und so facettenreich ist wie die Insel selbst: Endlose Sandstrände, die flach ins Meer auslaufen, gibt es hier ebenso wie verträumte Sand- und Kiesbuchten, verschlungene Meeresarme oder dramatische Steilklippen. Eine Entdeckung wert sind ebenso die verwunschenen Traumlandschaften unter der Erdoberfläche, etwa die einzigartigen Tropfsteinhöhlen von Artà und Porto Cristo.

> ***»Der Himmel ist wie Türkis, das Meer wie Azur, die Berge wie Smaragde.«***
>
> *Frédéric Chopin*

Die Zeugnisse vergangener Jahrtausende

Seit 6000 Jahren wissen Menschen den natürlichen Reichtum Mallorcas zu schätzen und hinterließen ihre Spuren. In der Bronzezeit waren es Siedler der Talaiot-Kultur, die mit scheinbar übermenschlichen Kräften Wehrmauern und Türme aus tonnenschweren Steinquadern errichteten. Diese Monumente überdauerten die Zeit und lösen noch heute – etwa in den Ausgrabungsstätten von Capocorb Vell nahe Llucmajor – ehrfurchtsvolles Staunen aus. Die ersten Olivenbäume kamen mit den Karthagern, die die Insel um 600 v. Chr. zum Handelsplatz erkoren. Auch die Römer waren sich der strategisch günstigen Lage Mallorcas bewusst, nahmen es 123 v. Chr. ein und gründeten wichtige Städte wie Palma und Pollentia, das heutige Alcúdia.

Spektakuläre Lage über den Klippen: der Herrensitz Son Marroig bei Deià

Noch präsenter ist das Erbe der Mauren, die Mallorca 300 Jahre lang beherrschten und in dieser Zeit nicht nur prächtige Städte mit Palästen, Bädern und Moscheen errichteten, sondern auch blühende Gärten und fruchtbare Felder anlegten. In den Banys Arabs in Palma oder beim Blick über die Terrassenfelder von Banyalbufar gewinnt man immer noch eine Vorstellung von jenen arabischen Blütejahren, die 1229 mit der Rückeroberung durch Jaume I., König von Aragón und Katalonien, ein jähes Ende fanden. Auch die christlichen Herrscher ließen auf den Grundmauern zerstörter Moscheen herrliche Kirchen erbauen, allen voran die großartige Kathedrale von Palma. Sie prägten Kunst, Kultur und Wissenschaft.

Vom Ballermann zum Beachclub

Mitte des 20. Jh. hatte der Tourismus Mallorca entdeckt – und Mallorca den Tourismus. Was zunächst bescheiden begann, wurde in den 1960er-Jahren zu einem Mega-Geschäft. Massen an Urlaubern aus Großbritannien, Skandinavien und insbesondere Deutschland bescherten Mallorca Wohlstand. Doch die dunklen Seiten des Booms ließen nicht lange auf sich warten: wüste Alkoholexzesse an der Platja de Palma, unverzeihliche Bausünden, Wassermangel und Müllprobleme.

Derzeit erlebt Mallorca allerdings einen strukturellen Wandel im Massentourismus. Mit dem Ziel, den berühmt-berüchtigten Exzess-Tourismus an einigen Orten einzuschränken, plant Mallorcas Regierung gezielt Billighotels aufzukaufen und diese zu schließen. Einheimische, aber auch Genussurlauber werden sich freuen, dass die einzigartige Schönheit ihrer Insel auch für nachfolgende Generationen erhalten bleibt.

Hauptstadt *Palma (419 000 Einw.)*

Sprachen *Katalanisch und Spanisch (gleichberechtigte Amtssprachen) sowie Mallorquí (Dialekt der katalanischen Sprache)*

Währung *Euro*

Verwaltung *Mallorca ist die größte Insel der Balearen, die wiederum eine von 17 autonomen Gemeinschaften Spaniens sind.*

Fläche *3622 km² (ca. anderthalb mal so groß wie das Saarland)*

Einwohner *876 000*

Religion *Überwiegend katholisch, außerdem rund 30 000 Muslime*

Tourismus *Rund 9 Mio. Besucher pro Jahr – Tendenz steigend*

Strände *Knapp 210 Badebuchten, davon rund 160 Sandstrände*

Darin sind die Mallorquiner Weltmeister *Ganz klar im Tennis! Der in Manacor geborene Sandplatz-Profi Rafael Nadal stand insgesamt 209 Wochen an der Spitze der Tennis-Weltrangliste und holte bislang 22 Grand-Slam-Titel.*

30 Gramm *Menge des Sandes, den jeder Tourist pro Strandbesuch zurück ins Hotel schleppt. Pro Saison summiert sich die Sandmenge alleine an der Platja de Palma auf rund 80 Tonnen.*

Magazin

Im Nordwesten zeigt sich Mallorca von seiner Schokoladenseite: Eine zerklüftete Küstenlinie, atemberaubende Aussichtspunkte und verträumte Bergdörfer prägen die Szenerie. In Deià trafen sich einst Hippies, Musiker und Schriftsteller – rundherum trieben vor Jahrhunderten Piraten ihr Unwesen. Spannende Geschichten? Auf der Insel findet man sie überall!

Neben modernen Jachten liegen auch heute noch viele »llaüts«, die traditionellen Fischerboote, rund um die Insel vertäut. In Cala Figuera, nördlich von Santanyí, schaukeln sie vor besonders malerischer Kulisse im Wasser. Frühmorgens tuckern einheimische Seebären mit ihnen hinaus aufs Meer und verkaufen ihren frischen Fang dann an die Restaurants an der Hafenpromenade.

Wie der schuppige Leib eines riesigen, schlafenden Urtieres windet sich das Cap Formentor an der Nordspitze der Insel ins Mittelmeer. Lange Strände gibt es hier kaum, dafür aber etliche winzige Buchten mit kristallklarem Wasser. Sie verstecken sich tief unten entlang der zerklüfteten Steilküste und müssen erwandert werden. Das kann schweißtreibend sein, lohnt sich aber!

Beste Reisezeit Mallorca

	März	April	Mai
Temperatur min./max.	9° / 17°	12° / 19°	15° / 23°
Sonnenstunden/Tag	7	8	9
Regentage im Monat	5	5	4
Wassertemperatur	14°	15°	17°

Die Bedeutung der Symbole:
(Angaben Mittelwerte)

9° 18° Temperatur min./max.

Sonnenstunden/Tag

Regentage im Monat

Wassertemperatur

FRÜHLING

Launenhaft, aber wunderschön: Im Frühling weckt Mallorca Glücksgefühle bei Wanderern, Radlern und Naturliebhabern.

Wind und Regen? Von März bis Mai werden Mallorcaurlauber immer wieder von Schmuddelwetter überrascht. Tatsächlich ist der Frühling hier launenhafter, als man vermutet. Vor allem die Eisheiligen bescheren den Balearen recht zuverlässig einen kurzen Kälteeinbruch. Trotz der Wetterkapriolen zählt das Frühjahr aber dennoch zu den schönsten Jahreszeiten auf der Insel: Wiesen und Kiefernwälder erstrahlen in besonders sattem, leuchtendem Grün, und auf die Mandelblüte folgt mit dem Aufblühen der Orangenbäume sowie vieler Stauden und Sträucher ein ebenso prächtiges wie duftendes Naturschauspiel. Doch nicht nur die Pflanzen stehen jetzt voll im Saft, auch die Tiere zelebrieren das Ende des Winters. Beobachten kann man sie in den vielen Naturparks sowie in der Serra de Tramuntana.
Ab März macht es besonders viel Spaß, die die Bergwelt mit Rucksack und Wanderschuhen zu erkunden, und auch Fahrradfahrer treten bei milden Temperaturen besonders gerne in die Pedale. Ab Mai knackt das Quecksilber dann schon gerne mal die Marke von 25°C.

Im Frühling ist das »Tal der Orangen« rund um Sóller vom süßen Duft der Zitrusfrüchte erfüllt

Ab Juni erreicht das Meer in der traumhaften Bucht Caló des Moro langsam badetaugliche Werte.

SOMMER

Nicht jedermanns Sache: In den heißen, trockenen Sommermonaten stößt die Insel an ihre Belastungsgrenze.

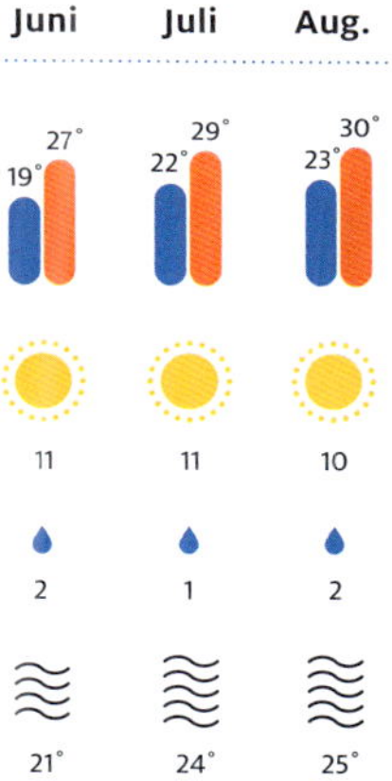

Vor allem Eltern mit Kindern haben oft keine Wahl: Verreist wird in den großen Ferien. Kein Wunder also, dass Mallorca ab Ende Juni bis Mitte September aus allen Nähten platzt. Zu den Familien gesellen sich auch viele Jugendliche und junge Erwachsene auf der Suche nach Sonne, Strand und mehr. Im Hochsommer sind die Inselnächte lang und lustvoll – das Angebot der Bars, Beachclubs und Diskotheken ist jetzt besonders verführerisch. Für die Einheimischen hingegen beginnt die schwierigste Zeit des Jahres, denn neben Dürre und Temperaturen über 30°C sind überfüllte Strände, Wassermangel und verstopfte Straßen an der Tagesordnung. »Ich komme aus Alcúdia und brauche im Sommer doppelt so lange, um meine Familie zu besuchen«, klagt Jairo, der am Flughafen arbeitet und mit Frau und Kind in Palma lebt. Wer nicht im Tourismus seinen Lebensunterhalt verdient, versucht bis zum Herbst irgendwie abzutauchen, sagt der 37-Jährige. Trubel und Stress vermeiden können übrigens auch Familien, die sich eine Finca im Landesinneren mieten – möglichst mit eigenem Pool. Generell gilt für die Hauptsaison: Früh buchen, denn die hohe Nachfrage treibt die Last-Minute-Preise nach oben. Noch besser ist freilich, den Urlaub in die Vor- oder Nachsaison zu legen.

Sept.	Okt.	Nov.
20° / 27°	17° / 23°	12° / 19°
8	7	6
5	7	6
24°	21°	18°

HERBST

Der Sommer zu warm, der Winter zu kalt – das Frühjahr zu wechselhaft? Im Herbst bietet Mallorca oft noch perfektes Urlaubswetter.

Kurz vor 19 Uhr versinkt die Sonne an der Südwestküste Mallorcas langsam wie eine riesige Blutorange im Meer. Es ist Mitte Oktober. Und wäre es nicht schon so früh dunkel, würde man kaum für möglich halten, dass der Herbst bereits vor mehreren Wochen Einzug hielt. Zumindest laut Kalender. An der feinsandigen Bucht von Camp de Mar, nicht weit von Andratx, stürzen sich Jugendliche johlend in die Wellen – bei angenehmen 22°C Wassertemperatur. Auch die Badegäste an Land aalen sich noch in den letzten Sonnenstrahlen. Dank lauer Brise trocknen ihre Bikinis und Badehosen fast wie im Luftstrahl eines Föns. Szenen wie diese erlebt man im Herbst auf der Insel immer häufiger. Ob's am Klimawandel liegt? Fakt ist: Zumindest in den letzten Jahren war es zu Beginn der dritten Jahreszeit noch überraschend warm. Das hat sich leider mittlerweile herumgesprochen, und so kommen immer mehr Touristen, um auf Mallorca bis Ende Oktober den »Sommer nach dem Sommer« zu genießen. Perfekte Bedingungen herrschen jetzt auch für Radfahrer und Wanderer, die trotz eitel Sonnenschein nicht mehr ganz so heftig schwitzen müssen. Mit Regenschauern sollte man im Oktober trotzdem immer rechnen. Häufig reißt der Himmel aber schnell wieder auf und erstrahlt dann als reizvolles grau-blau-goldenes Mosaik. Spätestens ab November wird es allerdings kühl und ungemütlich. Wer Ruhe mag, wird nun fündig – wer die Sonne sucht, sollte etwas früher oder erst wieder im neuen Jahr anreisen.

Im Nordwesten der Insel lädt die Serra de Tramuntana zu ausgiebigen Wandertouren ein

Faszinierendes Naturschauspiel: Von Mitte Januar bis März ist auf Mallorca die Zeit der Mandelblüte

WINTER

Immer noch ein Geheimtipp: Im Winter zeigen sich Mallorca und auch die Inselhauptstadt von ihrer sympathischsten Seite.

Dez.	Jan.	Feb.
10° 17°	8° 15°	8° 16°
5	5	6
7	6	6
15°	14°	13°

Endlich durchatmen. Dank warmer, manchmal sogar hochsommerlicher Herbstmonate, hat sich die Hauptsaison in den letzten Jahren immer weiter ausgedehnt. Erst nach Weihnachten fällt die Insel in einen kurzen, erholsamen Winterschlaf. Von Palma bis Port de Pollença kann man jetzt über fast menschenleere Strände spazieren und entspannt die Kulturhighlights der Städte genießen. Mit etwas Glück sogar bei herrlichem Wetter. Am größten sind die Chancen auf Sonnenschein in der ersten Januarhälfte. Dann breitet sich gern ein stabiles Hochdruckgebiet über Mallorca aus, das die Insel mit Windstille, wolkenlosem Himmel und Temperaturen über 20°C verwöhnt. Eine perfekte Kulisse für die Hauptstadt Palma, die sich mit ihren Straßencafés, Museen und Aussichtspunkten ganz ohne Gedränge von ihrer angenehmsten Seite zeigt. Die großen Feriensiedlungen am Meer gleichen zu dieser Jahreszeit freilich verwaisten Geisterstädten. Doch selbst hier haben einige Hotels ganzjährig geöffnet und buhlen oft mit Schnäppchenpreisen um Wintergäste.

Abhängig von Sonnenschein und Wärme öffnen sich ab Mitte Januar langsam auch die Blütenknospen der Mandelbäume. Das flüchtige Naturschauspiel beginnt meist im milderen Südosten der Insel und breitet sich bis Ende Februar nordwärts Richtung Tramuntana-Gebirge aus. In den hohen Lagen ist es zwischen November und Februar deutlich kühler. Doch wenn vor azurblauem Firmament ein weißer Puderzuckermantel die Gipfel umhüllt, ist auch das ist ein einzigartiges Erlebnis und Teil des Zaubers, den Mallorca im Winter versprüht.

Verdiente Pause in einem Straßencafé im Bergdorf Biniaraix am Fuß der Serra de Tramuntana

Ein Eiland? Eine Speisekammer!

Wo gibt's das beste Essen auf Mallorca? Auf jeden Fall nicht an den Büfetttheken der großen Bettenburgen. Die Insel ist ein Mekka für Feinschmecker und Genießer und bietet einen reichen Schatz an kulinarischen Traditionen. Doch auch das Angebot an Spitzengastronomie und kreativer Fusionsküche nimmt stetig zu.

DIE MESSLATTE LIEGT HOCH

Ein Starkoch aus England – in Palma? Der noch dazu seit Jahren mit kulinarischer Virtuosität und Verve seinen Michelin-Stern verteidigt? Dass Mallorca in Sachen Gastronomie nicht mit dem Rest der Welt konkurrieren kann, ist ein Gerücht, das sich über lange Zeit hartnäckig hielt. Durch die rasant wachsende Vielfalt und Qualität der Restaurants auf der Insel wird ihm jedoch zunehmend der Boden entzogen. Marc Fosh (www.marcfosh.com), so der Name des britischen Speisemeisters, ist nur einer von insgesamt neun (wahl-)mallorquinischen Küchenchefs, die mit einem oder gar zwei der begehrten Sterne der französischen Restauranttester geadelt wurden. Ihre Kundschaft begeistern sie nicht nur in und um die mondäne Inselhauptstadt, sondern ebenso an der Ostküste (Álvaro Salazar, Canyamel, www.vororestaurant.com) oder in den malerischen Bergdörfern der Serra de Tramuntana (Josef Sauerschell, Deià, www.esracodesteix.es). Ihre frische, kreative und experimentierfreudige Haute Cuisine hat eine Strahlkraft entwickelt, von der auch genussfreudige Urlauber mit schmalerem Geldbeutel profitieren. Denn die Messlatte für gutes Essen liegt hoch, und so strengen sich viele kleine, erschwinglichere Restaurants und Landgasthöfe mächtig an, um die Gaumen ihrer zunehmend anspruchsvollen Gäste zufriedenzustellen. Und das nicht nur mit Fisch und Meeresfrüchten – dafür geben die heimischen Gewässer einfach zu wenig her. Fisch, der nicht explizit als fangfrisch gekennzeichnet und dann richtig teuer ist, wird meist vom Festland importiert.

ZURÜCK ZU DEN WURZELN

Im Trend liegt vor allem die ursprüngliche mallorquinische Küche, deren alte Rezepte wiederentdeckt und deren Klassiker veredelt werden. Zwar vereint sie spanische, italienische und arabische Einflüsse, hat aber im Lauf der Jahrhunderte ihren ganz eigenen Charakter entwickelt, der traditionell recht fleischlastig ist. In Topf, Pfanne und Ofen oder auf dem Grill brutzeln und schmoren vor allem Lamm-, Hühner- und Schweinefleisch sowie Zicklein oder Kaninchen, während der Herbstmonate auch Wild. Rindfleisch hingegen spielt in der »cuina mallorquina« keinerlei Rolle, wird aber freilich in galizischen und internationalen Gerichten verarbeitet. Wichtigste Proteinquelle Mallorcas sind seit jeher Hausschweine. Als besonders schmackhaft gelten die einheimischen, grauschwarzen »porcs negres«, die mit Früchten und viel Frischluft verwöhnt und nach der Schlachtung unter anderem zur berühmten Paprikastreichwurst »sobrassada« verarbeitet werden. Populäre wie herzhafte Leckerbissen sind auch »llom amb col«, im Tontopf gegarte Schweinefleischscheiben mit Kohlblättern, sowie das

Grüne Paprikas, versetzt mit Öl und Salz, bilden das Tapas-Gericht »pimientos de Padrón«

knusprige Spanferkel »porcella«, auf das sich etliche Ausflugslokale spezialisiert haben.

ITALIEN LÄSST GRÜSSEN

Und Vegetarier? Sie werden aus der Speisekammer der Natur und den üppigen Feldern, Gemüsegärten und Plantagen bedient: mit aromatischen Tomaten und Paprikas, saftigen Auberginen und Artischocken, Kartoffeln, Bohnen und Seefenchel oder Pilzen – und natürlich köstlichen Oliven, Pinienkernen, Mandeln, Aprikosen und Zitrusfrüchten. Zu den bekanntesten Gemüsesnacks der Insel zählt die »coca de trempó«, eine mallorquinische, meist fleischlos belegte Pizzavariante aus Brotteig, die in zahlreichen Bäckereien verkauft wird. An italienische Bruschetta erinnert hingegen das frugale »pa amb oli«, das Einheimische bevorzugt zum Frühstück oder als Zwischenmahlzeit essen. Dabei handelt es sich um geröstetes Bauernbrot, das mit dem Fruchtfleisch frischer Tomaten, manchmal auch mit Knoblauch eingerieben und dann mit einer Prise Salz und Olivenöl serviert wird. Wer will, bekommt auch eine Scheibe Käse, Wurst oder Schinken obendrauf. Eines der wenigen, mittlerweile auch zur Hauptspeise avancierten vegetarischen Gerichte ist »tumbet«, ein Gemüseauflauf, der nach viel Schneidearbeit in der Küche lange ziehen muss, bevor er schließlich dampfend und duftend auf den Teller kommt.

Als krönend-süßen Abschluss sollte man ein Stück saftigen Mandelkuchen oder eine Kugel hausgemachtes Mandeleis kosten. Natürlich kann man die Mahlzeit auch mit mallorquinischem Käse oder einem »café solo«, dem spanischen Espresso-Pendant, ausklingen lassen. All das geht am genuss- und stimmungsvollsten in einem Restaurant abseits der Strandpromenaden mit ihren Snackbars und Imbissbuden. Probieren Sie's, es lohnt sich!

Die Obst- und Gemüsemärkte von Palma de Mallorca sind ein Fest für die Sinne

Ensaïmadas werden auf Mallorca praktisch in jeder Bäckerei angeboten

In aller Munde

Ensaïmada de Mallorca

Die beliebteste aller süßen Versuchungen der Insel muss man einfach probiert haben: »Ensaïmadas« heißen die leckeren Teigschnecken mit hauchdünnem Puderzuckermantel, die lauwarm und ganz frisch vom Blech natürlich am besten schmecken. Verkauft werden sie in fast jedem Ort.

Bäcker und Konditoren zählen auf den Balearen zur traditionsreichsten Berufsgruppe überhaupt, und nicht wenige Betriebe, die heute in den Städten und Dörfern Mallorcas ihr Handwerk ausüben, existieren seit vielen Generationen. Historische Dokumente belegen, dass die süßen Teigtierchen bereits im 17. Jh. gebacken wurden. Zunächst labte sich an ihnen nur die gehobene Gesellschaft – zum Frühstück oder zwischendurch bei einer Tasse heißer Schokolade. Allmählich mauserte sich die »ensaïmada« jedoch zum Volksgebäck, das auch aufs Festland exportiert und dort, oft nur mit mäßigem Erfolg, imitiert wurde. Denn das mit dem Nachbacken ist gar nicht so einfach. Einerseits ist allein schon die Verarbeitung des Teiges eine Wissenschaft für sich, andererseits ist die »Ensaïmada de Mallorca« seit rund 20 Jahren mit eigener Herkunftsbezeichnung geschützt, und ihre Herstellung unterliegt strengen Qualitätsauflagen.

Vom luftigen Aussehen des Gebäcks darf man sich übrigens nicht täuschen lassen: Neben Mehl, Hefe, Zucker und Eiern bestehen »ensaïmadas« vor allem aus Schweineschmalz (»saïm«), dem sie ihr feines Aroma, aber auch jede Menge Kalorien verdanken. Noch wuchtiger sind die mit Kürbiskonfitüre, Creme, Nüssen oder Schokolade gefüllten Varianten.

Alter Wein in neuen Schläuchen

Mallorca war einst der wichtigste Weinlieferant für ganz Europa. Dann kam die Reblaus und mit ihr eine lange Durststrecke für die Branche. Heute boomt das Weingeschäft wieder – vor allem mit uralten autochthonen Sorten, die es nur hier auf der Insel gibt.

DAS ENDE DER VIELFALT

»Können Sie mir einen von hier empfehlen?«, fragt ein Herr und blickt etwas ratlos auf die Weinkarte, die in einem gehobenen Restaurant in der Altstadt von Santanyí mit einer großen Auswahl aufwartet. Sehr gerne könne er das, erwidert der Kellner – wie so oft auf der Insel in geschliffenem und fehlerfreiem Deutsch: rot, weiß oder rosé?

Szenen wie diese wären noch vor wenigen Jahrzehnten undenkbar gewesen. Zwar verbreitete sich der Tourismus Mitte des 20. Jh. wie ein Lauffeuer, doch den damals noch eher anspruchslosen Urlaubern servierte man, wenn überhaupt, möglichst preiswerte Tropfen vom Festland. Woher sollte er auch kommen, der Wein aus der Region?

Ende des 19. Jh. sah das noch ganz anders aus: Rund 120 einheimische Rebsorten waren auf der Insel offiziell registriert, Weinanbau und Export florierten. Nicht zuletzt, weil Mallorca von der Reblaus verschont geblieben war, die ab 1860 viele Anbaugebiete auf dem Festland verwüstet hatte. Doch der Schädling fand schließlich seinen Weg übers Mittelmeer und raubte ab 1891 auch mallorquinischen Winzern Schlaf und Existenz: Über 30 000 ha Anbaufläche wurden binnen kürzester Zeit dahingerafft. Vom einstigen Glanz zeugten Jahrzehnte später nur noch wenige, kümmerliche Weingärten, die eher als Hobby und für den Eigenbedarf bewirtschaftet wurden.

Die Weinberge der Bodegues Ribas in Consell werden durchweg von Hand bewirtschaftet

SPÜRNASEN UND IDEALISTEN

Mittlerweile hat sich das Blatt erneut gewendet, und Mallorcas Weine erleben ein strahlendes Comeback. Zu verdanken ist das vor allem der Initiative weinbegeisterter Wissenschaftler und Idealisten, denen es gelang – und bis heute gelingt – Rebstöcke uralter mallorquinische Sorten aufzuspüren, aufzupeppeln und nachzuzüchten. Bestes Beispiel: der weiße Malvasía de Banyalbufar (S. 98), der erst seit der Jahrtausendwende – so wie in früherer Zeit – wieder in den Weinlagen der westlichen Serra de Tramuntana gedeiht. Auferstanden sind auch die roten Ursorten Fogoneu und Gargolassa sowie jüngst die Escursac-Rebe.

GÜTE MIT SIEGEL

Mallorcas berühmteste Weinlagen (ca. 600 ha) erstrecken sich links und rechts der Ma 13 zwischen Binissalem (S. 168), Sencelles und Santa Eugènia. Produziert wird hier vor allem Qualitätswein mit eigener Herkunftsbezeichnung (»Denominación de Origen Binissalem«) auf Basis der autochthonen Rotweinsorten Manto Negro und Callet.

Im August fällt auf der ganzen Insel der Startschuss für die Weinlese

Die zweitwichtigste Anbauregion mit Gütesiegel »D.O. Plà i Llevant« (ca. 450 ha), liegt weiter im Osten rund um die Orte Manacor (S. 142), Petra (S. 164) und Felanitx (S. 162). Auch hier werden alte einheimische Sorten rekultiviert, jedoch häufiger mit anderen Trauben verschnitten. Probieren sollte man aber unbedingt auch die oft großartigen und nur recht bescheiden als »Vi de la terra« gekennzeichneten Landweine der Insel. Die meisten Weingüter bieten Führungen und Verkostungen an und verkaufen ihre Produkte vor Ort.

Am liebsten rot

Mit einem Anteil von fast 50 % wird auf Mallorca überwiegend Rotwein produziert. Nur jeweils ein Viertel entfällt auf Weißwein oder Rosé. Je nach Witterung schwankt die Menge zwischen 50 000 und 60 000 Hektoliter. Setzen Unwetter oder starke Dürre den Reben zu, werden weniger Trauben geerntet, was der späteren Qualität aber nicht zwangsläufig schadet.

Schluss mit bunt: Keramik aus Mallorca ist heute oft schlicht und elegant

Made in Mallorca

Moderne Designs, schicke Firmenlogos: Auch authentische Produkte von der Insel haben einen neuen Anstrich bekommen. Sie zu erkennen ist deshalb nicht mehr ganz so einfach wie früher.

DAS GIBT'S NUR HIER

Gleißend hell, wie aufgetürmtes Gletschereis, leuchten die Salzberge von Es Trenc vor azurblauem Himmel. Wäre da nicht ein hoher Zaun, so mancher Tourist würde wohl einfach auf einen der Gipfel krabbeln und sich die Taschen mit dem »weißen Gold« vollstopfen. Rund 10 € kosten 200 g der knusprig-zarten, als »Flor de Sal« etikettierten Salzblumen – ein beliebtes Mitbringsel, das längst in alle Welt exportiert wird. Doch es gibt auch noch Dinge, die man wirklich nur hier bekommt. Vor allem das Kunsthandwerk erlebt eine Renaissance. Hoch im Kurs: Töpferwaren aus den nördlich von Palma gelegenen Keramikdörfern Portòl und Sa Cabaneta. Terra Cuita (www.ceramicaterracuita.com) heißt eine der Traditionswerkstätten, die ihre handbemalten Tassen, Teller und Vasen auch in kleinen Boutiquen in Santanyí und Palma anbietet.

KUNSTHANDWERK UND KÖSTLICHKEITEN

Ein weiterer Trend: Moderne Mallorca-Shops mit Inselweinen, Biofeinkost und kreativen Accessoires verschiedenster Hersteller unter einem Dach. In der Altstadt von Alcudia (Alcudia Gourmet, Calle Sant Vicenc 6) kann man so manches Handverlesenes erstehen – darunter auch die für die Region so typische Keramik. Lederwaren wiederum stammen traditionell aus Inca im Inselinneren: Die Outlets am Stadtrand sowie alteingesessene Fachhändler im Zentrum erfreuen sich ungebrochener Beliebtheit. Vieles, was in den Läden hängt und liegt, bekommt man auch auf den Wochenmärkten (S. 174), die ohnehin ein auf Mallorca einmaliges Einkaufserlebnis bieten. Doch Augen auf: Auch hier hat sich leider Billigware aus Fernost breitgemacht!

Das perfekte Souvenir

Nein, vermutlich brauchen Sie keine neue Brille: Die Muster der traditionellen Zungenstoffe aus Mallorca, in der Landessprache »telas de llengües« genannt, sind tatsächlich unscharf. Das muss so sein. Nur wenige Betriebe, meist kleine Familienunternehmen, beherrschen noch die alte Handwerkskunst, bei der das Garn vor der Verarbeitung eingefärbt und dann zu bunten Stoffbahnen mit den typischen Pfeil- und Flammenornamenten verwebt wird. Damit feine Farbnuancen entstehen, werden die Fäden auf ihrem Weg durch den Webstuhl immer wieder behutsam verzogen oder zusammengeschnürt. Dass das Endprodukt orientalischen Ikatstoffen ähnelt, ist kein Zufall. Vermutlich haben die Mauren die Technik vor Jahrhunderten auf die Insel gebracht. Auch in der kleinen Artesanía Textil Bujosa (www.bujosatextil.com) in Santa Maria del Camí werden seit Generationen Zungenstoffe gefertigt. Als Vorhänge, Bettwäsche oder Polsterbezüge schmücken sie viele mallorquinische Wohnungen. Natürlich kann man die »telas de llengües« am laufenden Meter kaufen. Voll im Trend liegen jedoch Accessoires und Kleidung, in die das Material kreativ eingearbeitet wird. Auf modische Ware, gleichwohl nach alter Tradition gefertigt, setzt auch die Manufaktur Teixits Vicens (www.teixitsvicens.com) in Pollença, die Designer auf der ganzen Insel beliefert. Übrigens: Bei den Originalstoffen sind die Muster auf der Vorder- und Rückseite sichtbar. Imitate sind hingegen oft nur einseitig bedruckt.

Maribel Bujosa von der Artesanía Textil Bujosa präsentiert ihre Stoffkollektion

Sonne, Sand und Abenteuer

Keine Angst – wer Kinder hat, ist auf dieser Insel bestens aufgehoben. Den Mallorquinern selbst ist die Familie heilig, und Gäste mit Nachwuchs sind fast überall willkommen. Besonders zwanglos und günstig reisen Selbstversorger. Doch auch Pauschalurlauber finden erholsames Familienglück.

URLAUBSKASSE – DAS BESTE GIBT'S UMSONST

An der Kasse des Palma Aquariums wird Papa plötzlich ganz blass – und das trotz Urlaubsbräune: Fast 90 € kosten die Eintrittstickets für Mama, ihn und die beiden Söhne. Hinzu kommen noch Snacks, Getränke und so manch verlockender Extraspaß – der leider auch extra berechnet wird. Mallorca kann ganz schön teuer sein! Schnell ins Geld gehen insbesondere Wasser- und Freizeitparks oder extravagante Ausflüge. Dabei bietet die Insel ganz ohne Aufpreis all das, was Kinder glücklich macht: Sonne, Meer, traumhafte Strände und jede Menge Abenteuer unter freiem Himmel.
Wenn jedoch Tränen drohen und kein Weg an Riesenrutschen & Co. vorbeiführt: Es lohnt sich durchaus, vorab im Internet die Preise zu prüfen. Häufig erhalten

Am Meer wird der Erkundungsdrang der Kleinen geweckt

Onlinekunden Rabatte oder günstige Familientickets. Sparen kann man auch als Selbstversorger in einer Ferienwohnung oder Finca: Wochen- und Supermärkte sowie große Discounter gibt es in allen Teilen der Insel. Sie bieten gute Qualität für kleines Geld.

Auf der Insel erwartet den Nachwuchs genügend Action und Abenteuer

ÜBERNACHTEN – WO SICH FAMILIEN WOHLFÜHLEN

Opa und Enkel Paul kraulen den Esel auf Nachbars Grundstück – während der Rest der Família am Pool in der Sonne fläzt. Gerade Kinder brauchen Platz und wollen auch mal toben. Warum also nicht den Mallorcaurlaub in einem Ferienhaus verbringen? Das wird umso erschwinglicher, je mehr Familienmitglieder mitmachen. Rechenbeispiel: Eine charmante Finca für sechs Personen mit Pool, nicht weit vom Meer, kann man schon für knapp 1500 € pro Woche ergattern. Das macht pro Person/Nacht rund 35 € – klappt aber nur, wenn man frühzeitig bucht (S. 134). Noch günstiger sind die Pauschalpakete großer Reiseveranstalter, bei denen man zwar häufig in engen Familienzimmern großer Hotelanlagen landet, sich dank Halb- oder Vollpension aber nicht selbst verpflegen muss. Wer mit Kleinkindern verreist: Hotels mit idealer Infrastruktur gibt es z. B. rund um Santa Ponça (Süden), an der Bucht von Alcúdia (Norden) sowie rund um Cala Millor (Osten).

STRAND UND MEHR – RUNDUM SORGLOS BADEN

Das Wasser steht Mama nur bis zur Kniekehle, Christopher immerhin bis zum Bauchnabel. Und das Ufer? Liegt in weiter Ferne! So flach wie an der Platja d'es Trenc (S. 154) fällt kaum ein anderer Strand der Insel ins Meer ab. Kein Wunder, dass sich hier Familien mit Kindern besonders wohlfühlen. Es gibt mehrere Restaurants, Toiletten und wachsame Rettungsschwimmer – und auch die Parkplätze sind gut erreichbar. Schatten wiederum ist Mangelware, also unbedingt Sonnenschirm oder Strandmuschel mitbringen! Wer etwas mehr Ruhe sucht: Nordwestlich von Ses Covetes liegt

Auch ein durch die Olivenhaine streunender Esel kann für Abwechslung im Urlaub sorgen

der Strand S'Arenal de sa Ràpita, der zwar etwas schmaler, aber fast genauso schön ist, wie sein berühmter Nachbar im Süden. Auch ideal für kleine Wasserratten: Die Strände an der Bucht von Alcúdia, insbesondere die Platja de Muro (S. 129). Richtung Osten wird sie jedoch immer wilder und ursprünglicher. Wer mit der gebotenen Sicherheit und allem Komfort baden will, sollte noch westlich von Can Picafort den Schirm aufspannen. Exklusiver, aber traumhaft schön und familienfreundlich: die Platja de Formentor (S. 125) auf der gleichnamigen Halbinsel. Hier spenden Aleppo-Kiefern natürlichen Schatten, und in den sauberen Restaurants mit Selbstbedienung können Klein und Groß unkompliziert ihren Hunger stillen.

TIPPS FÜR REGENTAGE – HÖHLEN UND HAIE

Nass, kalt und windig? Das macht wirklich keinen Spaß. Dem Regen entfliehen kann man in einer der vielen Tropfsteinhöhlen der Insel. Besonders weitläufig und spannend: die Coves del Drac (S. 144) und Coves d'Artà (S. 141). Beide liegen im Osten der Insel. Für die Drachenhöhle bei Porto Cristo kann und sollte man sein Ticket im Voraus online reservieren. Bei schlechtem Wetter sind die Schlagen am Ticketschalter lang – und Besuchszeiten schnell ausgebucht. Wer im Norden unterwegs ist: Auch bei Campanet, nicht weit von Inca, versteckt sich eine kleine Tropfsteinhöhle mit ungewöhnlichen, schneeweißen Stalagmiten und Stalaktiten. Stärken kann man sich im Höhlenrestaurant (www.covesdecampanet.com). Alles zu langweilig? Dann ab in den knallbunten Katmandu-Erlebnispark in Magaluf (www.katmandupark.com). Kaum preiswerter, aber wirklich eindrucksvoll: das Palma Aquarium (S. 84). Hier geht jeder noch so trübe Tag im Nu vorbei.

KLEINE ENTDECKERTOUREN – KURZ UND (ENT-)SPANNEND

Wer schon einmal mit einem Baby auf dem Bauch oder Rücken beim Wandern war, weiß: Das ist anstrengend! Es gibt jedoch viele kleine Ausflüge, auf denen man mit der ganzen Familie genussvoll in die Natur Mallorcas eintauchen kann. Harmlos, aber wirklich reizvoll: die kurze Runde von der Cala Agulla zur paradiesischen Nachbarbucht Mesquida (S. 138) im Nordosten der Insel. Badesachen nicht vergessen! Besonders auch bei mallorquinischen Familien beliebt ist die Tour von Port de Pollença zur wilden Cala Bóquer (S. 124). Auch die Serra de Tramuntana kann man ohne Schweiß und Bergschuhe erkunden, etwa bei einem Spaziergang auf dem Camí des Creuer, der am südlichen Ortsrand von Fornalutx startet und – erst etwas steiler, dann aber gemütlich – ins kleine Nachbardorf Biniaraix führt (ca. 1 Std.).

Stille Beschäftigung an der Caló des Moro

Leuchtende Augen

Ein Tipp vorweg: Sagen Sie Ihren Kindern einfach nicht, dass es gleich ins Museum geht. Das Museu Sa Bassa Blanca am südlichen Ufer der Halbinsel Victòria (S. 127) ist ohnehin viel mehr – ein fantasievoller Abenteuerspielplatz für kleine und junggebliebene Träumer. Vor allem im weitläufigen Garten der Anlage fühlt man sich wie Alice im Wunderland: Zwischen den Skulpturen riesiger Kraken (kommt dieses Wesen von einem anderen Stern?), Hunde und Elefanten kann man Verstecken spielen oder im Ausstellungsraum Sokrates das Skelett eines längst ausgestorbenen Wollnashorns bewundern.

Die Insel zu Fuß entdecken

Wer nur zum Baden nach Mallorca fliegt, verpasst vielleicht das Allerbeste. Denn die Insel ist ein Paradies für Wanderer. Wege gibt es überall. Wo sie am schönsten sind, ist Geschmackssache und hängt von und der eigenen Kondition ab.

EINSAME KÜSTENPFADE IM SÜDEN

Wandern im touristischen Süden? Und ob! Ein Klassiker ist die Tour von der Cala Pi (S. 156) entlang der Steilküste westwärts zum Cap Blanc mit seinem verwunschenen Piratenwachturm. Der alte »talaia« befindet sich auf einem verwaisten Sperrgebiet der Küstenwacht, das man jedoch ohne Sorge betreten kann. Wer sich nicht traut, genießt die Kulisse und den Meerblick einfach aus der Ferne. Für die leichte, rund 10 km lange Strecke sollte man hin und zurück vier Stunden einplanen – der Weg ist mit Steinmännchen markiert.

Reizvoll ist auch die kurze Tour vom Cap de Ses Salines (S. 152) zum einsamen Naturstrand Platja d'es Caragol (Hin- und Rückweg 1 Std.). Wanderfans sollten zudem einen Ausflug zur Illa de Cabrera (S. 155) einplanen. Hier erlebt man Natur pur und verträumtes Mallorcaflair der 1950er-Jahre.

Der Mirador des Colomer gewährt einen traumhaften Blick auf das Cap Formentor

Das Meer als Kompass: Die Pfade entlang der Steilküsten der Serra de Tramuntana sind besonders reizvoll

HIMMELHOHE GIPFEL IM WESTEN

Wollte man alle Wandermöglichkeiten in und um die Serra de Tramuntana (S. 96) auflisten, könnte man damit mehrere Bücher füllen. Der eindrucksvolle Gebirgszug im Westen Mallorcas, dessen höchste Gipfel fast 1500 m in den Himmel ragen, ist das Dorado für ambitionierte Outdoor-Freunde. Ein noch recht junger Anziehungspunkt ist der 150 km lange, mit fantastischen Aussichtspunkten nur so gespickte Fernwanderweg GR221 (»Trockenmauerroute«). Er schlängelt sich von Port d'Andratx bis Pollença und ist in fünf bis neun Tagesetappen zu bewältigen. Dabei müssen insgesamt 6500 m Höhenunterschied überwunden werden.

Längere und anspruchsvollere Touren – etwa der grandiose Rundweg um den Puig Roig (1003 m) – sollten im Vorfeld sorgfältig geplant werden. Auch, weil einige Routen durch Privatgelände führen und daher nicht an allen Wochentagen begehbar sind. Für Genusswanderer bieten sich die zahlreichen kleinen Bergdörfer wie Banyalbufar, Estellencs, Bunyola oder Fornalutx als Ausgangspunkt für leichtere Touren an – auch weil man hier gut einkehren kann. Generell gilt: Wer nur etwas Bergluft schnuppern will, wird am besten in Ausläufern der Serra de Tramuntana, etwa nordöstlich von Sant Elm (S. 93) oder auch rund um Campanet, Selva und Caimari nördlich von Inca (S. 167) fündig.

SCHROFFE KLIPPEN IM NORDEN

Rauer und oft auch deutlich windiger als in allen anderen Ecken der Insel ist es am Cap Formentor (S. 124) sowie an den steilen Küstenlinien rund um den nördlichsten Zipfel Mallorcas. Natürlich kann man auch herrliche Wanderungen unternehmen. Etwa die aussichtsreiche Tour von Cala Sant Vincenç (S. 122) zur Punta de l'Àguila (260 m) und der Cala Estremer (ca. 3 Std.). Kartenmaterial gibt's bei der Touristinfo, auch in Pollença (S. 118). Wer plantschen, sich aber zuvor noch ein wenig die Füße vertreten möchte, kann eine der einsamen Buchten ansteuern, die sich zu Füßen der Halbinsel Formentor verstecken. Kristallklares Wasser bietet die märchenhafte Cala Figuera (S. 151), die man trotz Badehose im Gepäck nur mit festem Schuhwerk besuchen sollte. Bei Wanderern und Radfahrern gleichermaßen beliebt ist das abwechslungsreiche Wegenetz rund um die Ermita de la Victòria rund um die gleichnamige Halbinsel (S. 127).

LIEBLICHE LANDSCHAFTEN IM OSTEN

Oh wie schön es hier doch ist! Fast noch ein Geheimtipp für Wanderer sind der Naturpark Llevant sowie die Waldwege rund um die Ermita de Betlem bei Artà (S. 134). Startpunkt für viele Touren ist das Naturparkzentrum, das man über die Ma 3333 erreicht, die sich vom nördlichen Stadtrand in die Bergwelt schlängelt. Die Gegend weiter südlich, ab Portocolom (S. 148), ist für ihre vielen malerischen Strände und Buchten mit karibischem Flair bekannt. Oft führen Pfade von Bucht zu Bucht, etwa von der Cala Santanyí (S. 151) zur Cala Llombards. Auch rund um die Cala Mondragó (S. 149) gibt es ein Wegenetz, auf dem man das Naturschutzgebiet erkunden kann.

Viele Feldwege im Landesinneren sind auch heute noch nahezu menschenleer

AB DURCH DIE MITTE

Im Frühling ist diese alte Steineiche von blühenden Kleewiesen umgeben

Wandern und spazieren gehen kann man im Landesinneren fast überall. Nicht nur auf Feldwegen, sondern auch auf den vielen winzigen Sträßchen, die, vorbei an Windmühlen, Olivenbäumen und Mandelplantagen von Dorf zu Dorf führen. Besonders malerisch ist die Landschaft links und rechts der Ma 4016 zwischen S'Alqueria Blanca und Felanitx (S. 162), aber auch rund um Petra und Sineu (S. 164 und 165). Wer hoch hinaus und über die Ebene bis zum Meer blicken will, klettert auf den Puig de Randa (S. 161) oder den Puig de Sant Salvador. Aber Achtung, da braucht man Puste!

Sicher über Stock und Stein

Fünf Tipps für sorgenfreies Wandern auf Mallorca:

1) Festes Schuhwerk statt Flipflops

Im Sommer ist die Verlockung groß, in Flipflops oder leichten Sandalen loszumarschieren. Doch das kann böse enden. Auch kurze Touren, etwa zu abgelegenen Buchten, sind oft felsig und steil; auf ebenen Wegen können Steine oder Dornen schnell zu Verletzungen führen.

2) Mit Wasser, Proviant und Hut

Schatten ist vor allem auf küstennahen Wegen Mangelware – und auch in der Vor- und Nachsaison lässt die Balearensonne gern die Muskeln spielen. Daher immer Hut und Sonnencreme einpacken. Auch Wasser und Proviant sind Pflicht. Auf der Insel gibt es kaum bewirtschaftete Hütten.

3) Vorsicht, haarige Plagegeister!

Im Februar und März treiben die Raupen der Prozessionsspinner (»processionàrias«) auf Mallorca ihr Unwesen. Oft schlängeln sie sich in langen Kolonnen über den Boden – daher der Name. Ihre Härchen lösen schmerzhafte Hautreizungen aus. Nicht anfassen und Kinder fernhalten!

4) An der nächsten Steineiche links?

In puncto Wegbeschreibung nehmen es Mallorca-Wanderführer oft sehr genau. Zu recht! Zwar sind viele Routen auf der Insel markiert, Alpenstandard darf man aber nicht erwarten. Wer neben guten Karten auch ein Smartphone mit GPS dabei hat, verirrt sich nicht so schnell.

5) Keine dunklen Überraschungen

Ein warmer Oktobertag auf Mallorca kann sich nach Sommer anfühlen. Wanderer dürfen jedoch nicht vergessen: Es ist Herbst und wird früh dunkel! Also zur Sicherheit Taschenlampe einpacken und nicht zu spät den Heimweg antreten.

Moderne Skulpturen vor Palmas ehrwürdiger Kathedrale La Seu

Mallorca mag's modern

Nicht nur in Palma, auch in kleineren Städten Mallorcas und sogar im idyllischen Nirgendwo kommen Freunde zeitgenössischer Kunst auf ihre Kosten. Im Trend liegen vor allem Galerien, die mit ihrem hochkarätigem Programm den großen Museen nicht selten die Schau stehlen.

KUNSTMETROPOLE PALMA

Vielleicht begann alles mit Joan Miró, einem der wichtigsten spanischen Maler des 20. Jh. Der Wahlmallorquiner präsentierte 1970 einige Werke in der Sala Pelaires (www.pelaires.com) unweit des Passeig del Born und begründete damit den Ruf Palmas als Kunstmetropole. Auch weitere bedeutende Künstler, darunter Antoni Tàpies, Alexander Calder und Eduardo Chillida, stellten in der Folge in jener Galerie aus und lockten neugierige Kunstliebhaber aus aller Welt in die Inselhauptstadt. Heute finden sich hier neben dem Museum Es Baluard (S. 81) und Kulturstiftungen wie der Fundación Juan

March (S. 75) an die 100 kleine und größere Galerien. Die meisten von ihnen sind international und zeitgenössisch ausgerichtet, sowohl was die kuratierten Künstler als auch ihr Publikum angeht.

AVANTGARDE AN ENTLEGENEN ORTEN

Mal schnell zu einer Vernissage nach Mallorca jetten? Oder zur Nit d'Art in Palma (www.artpalmacontemporani.com) – der alljährlichen langen Nacht der Kunst im September? Dank guter Flugverbindungen aus ganz Europa ist das seit einigen Jahren extrem angesagt. Und auch außerhalb der Hauptstadt bietet die Insel einen überraschenden Reichtum an Museen und Pilgerstätten für Freunde moderner Kunst. Eine davon ist das Centro Cultural Andratx (S. 92), in das die dänischen Galeristen Jacob und Patricia Asbæk auch junge Talente einladen, die in kleinen Ateliers mit Unterkunft ihre Kreativität ausleben können.

Gut möglich, dass der eine oder andere von ihnen auf der Insel bleibt, wie es zuvor schon Barbara Weil vorgemacht hatte. Die amerikanische Künstlerin beauftragte keinen Geringeren als Stararchitekt Daniel Libeskind mit dem Bau ihres Ateliers in Port d'Andratx, dem Studio Weil (S. 91). Oder auch das französisch-britische Künstlerpaar Yannick Vu und Ben Jakober, das auf der Halbinsel La Victòria sein märchenhaftes Kreativareal Sa Bassa Blanca (S. 128) gegründet hat.

Rampen, Balkone und Galerien verbinden die drei Ebenen von Palmas Kunstmuseum Es Baluard miteinander

Der mallorquinische Maler und Bildhauer Miquel Barceló

MALLORQUINISCHE TALENTE

Doch auch die Mallorquiner selbst haben zeitgenössische Künstler von internationalem Rang vorzuweisen. Allen voran Miquel Barceló, Ausnahmetalent aus Felanitx, der mit seiner Kapellengestaltung in der Kathedrale La Seu (S. 70) und jüngst mit seinem Logo zum 40-jährigen Bestehen der Balearen-Universität Aufsehen erregte. Unter Kennern begehrt sind auch Werke des Malers und Bildhauers Rafa Forteza, der Malerin Maria Carbonero sowie des Multitalents Suzy Gómez aus Pollença.

Joan Miró tauchte die Insel in Farbe

Ein Seestern und zwei Farbkleckse: Obwohl ein Hingucker, sieht das Logo der spanischen Caixa-Sparkasse nicht wirklich nach großer Kunst aus. Wie viele Kunden wohl wissen, dass das Markenzeichen ihrer Hausbank von Joan Miró stammt? Gleiches trifft übrigens auf den Schriftzug »España« zu, den das spanische Tourismusamt seit Jahrzehnten als Signet verwendet. Die fröhlich-holprigen Buchstaben unter spiralförmiger Sonne wirken fast so, als hätte sie Miró im Vorbeigehen an eine Hauswand gepinselt. »Für mich ist es wichtig, ein Maximum an Intensität mit einem Minimum an Aufwand zu erreichen«, definierte Joan Miró einst selbst seinen Stil, der sich immer weiter vom Gegenständlichen hin zum Abstrakten wandelte. Der 1883 in Barcelona geborene Maler, Grafiker und Bildhauer zählte zu den wichtigsten Künstlern des Surrealismus, einer in den 1920er-Jahren entstandenen Geistesströmung, die alte Konventionen überwinden und die Grenzen zwischen Fantasie und Wirklichkeit auflösen wollte. Da seine Mutter aus Palma stammte, hatte Miró schon seit seiner Geburt eine enge Bindung zu den Balearen. 1929 heiratete er die Mallorquinerin Pilar Juncosa Iglesias. Das Paar lebte einige Jahre in Paris, verlegte seinen Wohnsitz aber ab 1956 nach Cala Major (S. 85). Noch heute thront Mirós Landhaus Son Bonet hier hoch über dem Meer. Rundherum erstrecken sich der Museumsgarten der noch zu Lebzeiten des Künstlers gegründeten Fundació Pilar i Joan Miró (S. 86). Auch Mirós Atelier ist im Original erhalten und kann besichtigt werden.

Joan Mirós unverändert erhaltenes Atelier in der Fundació Pilar i Joan Miró

Tiere, Teufel und Weihwasser

Die Festes de Sant Antoni sind ein Event, das sich viele Mallorquiner dick im Kalender markieren. Höhepunkte der Feier Mitte Januar sind die Tiersegnung in Muro und ein feuriger Teufelstanz.

EIN DORF WIRD ZUM ZOO

Auch dieses Jahr hat Laura wieder ihren Hamster dabei. Neugierig blinzelt der kleine Nager durch die Gitterstäbe seines Käfigs, den die 13-Jährige wie ein Postpaket mit beiden Armen fest an ihren Oberkörper presst. Vor ihr treibt ein Bauer mit schnalzender Zunge eine Schafherde durch die enge Gasse Richtung Kirchplatz. Hinter ihr haben sich eine ältere Dame und ein Pudel eingereiht, der ungeduldig an Frauchens Leine zerrt. Sein hohes Bellen vermischt sich mit dem Gackern von Hühnern, dem Grunzen von Schweinen und dem fröhlichen Stimmengewirr der Schaulustigen am Straßenrand.

Eigentlich ist das südlich von Alcúdia gelegene Muro ein stilles, ja geradezu verschlafenes Dorf, in das sich nur selten Touristen verirren. Doch alljährlich am 17. Januar, während der Festa de Sant Antoni, verwandelt sich der Ort in eine quirlige Mischung aus Kirmes, Zoo und Freilichtgottesdienst. Zwar finden an diesem Tag in etlichen Gemeinden Mallorcas Tiersegnungen statt, die traditionellen »beneïdes« von Muro zählen jedoch bis

Kirchlicher Segen für die Tiere: Der Dorfpfarrer von Muro besprenkelt eine Schafherde mit Weihwasser

heute zu den populärsten auf der ganzen Insel. Schon vor Jahrhunderten nahmen Bauern und Hirten und aus Inca, Pollença und sogar Sóller den beschwerlichen Weg nach Muro in Kauf, um sich hier für ihr liebes Vieh einen Spritzer Weihwasser und mit ihm den Segen des heiligen Antoni abzuholen, der auf den Balearen als Schutzpatron der Tiere verehrt wird.

DIABOLISCHES SPEKTAKEL

Antoni Abat, so erzählt es die Legende, war ein ägyptischer Christ und Mönch, der sich im vierten Jahrhundert in die arabische Wüste zurückzog, um dort in Einsamkeit und Askese den frühen Tod seiner Eltern zu überwinden. Als Einsiedler freundete er sich mit vielen Tieren an, kämpfte jedoch auch gegen Teufel und Dämonen, die ihn immer wieder in seinen Träumen heimsuchten. Auf Mallorca verbreitete sich diese Geschichte Anfang des 13. Jh. im Zuge der christlichen Rückeroberung durch König Jaume I. Damals etablierte sich auch der Antoniusorden auf der Insel, der die Kirche Sant Joan Babtista in Muro zu seinem Stützpunkt und zum Dreh- und Angelpunkt seiner Arbeit auserkor.
Ein Spektakel, dem vor allem Kinder und Jugendliche schon Wochen vorher entgegenfiebern, ist der traditionelle Teufelstanz am Abend des 16. Januar. Er beginnt an der Plaça del Convent und endet mit einem eindrucksvollen Feuerlauf am Rathausplatz, bei dem buchstäblich die Funken sprühen. Danach werden überall im Dorf Lagerfeuer entzündet, und Familien und Gäste feiern und grillen bis spät in die Nacht.

Hintergrund: Festes de Sant Antoni

Die Festes de Sant Antoni sind vor allem im Norden und Nordosten Mallorcas verbreitet. Gefeiert wird am 16. und 17. Januar in Sa Pobla und Muro, aber auch in Manacor, Artà und Pollença. In allen Städten und Dörfern hat die Tradition ein ganz eigenes Lokalkolorit entwickelt. So müssen Teufel und Dämonen in Sa Pobla mit den tanzenden »caparrots«, überlebensgroßen Figuren alter TV-Stars, konkurrieren. In Artà zählt das Singen der sogenannten »argumentos«, eines Jahresrückblicks in Versform, zum festen Programmpunkt der Feierlichkeiten.

Achterbahnfahrt durch die Jahrhunderte

Mallorca ist seit jeher ein Schmelztiegel der Kulturen. Vor allem die strategisch günstige Mittelmeerlage zog Eroberer und Feldherren, aber auch Freibeuter und Glücksritter immer wieder magisch an. Die Fremden brachten zwar oftmals Leid und Gewalt, aber fast immer auch neue Ideen und wichtige Innovationen auf die Insel.

TÖDLICHE PRÄZISION

218 v. Chr.
Der karthagische Heerführer Hannibal überquert die Alpen. Neben den berühmten Elefanten ziehen auch Steinschleuderer von den Balearen als Söldner in den Krieg gegen Rom

Sie waren ebenso gefürchtet wie begehrt: die Steinschleuderer von den Balearen. Steinschleudern zählten im Altertum und während der Talaiot-Kultur (S. 156) zu den wichtigsten und effektivsten Waffen der mallorquinischen Urbevölkerung. Sie wurden zur Jagd, aber auch zur Verteidigung eingesetzt und vermutlich anfangs häufig – darauf deuten Funde der Ausgrabungsstätte Son Fornés bei Montuïri (S. 164) hin – nur aus getrocknetem und geflochtenem Gras hergestellt. Mit ihren Stein- oder Bronzegeschossen konnten erfahrene Schützen Ziele in bis zu 150 m Entfernung außer Gefecht setzen. Und das mit tödlicher Präzision.

Schnell sprach sich das kriegerische Talent der Talaiot-Krieger im gesamten Mittelmeerraum herum, der in der Antike Schauplatz blutiger Konflikte zwischen Römern, Karthagern und Makedonen war. Und natürlich versuchten die rivalisierenden Parteien, die besten »foners« – so die heutige katalanische Bezeichnung der Steinschleuderer – als Söldner anzuheuern. Eine Vielzahl junger Männer verließ ihre Heimat, auch aus existenzieller Not. Zunächst zogen sie für die Karthager in den Krieg, wechselten später aber auch häufig die Fronten. Es heißt, sie seien für ihre Einsätze mit Wein und Frauen und niemals mit Geld entlohnt worden.

Die Banys Arabs von Palma sind das wohl älteste Zeugnis arabischer Baukunst auf Mallorca

SCHMELZTIEGEL MALLORCA

Das historische Vermächtnis der Mauren und Araber ist auf der Insel allgegenwärtig. Anfang des 10. Jh. stabilisierten sie ihre Macht auf den Balearen, und die muslimische Ära war, zumindest für damalige Verhältnisse, von religiöser Toleranz und kultureller Blüte geprägt. Doch auch die Römer waren hier und haben Spuren und Ideen hinterlassen – allerdings schon Jahrhunderte zuvor. Ihre Herrschaft begann mit der Landung des Konsuls Quintus Caecilius Metellus und seiner Kriegsflotte im Jahr 123 v. Chr. Hiesige Piraten, die trotz aller Warnungen im Mittelmeer immer wieder auf Beutezug gingen, waren dem Imperium Romanum ein Dorn im Auge. So schien es die einfachste Lösung, »Maiorica«, die »größere« der Baleareninseln, zu unterwerfen und selbst für Ordnung zu sorgen.

426 *Die Vandalen fallen in Mallorca ein und legen die römische Provinzhauptstadt Pollèntia in Schutt und Asche*

Im Jahr 70 n. Chr. gründete Quintus Caecilius Metellus, der sich nach seinem siegreichen Feldzug mit den Beinamen »Balearicus« schmücken durfte, die neue römische Provinzhauptstadt Pollèntia (S. 126) in der Nähe des heutigen Alcúdia. Zuvor hatte man auch Kolonisten von der iberischen Halbinsel nach »Palmaria Palmensis« – ja genau, so hieß Palma damals – verschifft, das sich zur blühenden Handels-

Tonkrüge in den Banys Arabs

Ob die »Römerbrücke« von Pollença wirklich antike Wurzeln hat, ist bis heute umstritten

stadt entwickelte. Doch die Römer etablierten auch Wein und Olivenöl auf der Insel, reformierten Verwaltung und Grundbesitz, bauten Straßen, Brücken und Amphitheater und begründeten eine florierende Exportwirtschaft. Mit dem Zerfall des Römischen Reichs und dem Einfall von »Speerfürst« Geiserich fand die lange Phase des Friedens und Wohlstands jedoch im 5. Jh. ein abruptes Ende. Die Vandalen übersäten die Insel mit Chaos und Gewalt, brachten aber kaum Fortschritte oder neue Impulse. Und die Germanen des 20. Jh.? Deutsche Urlauber und Einwanderer haben die Kultur Mallorcas seit Aufkommen des Tourismus mehr geprägt, als vielen Einheimischen lieb ist – obgleich nicht nur zum Schlechten. Es wird spannend, in ein paar Jahrzehnten darüber in Geschichtsbüchern zu lesen.

FRANCO UND FREUNDE

Kaum war der Tourismus in der ersten Hälfte des 20. Jh. auf Mallorca als zartes Pflänzchen aufgekeimt, dämpfte der Spanische Bürgerkrieg (1936–1939) den neuen Aufschwung. Auslöser des Konflikts waren die spanischen Parlamentswahlen im Februar 1936, bei der sich das linksliberale Parteienbündnis »Frente Popular« mit knapper Mehrheit durchgesetzt hatte. Daraufhin rief der konservative Block unter Führung des Generals und späteren Diktators Francisco Franco zum gewaltsamen Sturz der Regierung in Madrid auf. Recht schnell schlugen sich auch mallorquinische Befehlshaber auf die Seite des neuen starken Mannes vom Festland.

Zwar erlebte die Insel – bei Porto Cristo (S. 144) und rund um Son Servera – nur eine einzige wirklich bedeutende Schlacht, insgesamt fielen hier jedoch rund 3000 Menschen dem Bürgerkrieg sowie der blutigen Verfolgung politischer Gegner durch die Faschisten zum Opfer. Auch für die katalanische Sprache und Kultur, die von Franco mit harter Hand unterdrückt und hispanisiert wurden, brachen schwere Zeiten an. Erst nach seinem Tod und dem Ende der Diktatur 1975 lebten alte Traditionen langsam wieder auf. Inzwischen ist Català neben Spanisch gleichberechtigte Amtssprache, und auch der mallorquinische Dialekt wird auf der Insel gepflegt und wieder häufig gesprochen.

16. August 1936
Republikanische Invasionstruppen landen bei Porto Cristo und wollen die Insel unter ihre Kontrolle bringen. Dank italienischer Unterstützung können Francos Nationalisten die »Schlacht um Mallorca« jedoch für sich entscheiden

Am Puls der Zeit

Unsichtbare Aggressoren

Friedliche Zeiten? Auch im 21. Jh. kämpft Mallorca gegen Invasoren. Diesmal sind die Feinde winzig klein: Seit einigen Jahren hält das Feuerbakterium (Xylella Fastidiosa) die Insel und insbesondere die Landwirte in Atem. Wie einst die Reblaus, wurde der Erreger vom amerikanischen Kontinent eingeschleppt und hat sich inzwischen in ganz Südeuropa ausgebreitet. Auf Mallorca verwüstet er insbesondere die Mandelplantagen, aber auch Olivenbäume und Weinstöcke sind betroffen. Zwar suchen Wissenschaftler in ganz Europa unter Hochdruck nach einem Gegenmittel, bislang hilft jedoch nur Kahlschlag, um die Plage einzudämmen. In jüngster Zeit werden im Kampf gegen das Feuerbakterium auch Drohnen eingesetzt. Mithilfe von Spezialkameras können befallene Bäume so rechtzeitig entdeckt und gefällt werden.

Vom Feuerbakterium infizierter Olivenbaum

S'Arenal – Urlaub vom Fließband

Binnen weniger Jahrzehnte hat sich S'Arenal vom armen Fischerdorf zum touristischen Brennpunkt gewandelt. Doch der Boom hat auch viele Schattenseiten. Gibt es alternative Wege Richtung Zukunft?

SAND, SALZ UND ARMUT

Ein Schicksalsschlag. Als Joan aus S'Arenal nach dem Tod seiner Eltern im Jahr 1910 nichts als einen Streifen Land an der Platja de Palma erbt, schießen ihm die Tränen in die Augen. Tränen der Verzweiflung. Ein Grundstück am Meer? Nutzlos. Zu viel Sand und Salz im Boden – an Ackerbau oder Viehzucht war da nicht zu denken. Und die Weiden im Hinterland? Die wurden unter seinen älteren Brüdern aufgeteilt. So war es Tradition. Dass Joans Erbe im Mallorca der Zukunft einmal ein Vermögen wert sein würde, ahnte er damals freilich nicht. Arbeiten und überleben, wenn möglich eine Familie gründen: Die Träume und Wünsche der Mallorquiner Anfang des 20. Jh. waren bescheiden und kreisten häufig um existenzielle Grundbedürfnisse. Im kleinen Dorf S'Arenal lebten 1910 nur knapp 40 Seelen. Und wie in fast allen Küstenorten der Insel, sicherte auch hier die Fischerei das spärliche Auskommen der meisten Familien. Wild und ursprünglich, von weiten Dünen gesäumt, erstreckte sich die kilometerlange Platja seinerzeit entlang der Bucht von Palma. Wo heute Monstertraktoren im Morgengrauen Abfälle mit Müllsieben aus dem Sand kämmen, damit er nach Sonnenaufgang wieder wie geleckt aussieht, sammelten Einheimischen damals angespültes Neptungras in einfachen Holzkarren ein – als Dünger für die Felder oder Einstreu für die Ställe.

SCHNITZEL UND FILTERKAFFEE

Als dann Mitte der 1950er-Jahre das Wirtschaftswunder Deutschland beflügelte und Tourismuspioniere wie Dr. Hubert Tigges tausende Reiselustige mit Chartermaschinen zum Pauschalpreis inklusive Quartier und Verpflegung nach Mallorca beförderten, war es in S'Arenal mit der Idylle vorbei. Aber auch mit Armut und Hoffnungslosigkeit. Der Flugplatz Son Bonet, damals

Übernachten im Schuhkarton

Staunend beäugten die Mallorquiner im Jahr 1953 das frisch eröffnete Riu San Francisco – eines der ersten Hotels an der damals noch unverbauten Platja de Palma, das wegen seiner eckigen Architektur vom Volksmund »Schuhkarton« getauft wurde. Wer sich in der Legende einquartieren möchte: Das Hotel, unweit von berühmten Balneario 6 gelegen, existiert noch heute. Es wurde aufwendig renoviert und als Erwachsenenhotel neu konzipiert *(Riu San Francisco, Carrer del Llaüt 24, Platja de Palma, Tel. 971 26 46 50, www.riu.com).*

noch bei Marratxí gelegen, wurde ausgebaut, ebenso die Schotterpiste von S'Arenal nach Palma, die sich später zur heute berühmten Flanier- und Feiermeile mauserte. Auf das legendäre Riu San Francisco, einem der dienstältesten Gästehäuser an der Platja, folgten immer neue, höhere Hotels, Restaurants und Lokale. Zum Frühstück servierte man Filterkaffee, am Abend Schnitzel und Bier. Schließlich sollten und wollten sich deutsche Urlauber wie zu Hause fühlen.

SO VIELE BETTEN WIE SONST NIRGENDWO

So richtig zu Hause fühlen sich Joans Nachfahren in S'Arenal längst nicht mehr. Doch trotz aller Auswüchse hat der ungebrochene Tourismusboom vielen von ihnen Wohlstand beschert. Neben knapp 17 000 Einwohnern zählt das einstige Fischerdorf heute rund 50 000 Betten in mehr als 250 Hotels, deren Betreiber neuerdings Millionensummen investieren, um das Billig- und Partyimage der Gegend abzustreifen. Etliche Bars und Hotels entlang der Platja wurden bereits luxussaniert oder zumindest aufgehübscht. Und dank strenger Benimmregeln stehen Trinkgelage unter freiem Himmel inzwischen unter Strafe, was junge Urlauber frustriert. Vielen Anwohnern gehen die Maßnahmen jedoch immer noch nicht weit genug. Zum Glück ist allerdings auch hier die Zahl der Gästebetten mittlerweile gesetzlich gedeckelt worden. So sind Ballermann & Co. zum Brennpunkt und Sinnbild eines Konflikts geworden, dessen Ausgang die Zukunft der ganzen Insel prägen wird. Für Mallorca war und ist der Massentourismus das größte Experiment seiner Geschichte.

Seit 1912 besteht die Anbindung von Sóller an Palma durch die historische Eisenbahn

Tren de Sóller: Fahren wie in alten Zeiten

Was heute eine der beliebtesten Touristenattraktionen Mallorcas ist, war Anfang des 20. Jahrhunderts ein Befreiungsschlag für die Bauern und Bürger im abgeschiedenen Tal von Sóller.

Kaum vorstellbar, wie das seinerzeit war – vor hunderten von Jahren. Nur 20 km Luftlinie trennen Sóller von der Inselhauptstadt Palma. Dennoch stand Bauern, die ihre Zitrusfrüchte zu den Märkten der Inselhauptstadt transportieren wollten, eine strapaziöse Reise bevor. Bis zu zwei Tagen dauerte die Überquerung der Serra de Tramuntana, deren Felsen das Tal der Orangen wie eine gewaltige Festungsmauer einkesseln. Anfangs beförderte man die Ernte auf dem Rücken von Eseln, später zerrte man sie in schweren Holzkarren südwärts. Doch auf den verschlungenen Bergpfaden kamen Mensch, Tier und ihre süße Fracht freilich nur mühsam vom Fleck. Auch die Waggons des Tren de Sóller ächzen und knarzen auf ihrem Weg nach Norden. Hinter Bunyola wird es plötzlich steil und kurvig. Viele Fahrgäste wollen sich jetzt nicht mehr auf ihren Sitzen halten und zücken die Kamera. Zu reizvoll ist der Ausblick auf die vorbeiziehenden, zum Greifen nahen Gipfel. Also Fenster auf und Klick!

Kleine Schwester des Tren: die Tramvia zum Hafen

DAS ENDE DER ISOLATION

Die Idee, sich mit einer Eisenbahnlinie aus ihrer Enklave zu befreien, hatte eine Gruppe wohlhabender Sólleric. Im Jahr 1905 schloss man sich zu einer Aktiengesellschaft zusammen, sammelte Geld ein und begann kurzerhand mit den Planungen. Der Ferrocarril de Sóller war geboren. Bis die ersten Züge der neuen Eisenbahngesellschaft Richtung Palma rollten, vergingen allerdings noch Jahre. Die größte Herausforderung war der Bau des knapp 3 km langen Túnel Major durch die Bergkette der Serra d'Alfàbia (1087 m). 36 Monate lang bohrten sich Arbeiter von beiden Seiten durchs Gestein, zwölf kleinere Tunnel folgten. Auch die Konstruktion des 52 m langen Viadukts Cinc Ponts mit seinen fünf Rundbögen hoch über dem Talkessel von Sóller war ein Mammutprojekt. Doch all die Plackerei war vergessen, als der Tren de Sóller am 16. April 1912 zur offiziellen Jungfernfahrt aufbrach.

NOSTALGISCHE ZEITREISE

Heute begrüßt das Zugpersonal des Ferrocarril an Sommertagen seine Fahrgäste sechsmal pro Tag an den Bahnsteigen von Sóller und Palma. Noch immer wird die Eisenbahn von deutschen Urlaubern liebevoll »Roter Blitz« oder »Orangenexpress« genannt, doch Zitrusfrüchte transportiert sie längst nicht mehr. Als in den 1970er-Jahren immer mehr Waren über die Insel hinweg mit Lastautos ausgeliefert wurden, hatten die Gesellschafter keine Wahl: Sie konnten untergehen oder mit ihrem Tren de Sóller fortan versuchen, das Herz der Touristen zu erobern.

Letzteres gelang mit großem Erfolg. Rund 60 Minuten dauert die nostalgische Zeitreise ins Gebirge. Dabei legt der Zug etwa 28 km zurück. Den schönsten Ausblick der Strecke bietet der Mirador Pujol d'en Banya kurz vor Sóller. Wie ein weißer Teppich breiten sich die Häuser der Stadt tief unten im flachen Tal aus. Nur gut, dass man sich in den fröhlich klappernden Holzwaggons entspannt zurücklehnen kann – und die Gipfel nicht wie einst zu Fuß bezwingen muss.

Erste Klasse!

Gleich hinter dem Triebwagen befindet sich das charmante Erste-Klasse-Abteil des Tren de Sóller. Hier sitzt man nicht auf Holzbänken, sondern (ohne Aufpreis) auf gemütlichen Sofas. Für diesen Luxus muss man sich allerdings mindestens 15 Minuten vor Abfahrt ganz vorne am Bahnsteig anstellen.

Infos und Ticketpreise zum Zug siehe S. 76

Manchmal so schön leer: das begehrte Erste-Klasse-Abteil

Bergluft, Salzduft, Dorfschönheiten

Von der Ma10, dem Klassiker quer durch die Serra de Tramuntana, geht es auf abgelegenen Nebenstraßen durch ihre südlichen Ausläufer. Wer die raue wie romantische Bergwelt Mallorcas kennenlernen möchte, erlebt auf dieser Tour ihre atemberaubende Vielfalt und lernt dabei Orte kennen, die viele Touristen noch nie besucht haben.

Die Tour auf einen Blick:

Start: Andratx **Ziel:** Bunyola
Gesamtlänge: 178 km
Reine Fahrzeit: 5–6 Std. (Tagestour)
Orte entlang der Route: Andratx – Valldemossa – Sóller – Fornalutx – Pollença – Campanet – Moscari – Alaró – Orient – Bunyola

E1 VON ANDRATX NACH VALLDEMOSSA

(42 km/70 Min.)

Wir tauchen in die Serra de Tramuntana ein und lernen gleich in der ersten Etappe ihre schönsten Dörfer kennen

Alle angeschnallt und die Kameras griffbereit? Unsere Tour startet am nordöstlichen Stadtrand von Andratx (S. 91). Hier am Kreisverkehr, nicht weit vom trutzigen Rathaus entfernt, schraubt sich die legendäre Ma10 (Schilder Richtung Sóller) behäbig hinauf in die Bergwelt der Serra de Tramuntana, deren Gipfel verheißungsvoll in der Morgensonne leuchten. Es dauert jedoch ein Weilchen, bis sich die Macchie und dichte Kiefernwälder lichten und den Blick auf das Gebirge mit seinen weiten Hochebenen freigeben.

Valldemossa gilt vielen als schönstes Dorf Mallorcas

Nach knapp 5 km Fahrt, am Coll des Gramola, funkelt in der Ferne zum ersten Mal das azurblaue Meer, dem wir jetzt immer näherkommen. Wer der Terrasse des Ausflugslokals Es Grau (www.restaurantesgrau.com, Kilometerstein 98, Do geschl.) widerstehen kann, genießt seinen Frühstückskaffee im verwinkelten Estellencs oder in Banyalbufar (S. 98), vor dessen Toren sich auch die Torre del Verger, einer der schönsten Aus-

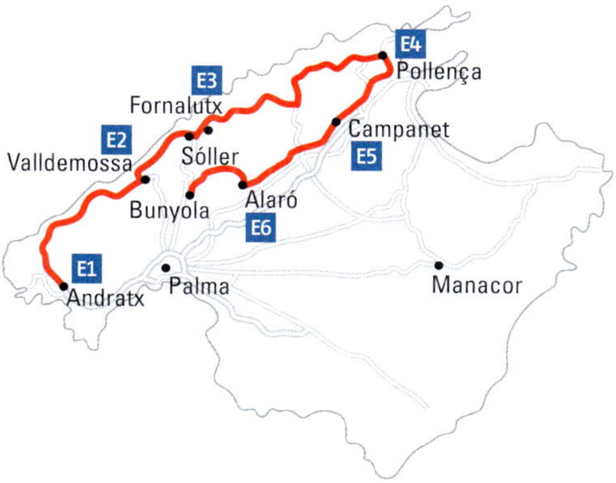

ADAC Traumstraße: Etappen 1 bis 6 (Detailplan siehe Faltkarte Rückseite)

sichtspunkte der Insel über der Steilküste erhebt. Die Etappe endet im malerischen Bergdorf Valldemossa (S. 99), das zum Bummeln und Sightseeing einlädt.

E2 DURCHS ORANGENTAL NACH FORNALUTX (27 km/50 Min.)

Vorbei an Herrenhäusern, Klippen und versteckten Buchten folgen wir dem Duft der Zitrusfrüchte Richtung Sóller

Ein rascher Blick auf die Uhr. Denn Valldemossa ist so bezaubernd schön, dass die Zeit im Flug vergeht. Und es warten noch viele weitere Highlights links und rechts der Ma 10, der wir der Küste entlang weiter folgen. Zunächst bis Son Marroig (S. 101), rund 7 km nördlich. In dem prachtvollen Herrenhaus lebte im 19. Jh. der österreichische Ausnahmefürst Ludwig Salvator (S. 102). Eine Wanderung (nur mit Eintrittsticket) führt vom Gutshaus hinab zur Landspitze Sa Foradada, wo der Erzherzog einst mit seiner Jacht »Nixe« vor Anker ging. Für die Strecke – die neben wilden Eseln auch immer neue Perspektiven auf das berühmte Felsenloch an der Bucht bietet – muss man jedoch zwei Stunden einplanen. Nur 40 Minuten (13 km) dauert im Idealfall die Weiterfahrt von Son Marroig über Deià (S. 102) ins Tal der Orangen nach Sóller (S. 104, hier kurz links auf die Ma 11, dann rechts auf die Ma 10) und weiter nach Fornalutx (S. 111), wo es bei Marc Martínez (www.lacuinadenmarc.com, S. 111) oder in einem Restaurant an der Plaça d'Espanya endlich Mittagessen gibt.

Achtung!
Auf der Ma 10 müssen Sie immer mit Radfahrern und kreuzenden Fußgängern rechnen.

Abkürzung
Wer mehr Zeit in Sóller verbringen möchte, kann die Tour schon während dieser Etappe südwärts über die Ma 11 abkürzen.

Auf engen Serpentinen geht es 800 Höhenmeter abwärts nach Sa Calobra

E3 VON FORNALUTX NACH POLLENÇA

(50 km/80 Min.)

Einer der reizvollsten Abschnitte der Tour mit Traumblick auf die höchsten Gipfel der Serra de Tramuntana

Benzin?
Eine Tankstelle befindet sich am Coll de sa Batlla (vor Lluc rechts auf die Ma 2130 abbiegen).

Zurück auf der Ma 10 – satt und erholt – folgen wir den Schildern Richtung Pollença und lassen das Tal der Orangen im Rückspiegel hinter uns. Den Weg weist auch der majestätische Gipfel des Penyal del Migdia (1382 m), der jetzt zum Greifen nah vor unserer Windschutzscheibe aufragt. Die Strecke gewinnt wieder spürbar an Höhe. Nach etwa 4 km passieren wir den Parkplatz des Mirador de Ses Barques. Ein kurzer Zwischenstopp lohnt sich, denn vom Aussichtspunkt hat man einen fantastischen Blick auf Port de Sóller (S. 108) mit seinen beiden Leuchttürmen. Wer noch Getränke oder Proviant benötigt, kann sich hier an einem kleinen Kiosk eindecken.

Für die Wasserversorgung der ganzen Insel und ihrer Hauptstadt Palma unverzichtbar sind die Stauseen Cúber und Gorg Blau (S. 111) am Fuße des Puig Major (1436 m), dem höchsten Berg Mallorcas, der vom Militär genutzt wird. Für Wanderer ist eine Erstürmung

des Gipfels daher tabu. Auch rund um die Stauseen findet sich eine ganze Menge Stacheldraht. Beim Blick von der Straße aufs spiegelglatte Wasser stellen sich dennoch rasch Glücksgefühle ein. Und doch zittern die Mallorquiner jedes Jahr aufs Neue: Wird es genug Regen geben, um die Reservoirs zu füllen?
Gleich hinter Gorg Blau zweigt nach einem Tunnel links die berüchtigte Passstraße Ma 2141 zur Cala Sa Calobra (S. 112) ab. Im Sommer ist die Bucht oft sehr überlaufen, und man tut gut daran, lieber gleich zur benachbarten Cala Tuent (S. 112) auszuweichen. Wer auf die Badepause und den Nervenkitzel der Passstraße verzichten kann, biegt erst 10 km später links Richtung Santuari de Lluc (S. 112) ab. Das verwunschene Kloster sollte man sich unbedingt ansehen, bevor man die Ma 10 talwärts Richtung Pollença (S. 118) schaukelt – durch einen der malerischsten Abschnitte dieser Etappe.

E4 AUF ALTEN PFADEN BIS CAMPANET
(17 km/35 Min.)

Von Pollença geht es auf schmalem Asphaltband zu magischen Quellen und einem zauberhaften Dorf

Im Gewerbegebiet vor Pollença flimmert die Mittagshitze über dem Asphalt. Am Kilometerstein Null der Ma 10 biegen wir im Kreisel auf die Ma 2200 Richtung Inca ab und lassen Bau- und Supermärkte links liegen. Wer noch ein wenig durch Pollença bummeln möchte, sollte dafür zwei Stunden einkalkulieren. Über die Ma 2200 kann man sich der Altstadt auch gut von der Südseite nähern. Wir entscheiden uns vielleicht, die Stadt in Ruhe an einem anderen Tag zu besichtigen und rollen auf der Ma 2200 weiter Richtung Sa Pobla. Nach 5 km zweigt kurz vor Kilometerstein 47 scharf rechts der Camí Vell de Pollença ab (Beschilderung Can Guillo/Fangar). Das verträumte, von Natursteinmauern gesäumte rund 10 km lange Asphaltband, führt uns – vorbei an Mandelbäumen und grasenden Schafen – in das hübsche Dörfchen Campanet.

Abstecher
Nach starken Regenfällen treten die Fonts Ufanes kurz vor Campanet als geheimnisvolle Sturzbäche zu Tage.

Pollença, die Stadt der Künstler und Intellektuellen

E5 VON CAMPANET NACH ALARÓ

(22 km/45 Min.)

Kurvige Landpartie, die sich durch die weniger bekannten Ausläufer der Serra de Tramuntana schlängelt

Der Ort Selva zu Füßen des Tramuntana-Gebirges

Von Mitte Januar bis März erwartet uns in den südlichen Ausläufern der Serra de Tramuntana ein Mix aus sattem Grün und farbenfrohen Blumen. Die Landschaft ist hier deutlich lieblicher als im Hochgebirge entlang der Ma 10. Zwischen einsamen Fincas breitet sich fröhlich wuchernder Sauerklee wie ein zitronengelber Flokatiteppich aus. Die Mandelbäume öffnen ihre zarten Blüten in dieser Ecke der Insel meist erst etwas später, als im Süden und Osten – wegen der kühleren Witterung. Auf unserem Weg über die Ma 2131 von Campanet (wir umfahren das Dorf am nördlichen Ortsrand) nach Selva (6 km) begegnet uns eine Vielzahl der Bäumchen links und rechst der Fahrbahn. Wer noch ein wenig Zeit hat und die Natur ganz ohne Verkehr fotografieren oder genießen möchte, sollte sich auf den zauberhaften kleinen Nebenstraßen nördlich und südlich von Moscari umsehen.

Abstecher
Sehr reizvoll ist der kleine Umweg von Moscari über Binibona und Caimari (S. 167) nach Selva (7 km auf teilweise recht engen Straßen).

Ein Spaziergang durch Selvas steile, romantische Gassen ist kein Muss, aber sehr kurzweilig. An der Plaça Major, zu Füßen der Pfarrkirche Sant Sant Llorenç, kann man sich in einem der Cafés für die Weiterfahrt stärken. Diese führt zunächst südwärts über die Ma 2114 und Ma 2113 nach Biniamar und Lloseta (6 km). Immer wieder öffnen sich entlang der Strecke weite Blicke über

Blühende Mandelbäume rund um den Puig d'Alaró läuten den Frühling ein

die weite Ebene Es Pla bis zur Serra de Llevant im Osten. Von Lloseta geht es über die Ma 2110 schwungvoll westwärts nach Alaró (S. 109, 8 km), das vom weithin sichtbaren gleichnamigen Tafelberg überragt wird.

E6 VOR BUNYOLA DIE STILLE ATMEN

(20 km/45 Min.)

Zu Füßen des Puig d'Alaró führt die Strecke ins Bergdorf Orient und durch eine einsame, verwunschene Hochebene

Meisterwerk der Gartenbaukunst: Jardins d'Alfàbia

Ins pittoreske Zentrum von Alaró verschlägt es vergleichsweise wenige Touristen – zu groß ist die Verlockung, die Wanderschuhe zu schnüren, um auf dem Plateau des Puig d'Alaró (825 m) die Reste der alten Festungsanlage (S. 110) zu bestaunen und den großartigen Ausblick zu genießen. Auch auf unserer Tour umfahren wir das Städtchen am östlichen Ortseingang (rechter Hand, den Schildern nach Bunyola folgen) und winden uns auf der von monolithischen Bergen flankierten Ma 2100 ganz langsam hinauf ins Tal von Orient (S. 109), dem letzten landschaftlichen Highlight der Tour, das sich hinter dem winzigen Dorf als weite, von knorrigen Steineichen übersäte Ebene ausbreitet. Wer kurz anhält, atmet hier zu späterer Stunde selbst während der Hauptsaison Ruhe und Einsamkeit. Nach rund 8 km haben wir das Zaubertal durchquert. Die Kurven werden wieder enger und tragen uns schließlich in das Bergdorf Bunyola nahe der Schnellstraße Ma 11.

Abstecher
Die wildromantischen Jardins d'Alfàbia liegen direkt an der Ma 11, nur 3 km nördlich von Bunyola.

Zurück zum Ausgangspunkt: Auf der Ma 11 südwärts bis zur Ma 20 bei Palma. Der Weg nach Andratx ist ab hier beschildert (Bunyola–Andratx 42 km, 40 Min.)

Hotelempfehlungen:

Wenn Sie die Tour in Tagesetappen fahren, empfehlen wir folgende Hotels:

€€ | Hotel S'Adeviu Eine Ruheoase, aber zentral in Soller gelegen.
» *Carrer de Vives 14, Soller, Tel. 971 63 83 26, www.sardeviu.com*

€€ | Ca'n Riera Komfortables Landhotel mit großen Studios in Moscari.
» *Carrer Campanet 1, Moscari (Selva), Tel. 971 51 52 60, www.cancalcohotels.com*

Unterwegs

An Buchten wie der Cala Mondragó werden Urlaubsträume wahr. Will man auf der Insel mehr als Meer entdecken, muss man sich nur auf den Weg machen – und wird in jeder Himmelsrichtung staunen.

Das will ich erleben

Baden, Kultur und Natur erleben – oder heute doch mal zum Shopping ausschwärmen? Mallorca ist so facettenreich wie kaum ein anderes Reiseziel seiner Größe und bietet wirklich für jeden Geschmack passende Angebote. Auch wenn diese sich manchmal verstecken, wie etwa die malerischsten Buchten der Insel oder hochkarätige Kunstmuseen in der Provinz. Kaum zu übersehen sind hingegen die vielen Kirchen, Klöster und andere Spuren der Geschichte, denen man hier auf Schritt und Tritt begegnet.

1

Die bewegte Geschichte der Insel

Mallorca hat viel erlebt. Verschiedenste Völker und Mächte prägten die Geschicke der Insel über die Jahrtausende, bereicherten sie kulturell, kamen aber auch als Eroberer. Von Palma bis Alcúdia finden sich unzählige spannende Zeugnisse der Vergangenheit.

3

Die besten Museen

Lust auf Kultur? Wer Mallorcas Museen besuchen möchte, muss nicht vergeblich auf den nächsten Regentag warten. Neben den Freilichtmuseen sind auch viele Kunsthäuser in großartige Park- oder Gartenanlagen eingebettet – manche liegen sogar direkt am Meer.

Den schönsten Sonnenuntergang

Abends taucht die Sonne Mallorca in ein magisches Licht – und bringt Romantiker ins Schwärmen. Besonders spektakulär ist der Sonnenuntergang an einsamen Buchten oder auf Terrassen über den Dächern Palmas.

Die malerischsten Städte und Dörfer

Wer sich aufmacht, um die pittoresken Dörfer und Kleinstädte der Insel zu erkunden, wird begeistert sein – und das Meer so schnell nicht vermissen.

Versteckte Traumbuchten

Die schönsten Badeplätze erreicht man häufig nur zu Fuß. Sie liegen in Naturschutzgebieten oder verborgen hinter Felsen und Pinien. Wer sich auf Traumstrandjagd begeben will, tauscht einfach Bade- gegen Wanderschuhe.

Eindrucksvolle Kirchen und Klöster

Man muss nicht gläubig sein, um beim Anblick der Kirchen Mallorcas ins Schwärmen zu geraten. Viele von ihnen wurden auf den Grundmauern alter Moscheen errichtet. Klöster wiederum befinden sich häufig an einzigartigen, einst heiligen Orten der Stille.

Atemberaubende Autorouten

Passionierte Autofahrer lieben Mallorca – oder entdecken ihre Leidenschaft für die Insel spätestens auf einer der spektakulären Serpentinenstraßen der Serra de Tramuntana. Einige von ihnen sind nicht nur traumhaft schön, sondern wahre Meisterwerke der Ingenieurskunst.

Die Naturschätze der Insel

Zweifellos ist das Tramuntana-Gebirge Mallorcas eindrucksvollstes Refugium für Tiere und Pflanzen. Im dichten Schilfdschungel von S'Albufera fühlen sich Sumpfvögel wohl, während man rund um das Cabrera-Archipel neben Meeresvögeln auch Delfine beobachten kann.

Fantastische Weitblicke

Ob im Gebirge, am Meer oder sogar in der weiten Ebene Es Pla: Auf Mallorca gibt es eine Fülle großartiger Aussichtspunkte. Häufig handelt es sich um einst wichtige strategische oder einsame Orte, an denen Festungen und Klöster in den Himmel gebaut wurden.

Stimmungsvolle Märkte

Wochenmärkte gibt es in fast allen Städten und Dörfern Mallorcas. Neben Lebensmitteln werden oft Haushalts- und Lederwaren und leider immer häufiger auch Souvenirs verkauft. Dennoch geht es auf vielen Marktplätzen der Provinz noch sehr beschaulich zu.

Legendäre Kaffeehäuser

Von Ensaïmadas über Mandelkuchen bis zum heißen Kakao – Mallorquiner sind echte Süßmäuler, und ihre Konditoren blicken auf eine lange Tradition zurück. Genießen kann man ihre hausgemachten Produkte in Kaffeehäusern, von denen manche vor Nostalgie nur so strotzen.

Die Bucht von Palma und der Südwesten

Von der Kulturmetropole und den Ferienhochburgen an der Platja de Palma zu den beschaulichen Buchten am westlichsten Punkt der Insel

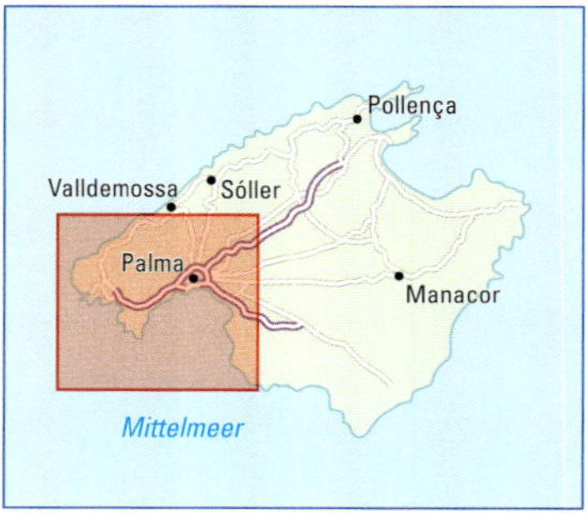

Über rund 20 km erstreckt sich die Bucht von Palma. In ihrem Zentrum liegt die Hauptstadt Palma, das urbane Herz der Insel, mit seiner von der Kathedrale La Seu überragten Altstadt. Hier blühen Orangenbäume auf malerischen Plätzen, aber auch Kunst und Kultur. Geschäfte laden zum Bummeln ein, und am Abend wird in Bars und Restaurants gefeiert. Östlich und westlich der Metropole findet man feinsandige Traumstrände – oft gesäumt von monumentalen Hotelblöcken.

Doch selbst zwischen den Partyhochburgen S'Arenal und Magaluf versteckt sich Sehenswertes, etwa das Aquarium an der Platja de Palma oder die einzigartige Kunststiftung Fundació Pilar i Joan Miró in Cala Major. Weiter südwestlich locken Badeorte wie Peguera und Es Camp de Mar v. a. Ruhesuchende und Familien an. Abwechslung vom Strandleben versprechen Ausflüge ins Hafendorf Port d'Andratx oder eine Wanderung rund um die Insel Sa Dragonera, deren Bergrücken geheimnisvoll vor der Küste von Sant Elm aufragt.

In diesem Kapitel:

ADAC Top Tipps:

1 **Catedral La Seu, Palma**
| Kirche |
Die unangefochtene Königin aller Gotteshäuser auf der Insel: Dem gotischen Meisterwerk sollte jeder Palma-Besucher die Ehre erweisen. 70

2 **Ferrocarril de Sóller, Palma**
| Historische Eisenbahn |
Die nostalgische Fahrt mit dem »Roten Blitz« ins hübsche Sóller ist ein kurvenreicher Klassiker – und ein unvergessliches Erlebnis. 76

3 **Fundació Pilar i Joan Miró, Cala Major**
| Kunstmuseum |
Eines der schönsten Museen der Insel, das neben hochkarätiger Kunst auch eine reizvolle Lage mit Garten, Terrassen und Meerblick bietet. 86

ADAC Empfehlungen:

1 **Mercat de l'Olivar, Palma**
| Markt |
Sehen, schmecken, riechen, staunen: Der traditionelle Lebensmittelmarkt ist ein Fest für alle Sinne. 76

2 **OMBU, Palma**
| Restaurant |
Hervorragende Tapas für jeden Geschmack, die mit einem Traumblick auf La Seu serviert werden. 80

3 **Es Baluard, Palma**
| Kunstmuseum |
Das Elysium für Liebhaber moderner Kunst mit grandiosem Blick über die Dächer der Inselhauptstadt. 81

4 **Castell de Bellver, Palma**
| Festung |
Spektakuläre Rundburg hoch über dem Meer – von hier schaut man weit über die Bucht von Palma. 83

5 **Cala de Portals Vells**
| Bucht |
Die malerische Zwillingsbucht mit kristallklarem azurblauen Wasser und feinem Sandstrand zählt zu den schönsten im Südwesten. 88

6 **Centro Cultural, Andratx**
| Kunstmuseum |
Dieses aufregend-moderne und mondäne Museum versprüht Großstadtflair und gilt als größtes Zentrum zeitgenössischer Kunst in Europa. 92

7 **Ciutat Jardí, Palma**
| Hotel |
Perspektivenwechsel für Palmafans: Die Hotelperle am Rand des hippen Fischerviertels El Molinar liegt an feinstem Sandstrand. Zur Kathedrale sind es nur 15 Fahrradminuten. 94

1 Palma

Willkommen im »Barcelona der Balearen«!

Der Bau der ehrwürdigen Kathedrale La Seu nahm bereits 1229 seinen Anfang

Information

- OIT Palma de Mallorca, www.visitpalma.cat, Zentrale: Plaça d'Espanya, 07002 Palma (Tel. 902 10 23 65), weitere Büros: Plaça de la Reina 2 (Tel. 971 17 39 90), Flughafen Son Sant Joan (Tel. 971 78 95 56), am Parc de la Mar (Westseite, kein Telefon)
- Parken siehe S. 74, 83

»La Ciutat« – die Stadt – nennen die Mallorquiner ihre Kapitale stolz. An keinem anderen Ort der Balearen findet man auf so engem Raum eine vergleichbare Vielfalt an Monumenten, Museen und Galerien, aber auch an Einkaufsmöglichkeiten, Restaurants und Cafés. Und wohl nirgendwo sonst auf der Insel wirkt Mallorca moderner und gleichzeitig authentischer als hier, wo sich das Leben bis spät in die Nacht unter freiem Himmel abspielt – in den engen Gassen der Altstadt, auf ihren malerischen Plätzen oder auf den Flaniermeilen am Meer. Idealer Ausgangspunkt für die Besichtigung ist der Passeig Marítim. Die Promenade mit ihren angrenzenden Bauten gliedert sehr schön die einzelnen Stadtviertel: Auf einer kleinen Anhöhe thront das Wahrzeichen Palmas, die gotische Kathedrale La Seu, hinter der sich die verwinkelte Oberstadt erstreckt. Ein wenig westlich markiert die Seehan-

Plan
S. 68/69

delsbörse Sa Llotja den Eingang zur Unterstadt mit ihren vielen Jugendstilbauten. Noch weiter im Westen befindet sich das junge Szeneviertel Santa Catalina mit seinen schicken Restaurants und Bars. Jenseits des Jachthafens erreicht der Passeig schließlich El Terreno, einen neueren Stadtteil, über dem sich stolz das Castell de Bellver (S. 83) erhebt.

Die südliche Oberstadt

Hier stiehlt die berühmteste Attraktion der Stadt allen anderen die Schau

Elegante Stadtpaläste, uralte Kirchen und stille Klöster prägen das Bild der Oberstadt (Vila de Dalt), die von einem dichten Netz enger Gassen durchzogen ist. Hauptattraktionen des Viertels sind die Catedral La Seu und der Königspalast. Wer nur wenig Zeit hat, sollte sich daher hier zuerst umsehen.

Sehenswert

1 Parc de la Mar

| Platz |

Im künstlich angelegten Wasserbecken des Parc de la Mar spiegelt sich die imposante Fassade der Catedral La Seu. Ein Spaziergang rund um den See und durch die hübsche Palmenallee am Ufer lohnt sich. Bänke und Stufen

ADAC Mobil

Palmas Altstadt lässt sich sehr gut zu Fuß erkunden. Nervenschonend ist es daher, das Auto außerhalb zu parken und anschließend mit Bahn, Metro oder Bus (www.tib.org) ins Zentrum zu fahren. Sämtliche Nah- und Fernverbindungen laufen an der **Plaça d'Espanya** (S. 76) zusammen. Von dort verkehren Busse (www.emtpalma.es) regelmäßig in alle Ecken der Stadt. Eine der praktischsten Verbindungen ist die Buslinie 1, die um die Altstadt herum zum Flughafen (5 €, 15-Min.-Takt, ca. 30 Min.) und bis nach Porto Pí fährt. Tickets kauft man direkt beim Busfahrer (ca. 2 €/Fahrt). Mehrfachtickets gibt es an Kiosken und in den Tabakläden.

Palma de Mallorca
Ramón y Cajal
Ruiz de Alda
Mallorca
Mallorca
Cerdanya
Bisbe
Campins
Botanischer Garten
Miseri-còrdia
Casa de la Misericòrdia
Menorca
Passeig
Torrent de la Riera
Passeig
Berenguer
Sant Joan
Bonaire
C. de la Concepció
Pietat
Jardí Botànic
Aragonès
Mercat de Santa Catalina (150 m)
Cavalleria
Carrer Sant Jaume
Sacristia
Av. Rei Jaume III
27
Protectora
Aspre
Plaça del Rei Joan Carles I
Pl. Porta Sta. Catalina
Pau
26
Baluard de Sant Pere
Casal Solleric
Sala Pelaires
Museu Es Baluard
25
Carrer de Sant Magí (100 m)
Olivera
Sant Llorenç
Sant Feliu
St. Gaietà
20
Paraires
Montenegro
Passeig del Born
Sant Pere
Form de la Glòria
Ma des Moro
Can Verí
La Constitució
Plaça Drassana
Apuntadors
28
Es Jonquet (300 m)
J. Ferrer
Pl. de la Reina
Consolat de Mar
23
Llotja de Mar
Sant Joan
Bar Abaco
Conquistador
22
Palau March
3
Sa Llotja
Vallseca
Palau
24
Port de Pescador
Passeig Sagrera
Fahrradweg
Plaça Llotja
Carrer de la Mar
Avinguda d'Antoni Maura
Palau de l'Almudaina
4
Plaça de la Almoina
21
Passeig Marítim
2
S'Hort del Rei
1
5
Catedral La S
Kathedra
Statue des Ramon Llull
Arc de la Drassana Musulmana
Mirador
Mirador de la Catedral
Passeig Marítim
Camino de la Escorella
1
Parc de la Mar
Autopista de Llevant

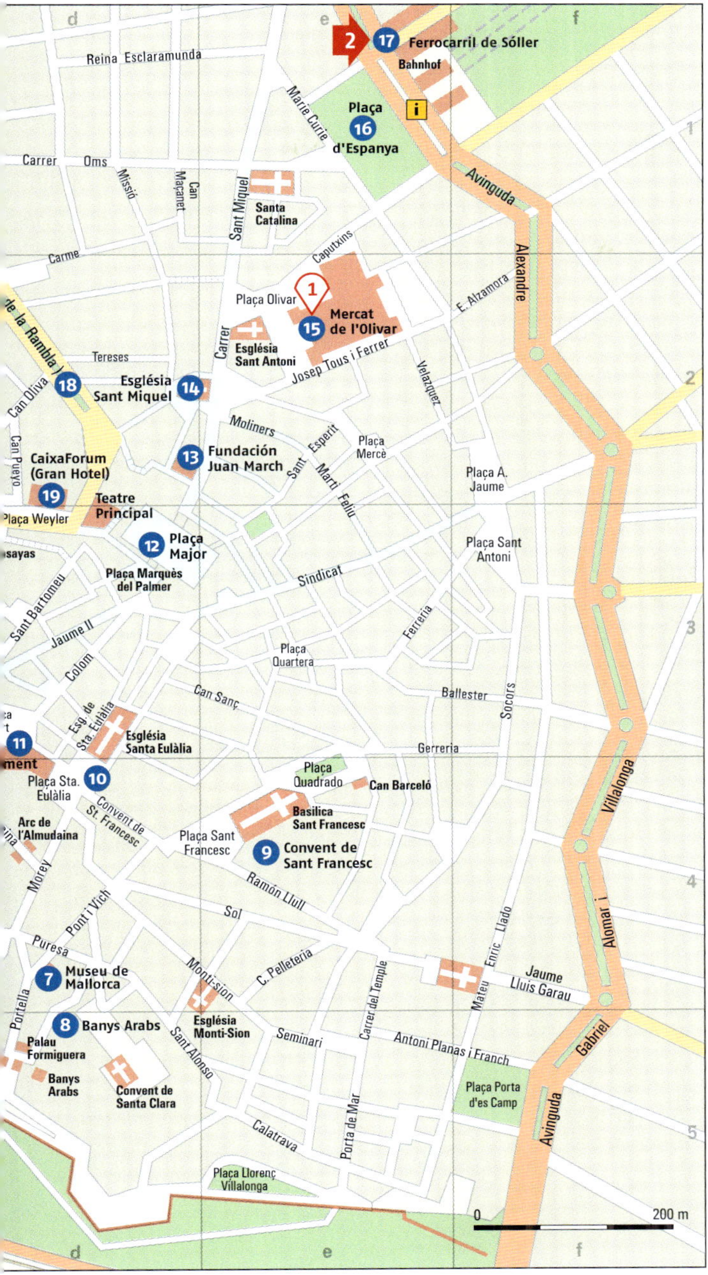
Ferrocarril de Sóller
Bahnhof
Plaça d'Espanya
Reina Esclaramunda
Marie Curie
Carrer Oms
Missió
Can Maçanet
Sant Miquel
Santa Catalina
Avinguda Alexandre
Carme
Caputxins
Plaça Olivar
Mercat de l'Olivar
E. Alzamora
de la Rambla
Tereses
Carrer
Església Sant Antoni
Josep Tous i Ferrer
Velazquez
Església Sant Miquel
Can Oliva
Moliners
Sant Esperit
Plaça Mercè
Marti Feliu
CaixaForum (Gran Hotel)
Fundación Juan March
Can Pueyo
Plaça A. Jaume
Teatre Principal
Plaça Weyler
Plaça Major
Plaça Sant Antoni
Plaça Marquès del Palmer
Sindicat
Sant Bartomeu
Jaume II
Ferreria
Colom
Plaça Quartera
Can Sanç
Ballester
Socors
Esg. de Sta. Eulàlia
Església Santa Eulàlia
Gerreria
Plaça Sta. Eulàlia
Plaça Quadrado
Can Barceló
Convent de St. Francesc
Basilica Sant Francesc
Villalonga
Arc de l'Almudaina
Plaça Sant Francesc
Convent de Sant Francesc
Ramón Llull
Morey
Pont i Vich
Sol
Alomar i
Enric Llado
Puresa
Museu de Mallorca
Monti-sion
C. Pelleteria
Carrer del Temple
Jaume Lluís Garau
Mateu
Portella
Banys Arabs
Església Monti-Sion
Seminari
Antoni Planas i Franch
Gabriel
Palau Formiguera
Sant Alonso
Banys Arabs
Convent de Santa Clara
Plaça Porta d'es Camp
Avinguda
Calatrava
Porta de Mar
Plaça Llorenç Villalonga
0
200 m

laden zum Verweilen ein, und zwischen den Bäumen öffnen sich immer neue, reizvolle Blickwinkel auf das Wahrzeichen Palmas.

2 S'Hort del Rei

| Park |

Der »Garten des Königs« – ursprünglich ein Obst- und Gemüsegarten – präsentiert sich als grüne Ruheoase mitten im touristischen Epizentrum Palmas. Blickfang am südlichen Eingang ist die Bronzefigur »Es Foner«. Sie erinnert an die Antike, als man Feinde auf der Insel noch mit Steinschleudern das Fürchten lehrte. Die Wurftechnik der Balearenkrieger war so präzise, dass Karthager sie bevorzugt als Söldner rekrutierten.

3 Palau March

| Kunstmuseum |

Die organischen Marmor- und Bronzeskulpturen aus dem 20. Jh. – u. a. von Henry Moore, Auguste Rodin, Eduardo Chillida und Baltasar Lobo – sind die Höhepunkte des prächtigen Palau March. Sie schmücken die Terrasse des Stadtpalastes, den der mallorquinische Multimillionär Juan March 1939 als Residenz für seine Familie errichten ließ. Rund 60 Jahre später eröffnete darin die von Juan Marchs Sohn Bartolomé gegründete Kulturstiftung Fundación Bartolomé March, in der neben Bildhauerarbeiten auch Gemälde von Salvador Dalí und Josep Maria Sert ausgestellt sind. Doch allein der herrliche Ausblick von der Museumsterrasse ist das Eintrittsgeld wert.

■ Carrer del Palau Reial 18, www.fundacionbmarch.es, April–Okt. Mo–Fr 10–18.30, Nov.–März Mo–Fr 10–17, Sa ganzjährig 10–14 Uhr, So, Fei geschl., 4,50 €, bis 12 Jahre frei

4 Palau de l'Almudaina

| Festung |

Mit seinen zinnengekrönten Mauern, Türmen und den luftigen Bogengängen wirkt Palmas Königspalast formschön und wehrhaft zugleich. Vom 10. bis zum 13. Jh. residierten hier die maurischen Emire. Anfang des 14. Jh. bezog Jaume II die Festung und ließ sie im Stil der Gotik umbauen. Noch heute nutzt der spanische König den Palast als Residenz und empfängt hier auch Staatsgäste. Der Rundgang führt durch Thronsaal, Ratssaal und Gotischen Saal mit vielen antiken Möbeln. Die Wände zieren alte Gemälde sowie kunstvolle Wandteppiche. Ferner kann man die Überreste arabischer Bäder (15. Jh.), den mit Palmen bepflanzten Innenhof sowie die Palastkapelle besichtigen.

■ Palau Reial s/n, www.patrimonionacional.es, April–Sept. Di–So 10–19, Okt.–März Di–So 10–18 Uhr, Schalter schließt 1 Std. früher, geschl. an diversen Feiertagen (siehe Webseite), 7 €, erm. 4 €

ADAC Spartipp

Mittwochs und donnerstags zwischen 17 und 20 (April–Sept.) bzw. 15 und 18 Uhr (Okt.–März) können Bürger der EU den **Königspalast** kostenlos (nur ohne Führung) besichtigen. Einfach Personalausweis oder Pass mitbringen!

5 Catedral La Seu

| Kirche |

1 *Wahrzeichen der Stadt – und eine der schönsten Kathedralen der Welt*

La Seu ist die berühmteste Sehenswürdigkeit der Inselhauptstadt, und mit einer Gesamtlänge von 109 m, einer Breite von 39 m und stolzen 44 m Höhe zählt sie zu den imposantesten und zugleich bedeutendsten gotischen Kathedralen Europas. Ihre Existenz und Schönheit verdankt sie, so erzählt es die Legende, göttlicher Schützenhilfe: Bei seiner Überfahrt nach Mallorca wurde König Jaume I auf hoher See von einem verheerenden Sturm überrascht. Aus Verzweiflung versprach er der hl. Maria, ihr ein prächtiges Gotteshaus zu bauen, sollte er die Reise lebendig überstehen. Jaume I und seine Armee kamen im Jahr 1229 unversehrt in Palma an – und der König erfüllte schließlich sein Gelübde. Bis zur Fertigstellung der dreischiffigen Hallenkirche sollten allerdings noch Hunderte Jahre vergehen. Von der Gotik über die Renaissance bis zum Barock ließen unzählige Baumeister ihre Ideen und Stile einfließen, die La Seu noch heute prägen und einzigartig machen. Anfang des 20. Jh. drückte Meisterarchitekt Antoni Gaudí dem Gotteshaus noch einmal einen ganz besonderen künstlerischen Stempel auf, und erst zu Beginn des 21. Jh. wurde die neu und provokant gestaltete Kapelle Santíssim Sacrament geweiht.

Besucher gelangen über die Nordseite durch das Dommuseum ins Kircheninnere. Im riesigen Bauch von La Seu angekommen, verblüfft die Leichtigkeit, die die Architektur der Kirchenschiffe von innen ausstrahlt. Fast zerbrechlich wirken die 14 schlanken und über 20 m hohen Säulen, die das Gewölbe tragen. Verstärkt wird das Gefühl der Schwerelosigkeit von den unzähligen Lichtstrahlen, die durch 59 Bogenfenster und fünf Rosetten ins Halbdunkel des Kirchenraums fallen. Atemberaubend ist dieses Schauspiel am Vormittag, wenn die aufgehende Sonne durch die über dem Triumphbogen eingelassene, rund 90 m^2 große Fensterrose strahlt. Ein echter Hingucker ist auch der 1904–1914 von Antoni Gaudí entworfene siebeneckige Baldachin über dem Hochaltar. Dahinter befindet sich die Capella de la Trinitat, in der bis heute die Gebeine der Könige Jaume II und III ruhen. Aus den insgesamt 18 Seitenkapellen sticht die Capella del Santíssim, die Kapelle des Allerheiligsten, ins Auge. Gestaltet wurde sie 2001–2006 vom mallorquinischen Künstler Miquel Barceló, der die Fenster des Raumes in düsterem Schwarz einfärbte. Ein Muss für alle Schwindelfreien ist die einstündige Führung (Tickets online, 12 €) hinauf zu den Dachterrassen der Kathedrale. Dabei erlebt man einen sagenhaften Rundumblick über die Stadt – und die unglaublichen Dimensionen der 13 m hohen Rosette aus allernächster Nähe.

■ Plaça de l'Almoina s/n, www.catedraldemallorca.org, Mo–Fr 10–17.15, Sa 10–14.15 Uhr, So, Fei geschl., 9 € (keine Kreditkarten), bis 8 Jahre frei

ADAC Mittendrin

An zwei Tagen der Nebensaison kann man in der **Catedral La Seu** ein besonderes Schauspiel erleben: Am 11. November und 2. Februar projiziert die einfallende Sonne ab 8 Uhr morgens ein Spiegelbild der großen Kirchenrosette auf die gegenüberliegende Südwand – und zwar genau unterhalb der kleineren Rosette der Hauptfassade. Gemeinsam formen die Fenster eine leuchtende Acht, die im Christentum die Ewigkeit symbolisiert. Dieses »Wunder des Lichts« lockt alljährlich vor allem Einheimische in Scharen an.

6 Museu d'Art Sacre

| Kunstmuseum |

Palmas Diözesanmuseum befindet sich östlich hinter der Kathedrale und ist im Bischofspalast (Palau Episcopal) untergebracht. In den modernen, erst kürzlich umgebauten Ausstellungsräumen wird die Entwicklung sakraler Kunst auf Mallorca von der Spätantike bis in die Neuzeit nachgezeichnet. Zu den ältesten Exponaten zählt ein byzantinisches Weihrauchfass aus dem 6. Jh., zu den wichtigsten ein Altarbild aus dem 15. Jh., das den Drachenstich des hl. Georg darstellt.

■ Carrer del Palau 5, Mo–Fr 10–16.45, Sa 10–14.15 Uhr, So, Fei geschl., 3 €, Kombiticket inkl. La Seu 9 €

7 Museu de Mallorca

| Volkskundemuseum |

Reizvolle historische Stadtpaläste säumen den schmalen Carrer de la Portella. Einer von ihnen, der im 17. Jh. errichtete Palau d'Ayamans, beherbergt das kürzlich renovierte Museu de Mallorca, das zu einer Zeitreise einlädt. Neben archäologischen Funden werden Malerei und sakrale Kunst aus allen Epochen, darunter auch islamische Exponate und Jugendstilarbeiten, sowie Skulpturen, Keramik und Möbel gezeigt. Anschauliche Texte erklären die Zusammenhänge zwischen den Objekten und der Inselgeschichte.

■ Carrer de la Portella 5, museudemallorca.caib.es, Di–Fr 10–18, Sa, So 9–14 Uhr, 2,40 €, So Eintritt frei

8 Banys Arabs

| Ausgrabungsstätte |

Die Badehäuser sind eines der wenigen Überbleibsel aus maurischer Zeit. Sie wurden vermutlich im 10. Jh. an dieser Stelle errichtet und waren Teil eines maurischen Schlosses oder Palastes. Erhalten sind zwei kleine Räume, von denen einer als Caldarium (heißer Dampfraum) genutzt wurde. Der zweite schlichtere Raum diente wohl als Tepidarium (leicht erwärmter Entspannungsraum). Ein wenig Fanta-

Im Blickpunkt

Palmas Patios – verborgene Schönheiten

Häufig sind es kleine, leise Orte, die einer Stadt großen Zauber verleihen. In Palma trifft das v. a. auf die vielen Patios zu, die romantischen Innenhöfe der alten Stadtpaläste. Besonders viele davon gibt es in den Gassen rund um die Kathedrale (S. 70). Ihre Schönheit kann man oft nur erahnen, weil sie sich hinter Gittern verbergen, durch die man von außen nur kurze Blicke erhascht. Das war nicht immer so: Früher standen die Patios tagsüber jedem offen, der sich in ihrem Schatten ausruhen wollte. Historisch haben die Innenhöfe ihren Ursprung im Atrium römischer Häuser und finden sich im gesamten Mittelmeerraum. Auf Mallorca erlebten sie ihren Höhepunkt in der Zeit des Barock. Aus dieser Zeit stammen auch die bedeutendsten der rund 150 erhaltenen Patios in Palma. Auf der Webseite »Balearsculturaltour« kann man sich die schönsten Innenhöfe der Stadt auf einer interaktiven Karte ansehen und einen Rundgang planen.
www.balearsculturaltour.net

sie braucht man allerdings, um sich das alles vorzustellen. Doch allein schon der kleine verwunschene Garten, den man bei der Besichtigung durchquert, ist das Eintrittsgeld wert.

■ Carrer Can Serra 7, tgl. 9–18 Uhr, 3 €

9 Convent de Sant Francesc

| Kloster |

Sant Francesc wurde Ende des 13. Jh. als Herzstück des bereits 50 Jahre zuvor gegründeten Franziskanerklosters errichtet. Nach La Seu ist sie die zweitgrößte Kirche Palmas – und auch deshalb auf der ganzen Insel bekannt, weil in ihr die Gebeine des 1316 verstorbenen mallorquinischen Gelehrten Ramón Llull begraben liegen. Das Grab wurde 1480 gestaltet. Links neben dem Hauptportal fällt ein ungewöhnliches Bronzedenkmal ins Auge. Es zeigt den aus Petra stammenden Mönch Junípero Serra neben einem Indianerjungen. Serra reiste im 18. Jh. als Missionar durch Kalifornien und gilt als Gründer der Metropole San Francisco. Bevor er in die Neue Welt aufbrach, wurde er hier im Konvent zum Priester geweiht. Ins Innere der Klosterkirche gelangen Besucher außerhalb der Messen durch das angrenzende Seminargebäude. Der Weg führt durch den gut erhaltenen Kreuzgang, dessen Bau im 14. Jh. begonnen und erst im 15. Jh. abgeschlossen wurde. Fast zerbrechlich wirken die 115 Säulen, auf denen die gotischen Spitzbögen der vier Wandelgänge ruhen. Sie umschließen einen Garten, der früher für den Gemüseanbau genutzt wurde. Heute werden hier in den Sommermonaten immer wieder klassische Konzerte veranstaltet.

■ Plaça de Sant Francesc 7, www.spiritualmallorca.com, Mo–Sa 10–7 Uhr, 5 € (Kombiticket siehe S. 113)

Palmas Rathaus, das Ajuntament, wartet mit einer »Faulenzerbank« auf

10 Plaça Santa Eulàlia

| Platz |

Die Plaça Santa Eulàlia mit ihren schattigen Platanen zählt zu den schönsten Plätzen der Stadt. Von hier genießt man den Blick auf die im Sonnenlicht strahlende neogotische Església Santa Eulàlia. In ihrem Inneren wird ein gotisches Kruzifix verehrt, das Jaume I einst auf die Insel gebracht haben soll.

■ Plaça Santa Eulàlia s/n, Kirche: Mo–Sa 10–18 Uhr, 5 € (mit Terrasse)

11 Ajuntament

| Historisches Bauwerk |

Palmas prächtiges Rathaus dominiert die Plaça de Cort. Der dreistöckige Bau, der an ein spanisches Herrenhaus erinnert, wurde auf den Grundmauern eines mittelalterlichen Hospitals errichtet. Die Barockfassade und auch das weit

Palmas Stadtstrand, die Platja de Can Pere Antoni, erstreckt sich östlich der Altstadt

herausragende, mit kunstvollen Schnitzereien verzierte Holzvordach entstanden Mitte des 17. Jh. Eine berühmte Sitzgelegenheit ist die breite »Faulenzerbank« unter der Rathausuhr zwischen den beiden Portalen. Von hier genießt man die Sicht auf den belebten Platz und einen uralten Olivenbaum – der aber erst vor knapp 30 Jahren an der Plaça de Cort eingepflanzt wurde.

Parken

Wer für einen Kurztrip zur Oberstadt wirklich mit dem Auto anreisen und zentral parken möchte, kann sein Glück in der Tiefgarage unter dem **Parc de la Mar** (S. 67) probieren. Im Sommer sind Plätze nach 10 Uhr sehr begehrt. ■ Einfahrt via Ma 19, ca. 3 €/Std.

Restaurants

€ | Focacceria Il Tano Wenn es mal süditalienisch sein darf. Sehr authentisch gemachte Pizzas und Focaccias. ■ Carrer d'En Morei 1, tgl. 10.30–21 Uhr, Tel. 971754320, www. iltano.com, Plan S. 68/69 d4

Cafés

Ca'n Joan de S'Aigo Leider kein Geheimtipp mehr, aber dennoch eines der traditionellsten Cafés der Stadt, in dem man unter nostalgischen Kronleuchtern köstlichen, dickflüssigen Kakao schlürft. ■ Carrer de Can Sanç 8, Mi–Mo 8–21 Uhr, Plan S. 68/69 e3

Einkaufen

La Viniloteca Sympathischer Nischenladen, der gebrauchte und neue Schallplatten und lokale Bioweine verkauft. Letztere werden – wie Kaffee und Pintxos – auch auf der winzigen Außenterrasse serviert. ■ Carrer d'Argenteria 14, www.laviniloteca.shop, tgl. 11–14, Do–Di 18–23 Uhr, Plan S. 68/69 d3

Kinder

Wenn die Kleinen nach zu viel Besichtigung in der Altstadt eine Auszeit brauchen: Unterhalb des Palau de l'Almudaina (S. 70), neben der Treppe zum Palast, sowie am Parc de la Mar (S. 67) gibt es zwei gepflegte **Spielplätze** mit Rutschen und Schaukeln.

In der Umgebung

Platja de Can Pere Antoni

| Strand |

Palmas Stadtstrand erreicht man zu Fuß in ungefähr 15 Min. – mit dem Fahrrad geht es natürlich schneller. Er liegt östlich des Parc de la Mar und bietet einen tollen Blick auf die Altstadt. Den Sonnenuntergang bestaunt man am besten auf einem der Logenplätze im Anima Beach Club.

■ Autovia del Levante s/n, Bus 29, www.animabeachpalma.com

Die nördliche Oberstadt

Souvenirs, Mode, Lebensmittel: Wer einkaufen will, kommt am besten hierher

Die Plaça Major ist der urbane Mittelpunkt der mallorquinischen Metropole. Von hier zweigen Palmas beliebteste Einkaufsstraßen ab. Quirlig geht es auch weiter nördlich an der Plaça d'Espanya zu – dem wichtigsten Verkehrsknotenpunkt der Stadt mit Zugang zu Bussen, Bahn und Metro.

Sehenswert

12 Plaça Major

| Platz |

Hier schlägt das Herz der von Einkaufsstraßen durchzogenen nördlichen Oberstadt. Der von Arkadengängen mit kleinen Läden, Restaurants und Cafés eingerahmte Platz existierte bereits im Mittelalter. Damals befand sich hier neben einem Kloster die Casa Negra, der Sitz des Inquisitionstribunals. Heute werden hier an modernen Buden Kunsthandwerk, Souvenirs oder Süßigkeiten verkauft. In den Sommermonaten buhlen auch Straßenkünstler und fliegende Händler um die Gunst der Touristen.

13 Fundación Juan March

| Kunstmuseum |

Die Fundación Juan March ist neben der Fundación Bartolomé March die zweite von der Familie des Selfmademan gestiftete Kunstsammlung in Palma. In einem wundervoll restaurierten Stadtpalast aus dem 18. Jh. werden auf zwei Stockwerken hochkarätige Werke spanischer Künstler des 20. Jh. gezeigt – darunter Picasso, Miró und Dalí. Auch der mallorquinische Gegenwartskünstler Miquel Barceló ist mit seinen Arbeiten vertreten.

■ Carrer de Sant Miquel 11, www.march.es, Mo–Fr 10–18.30, Sa 10.30–14 Uhr, Eintritt frei

14 Església Sant Miquel

| Kirche |

Wo heute der kantige Turm der Pfarrkirche Sant Miquel über die Dächer der Altstadt hinausragt, stand einst eine mächtige Moschee. Sie wurde jedoch nach der Rückeroberung Mallorcas umgeweiht. Angeblich feierte König Jaume I hier die erste christliche Messe in der mallorquinischen Hauptstadt. Nach dem Abriss und Neubau im frühen 14. Jh. wurde das Gotteshaus dann im 17. Jh. nahezu komplett barockisiert. Aus gotischer Zeit blieb nur das Hauptportal erhalten.

Den größten Schatz der Kirche birgt eine Seitenkapelle im Innenraum: die Verge de la Salud, eine kostbare Marienfigur aus Alabaster. Der Legende nach soll sie Jaume I auf die Insel gebracht haben. Sie wird auch heute noch als Schutzpatronin Palmas verehrt.

■ Carrer de Sant Miquel 22, Öffnungszeiten unregelmäßig am Vormittag und frühen Abend

15 Mercat de l'Olivar

| Markt |

1 *Für alle, die Lebensmittel und spanisches Lebensgefühl lieben*

Man hat die Eingangstüre noch gar nicht geöffnet, da strömt einem schon der Duft von Knoblauch und geröstetem Brot in die Nase: Der Mercat de l'Olivar ist Palmas größter und wohl auch authentischster Lebensmittelmarkt mit einer riesigen Auswahl an Spezialitäten. Auch wer eigentlich nichts kaufen möchte, wird von der Vielfalt des Angebots und dem wuseligen Flair der Markthallen begeistert sein. Und nicht zuletzt: Frischer und schmackhafter als an den kleinen Bars und Ständen im Erdgeschoss bekommt man Tapas und Sushi wohl an keinem anderen Ort der Stadt serviert.

■ Plaça de l'Olivar, www.mercatolivar.com, Mo–Sa 7–15 Uhr

16 Plaça d'Espanya

| Platz |

Hier befindet sich Palmas Drehkreuz für den öffentlichen Nah- und Fernverkehr. An der viel befahrenen Ringstraße laufen sämtliche Stadtbuslinien zusammen. Direkt vor den Haltestellen erhebt sich ein auf groben Steinquadern errichtetes Reiterstandbild von Jaume I Die Statue markiert den Standort eines alten, heute leider nicht mehr erhaltenen Stadttores, durch das der König der Reconquista einstmals einzog, um Palma von den Mauren zu befreien. Überquert man die Avinguda in nordöstlicher Richtung, gelangt man zu den unterirdischen Terminals für Metro, Bahn und überregionale Busse (ADAC Mobil, S. 67).

17 Ferrocarril de Sóller

| Historische Eisenbahn |

2 *Traumhafte Zeitreise an Bord eines legendären Bummelzugs*

Nur ein paar Schritte nordwestlich der Plaça d'Espanya zieht ein eher unscheinbares Bahnhofsgebäude jedes Jahr unzählige Touristen an. Von hier zuckelt der berühmte Tren de Sóller Richtung Tramuntana-Gebirge. Der historische Zug, der liebevoll auch »Roter Blitz« genannt wird, nahm Anfang des 20. Jh. den Betrieb auf. Damals beförderte er nicht nur Personen, sondern brachte auch Orangen aus dem abgeschiedenen Tal von Sóller nach Palma. Heute nehmen Ausflügler in den nostalgischen Holzwaggons Platz und genießen auf schmalen, kurvigen Gleisen die rund einstündige, reizvolle Fahrt durch die Berglandschaft – Fotopause inklusive.

■ Carrer Eusebio Estada 1, www.trendesoller.com, April–Okt. ab 10 Uhr, 6 Fahrten/Tag, abweichender Winterfahrplan von Nov.–März, 25 € (Hin- und Rückfahrt)

Restaurants

€€ | Gustar An einem kleinen, pittoresken Platz gelegen. Frische mediterrane Küche mit wechselnden Mittagsmenüs. Zudem gibt es eine Auswahl günstiger Gerichte zum Teilen. ■ Plaça del Banc de l'Oli 11, www.gustar-palma.es, nur werktags, Plan S. 68/69 e3

€€ | Quina Creu Restaurant mit urbanem Flair. Auf der Speisekarte stehen Tapas sowie internationale Fisch- und Fleischgerichte. In der Bar-Vitrine locken leckere Pintxos. ■ Carrer de la Corderia 24, www.quinacreu.com, tgl. ab 18 Uhr, Plan S. 68/69 e3

Cafés

Babel Die Buchhandlung serviert auch Kaffee & Co. Von der kleinen Terrasse überblickt man den Carrer d'Arabí, der von der Ober- in die Unterstadt führt. Auf den Treppenstufen der Gasse treffen sich junge Städter gerne auf ein Feierabendbier. ■ Carrer d'Arabí 3, www.labibliotecadebabel.es, Mi–Sa 10–14 und 17–22 Uhr, Plan S. 68/69 d2

Grand Café Cappuccino Die wohl schönste Filiale der inselweit bekannten Kette – in einem Palast aus dem 18. Jh. mit herrlichem Patio. ■ Carrer de Sant Miquel 53, www.cappuccinograndcafe.es, So geschl., Plan S. 68/69 e1

Einkaufen

Die wichtigsten **Einkaufsstraßen** der Oberstadt verlaufen südlich und nördlich der Plaça Major. Im Carrer de Jaume II sowie im Carrer de Colom und Sant Miquel haben sich zahlreiche internationale Modelabels ausgebreitet. Kleinere und originellere Läden findet man in den Seitengassen und im – jedoch auch schon von der Globalisierung gebeutelten – Carrer del Sindicat.

Mimbreria Vidal Geflochtenes, so weit das Auge reicht! Der Besuch dieses fast 100 Jahre alten Korbladens ist eine Zeitreise. Die handgemachte Ware stammt großteils immer noch von hier oder zumindest der Insel. ■ Carrer Corderia 13, Plan S. 68/69 e3

Monge Studio Edles Schuhwerk made in Mallorca – immer noch traditionell von Hand gefertigt. Im Angebot sind auch schicke Espadrilles für gehobene Ansprüche. ■ Carrer de Colom 8, www.mongestudio.com, Plan S. 68/69 d3

Mallorquinische Spezialitäten in Hülle und Fülle in der Markthalle Mercat de l'Olivar

Die Unterstadt

Staunen und genießen – die Unterstadt versprüht viel katalanisches Flair

Pittoreske Plätze und elegante Promenaden sowie farbenfrohe Reminiszenzen des katalanischen Jugendstils bietet die Unterstadt Palmas (Vila de Baix). Am Passeig del Born kann man unter Bäumen einen »café con leche« genießen, im CaixaForum hochkarätige Kunst. Und wenn man danach die alte Seehandelsbörse betritt, ist das Meer auch schon zum Greifen nah.

Sehenswert

18 La Rambla

| Promenade |

Wer hier Glanz und Glamour der gleichnamigen Flaniermeile in Barcelona erwartet, wird enttäuscht. Vor allem Blumen werden an den altmodischen Ständen der Rambla verkauft. Die von Fahrspuren und Platanen gesäumte Promenade wurde im 18. Jh. im Flussbett des umgeleiteten Torrent de la Riera aufgeschüttet. Unter den vielen Bäumen laden im Sommer Sitzbänke zum Verweilen ein.

19 CaixaForum (Gran Hotel)

| Kunstmuseum |

Das ehemalige Gran Hotel ist der berühmteste Modernisme-Bau der ganzen Stadt. Er wurde Anfang des 20. Jh. von Lluís Domènech i Montaner, einem bedeutenden Architekten des katalanischen Jugendstils, entworfen. Hinter der originalgetreu restaurierten Fassade residierten einst Künstler und Prominente. Heute ist hier das von einer Stiftung der Caixa-Bank finanzierte CaixaForum untergebracht. In den modernen Räumlichkeiten werden den Besuchern spannende Wechselausstellungen präsentiert. In der Dauerausstellung kann man sich Werke des Katalanen Hermen Anglada-Camarasa (1871–1959) ansehen – fantastische Gemälde zwischen Impressionismus, Symbolismus und Jugendstil.

Palmas Flanier- und Shoppingmeile: der platanenbestandene Passeig del Born

■ Plaça de Weyler 3, www.fundacio.lacaixa.es, tgl. 10–20 Uhr, 6 €, Kinder bis 16 Jahre frei

20 Passeig del Born

| Promenade |

Auch hier bahnte sich einst der Torrent de la Riera seinen Weg Richtung Meer – und verwandelte sich in den regenreichen Wintermonaten nicht selten in einen gefährlichen Sturzbach. Im Jahr 1403 waren die Fluten so gewaltig, dass dabei unzählige Häuser zerstört und Tausende Menschen in den Tod gerissen wurden. Erst als es der Stadt gelang, den Strom westwärts umzuleiten, wurde das alte Flussbett aufgeschüttet, und der Passeig del Born war geboren. Die von Platanen beschattete Promenade präsentiert sich heute lebensfroh und mondän. Besucher und Einheimische entspannen in den vielen Cafés und Restaurants, lesen auf den Bänken Zeitung oder flanieren mit gefüllten Einkaufstaschen von Boutique zu Boutique. Am Nordende des Boulevards befindet sich die kleine, vom Verkehr umtoste Plaça Rei Joan Carles I mit der berühmten Bar Bosch (S. 80). Die Mitte des Platzes beherrscht ein 1833 errichteter Brunnen, aus dem ein von Schildkröten getragener Obelisk aufragt. Er wurde zu Ehren der spanischen Königin Isabella II gebaut. Ebenso die beiden Sphinx-Statuen aus Stein, die am Südende des Passeig den Durchgang zur Plaça de la Reina bewachen.

21 Passeig Marítim

| Promenade |

Es ist kaum zu glauben, dass der Passeig Marítim erst in den 1960er-Jahren künstlich aufgeschüttet wurde. Vor seinem Bau reichte das Meer hier bis

ADAC Wussten Sie schon?

In den letzten Jahren sind die **Mieten** in Palma rasant gestiegen – rund um den Passeig del Born sogar himmelhoch –, und viele kleine, traditionelle Läden wurden von internationalen Ketten verdrängt. Aber es gibt auch Lichtblicke: So hat das verloren geglaubte Forn des Teatre an der Plaça de Weyler mit seiner bildschönen Jugendstilfassade einen neuen Pächter gefunden und verkauft wieder frische Backwaren (siehe Einkaufen, S. 32).

an die Stadtmauern heran. Heute ist der von Palmen, Cafés und Restaurants gesäumte Boulevard mit Blick auf die schaukelnden Jachten aus dem Stadtbild nicht mehr wegzudenken. Ein echtes Highlight für Urlauber ist der gut ausgebaute Fahrradweg am Ufer, dem man in westlicher Richtung bis zum Anleger der Kreuzfahrtschiffe in Porto Pí und ostwärts (noch schöner!) via Portixol und Can Pastilla bis nach S'Arenal (S. 84) folgen kann.

22 Sa Llotja

| Historisches Bauwerk |

Anfang bis Mitte des 15. Jh. schuf der mallorquinische Architekt Guillem Sagrera, der auch am Bau der Kathedrale mitwirkte, diese Perle spätgotischer Architektur. Vier achteckige Türme rahmen die prunkvolle, von hübschen Zinnen bekrönte alte Seehandelsbörse. Durch die hohen Fenster fällt viel Licht ins Innere des Bauwerks, das nur aus einem einzigen riesigen Raum besteht. Insgesamt sechs schlanke Säulen tragen die kunstvollen Kreuzrippengewölbe, unter denen Kaufleute einst die

Ein- und Ausfuhr von Waren aus dem gesamten Mittelmeerraum abwickelten. Heute werden in der Halle immer wieder Ausstellungen gezeigt. Besonders reizvoll ist Sa Llotja jedoch ganz ohne Exponate. Erst dann werden die beeindruckenden Dimensionen der Architektur sichtbar.

■ Plaça de la Llotja s/n, Di–So 10.30–13.30 und 17.30–23 Uhr

23 Consolat de Mar

| Historisches Bauwerk |

Das ehemalige Seehandelsgericht Consolat de Mar stammt aus dem 17. Jh. und ist eines der wenigen Beispiele mallorquinischer Renaissancearchitektur. Zur Meerseite zieren eine fünfbogige Galerie und ein hübscher Uhrturm das Gebäude, das von innen nicht besichtigt werden kann, denn heute hat das Regierungspräsidium der Balearen hier seinen Sitz.

Verkehrsmittel

Palma on Bike Der Radverleih liegt nur einen Steinwurf vom Passeig Marítim entfernt, den man hervorragend mit dem Drahtesel erkunden kann. Neben klassischen Fahrrädern gibt es auch E-Bikes und E-Scooter. Reservierung am Vortag empfohlen! ■ Avinguda d'Antoni Maura 10, Tel. 971718062, www.palmaonbike.com, Mo–Sa 10–13 und 16–19 Uhr, ab 10 €/Tag, Plan S. 68/69 b4

Restaurants

€€ | Bodega Can Rigo Winziges, sehr authentisches Tapas-Lokal mit Snacks zu jeder Tageszeit. Beim »café con leche« mit Hörnchen startet man bestens in den Tag. ■ Carrer de San Feliú 16, www.bodegacanrigo.es, Plan S. 68/69 b3

€€ | Bar Bosch Ungebrochen populär – und das seit 1936. Am liebsten werden hier Bocadillos mit Tomaten und Sobrassada geordert, aber auch Tapas und andere mallorquinische Happen finden sich auf der Karte. ■ Plaça Rei Joan Carles I 6, barbosch.es/de, tgl. durchgehend, Plan S. 68/69 c3

2 **€€ | OMBU** Hier schnalzen Tapas-Liebhaber mit der Zunge und können sich bei der großen Auswahl kaum entscheiden. Wer einen der kleinen Holztische im Freien ergattert, genießt den Blick auf La Seu. ■ Passeig del Born 5/7, www.ombupalma.com, tgl. 8.30–23 Uhr, Plan S. 68/69 b3

Cafés

Fornet de la Soca In der schönsten Bäckerei der Stadt duftet es wieder aus den Öfen. ■ Plaça de Weyler 9, Mo–Sa 9–20 Uhr, Plan S. 68/69 d2/3

Bühne

Teatre Principal Auf dem Programm stehen neben Schauspiel auch Oper, Filmvorführungen und Ballettabende. Beim Festival Jazz Voyeur (Ende Sept.) werden die Bühnen häufig für Konzerte genutzt. ■ Carrer de la Riera 2, www.teatreprincipal.com, Tickets online oder Abendkasse, Plan S. 68/69 d2/3

Konzert

Jazz Voyeur Club Das Mekka der Jazz- und Soulfans. Immer wieder sind hier Legenden wie George Benson oder Cool and the Gang zu Gast. Schweißtreibend wird es aber meist erst ab 23 Uhr. ■ Carrer dels Apuntadors 5, www.jazzvoyeur.com, Programm siehe Homepage, Eintritt frei, Plan S. 68/69 b3

Kneipen, Bars und Clubs

Einheimische wie Touristen zieht es nach Sonnenuntergang bevorzugt ins **Llotja-Viertel**. In den engen Gassen rund um die alte Seehandelsbörse haben sich unzählige Kneipen, Bars und Clubs für jeden Geschmack und alle Altersklassen angesiedelt. Auch auf den Terrassen der Lokale entlang des **Passeig Marítim** steigt die Stimmung zu später Stunde.

Westlich der Altstadt – Hafen und Santa Catalina

Im angesagtesten Viertel der Stadt treffen Lebenskünstler auf Gourmets

Wer ins hippe Viertel Santa Catalina möchte, spaziert am besten am Meer entlang – und kommt vielleicht niemals an. Zu groß sind die Verlockungen links und rechts des Passeig Marítim. Vor allem für den Kunsttempel Es Baluard, der einen spektakulären Blick über die Stadt gewährt, sollte man genügend Zeit einplanen.

Sehenswert

24 Port de Pescador

| Hafen |

Gegenüber der historischen Seehandelsbörse Sa Llotja befindet sich der älteste Teil des Hafens von Palma, der Port de Pescador. Von hier legen allerdings immer weniger Fischerboote ab, da sich die harte Arbeit auf See für die meisten kaum noch lohnt. Trotzdem wird in der rotbraunen Auktionshalle noch jeden Morgen um den frischen Fang gefeilscht. Vom Kai an der Rückseite des Gebäudes öffnet sich ein traumhafter Postkartenblick auf die Kathedrale La Seu.

Santiago Calatrava schuf die Skulptur »Es Bou« vor dem Museum Es Baluard

25 Es Baluard

| Kunstmuseum |

3 *Erstklassige Sammlung mit Terrasse und Top-Blick auf die Stadt*

Das Museum für moderne und zeitgenössische Kunst Es Baluard ist eine der Top-Attraktionen Palmas. Gekonnt wurde der Bau aus hellem Sichtbeton und Glas ins Gemäuer der ehemaligen Festung Sant Pere (16. Jh.) integriert. Allein schon das weitläufige Areal macht einen Besuch zum Erlebnis. Gleich mehrere Terrassen bieten auf unterschiedlichen Ebenen grandiose Aussichten. Der Blick schweift über die Dächer Palmas bis zur Kathedrale und weiter nach Süden über den Passeig Marítim und den Hafen. Unvermeidlich bleibt er dabei an der Skulptur »Es Bou« (Der Stier) des spanischen Starar-

Zweistöckige Loggien umgeben den Innenhof des kreisrunden Castell de Bellver

chitekten Santiago Calatrava hängen – einer gigantischen Himmelstreppe aus schwarzem Metall. Das Innere des Museums präsentiert Exponate vom späten 19. Jh. bis zur Gegenwart. Insgesamt können auf drei Stockwerken rund 400 Arbeiten, darunter von René Magritte, Wassily Kandinsky, Anselm Kiefer und Georg Baselitz, besichtigt werden. Stark vertreten sind auch Pablo Picasso, Joan Miró und Miquel Barceló. Zu einer Pause oder einem Sundowner lädt das traumhafte Café-Restaurant des Museums ein (S. 83).

■ Plaça Porta Santa Catalina 10, www.esbaluard.org, Di–Sa 10–20, So 10–15 Uhr, 6 €, erm. 4,50 €, Kinder bis 11 Jahre frei, Fr bestimmen Besucher die Höhe des Eintrittspreises

26 Carrer de Sant Magí

| Straße |

Hier schlägt das multikulturelle Herz des einstigen Arbeiterviertels und inzwischen jungen Szenequartiers Santa Catalina. Links und rechts des Carrer de Sant Magi haben sich zahlreiche Bars, Clubs, Restaurants, Tattoo-Shops und neuerdings sogar vegane Supermärkte angesiedelt. Wer Tapas und Paella tatsächlich einmal satt haben sollte, findet hier eine internationale Gastroszene mit leckeren Häppchen aus Indien, der Karibik, Peru oder Mexiko.

27 Mercat de Santa Catalina

| Markt |

In den Hallen des Mercat de Santa Catalina geht es etwas beschaulicher zu als im deutlich größeren Mercat de l'Olivar (S. 76). Feinkost sowie jede Menge urig-mediterranes Flair gibt es aber auch hier – und das sogar zu günstigeren Preisen als im Zentrum.

■ Plaça Navegació s/n, www.mercatdesantacatalina.com, Mo–Sa 7–16 Uhr

28 Es Jonquet

| Historisches Viertel |

Die malerische Plaça del Vapor mit ihren Orangenbäumen und bunten Häuschen ist das Zentrum des ehema-

ligen Mühlenviertels Es Jonquet, das sich auf einem Hügel über dem Jachthafen erhebt. Einige der alten Getreidemühlen wurden mittlerweile liebevoll restauriert. Ein kleines, leider nur sporadisch geöffnetes Mühlenmuseum erzählt ihre Geschichte.
■ Museu dels Molins, Carrer Molí d'en Garleta 14, Di, Do 10.30–12.30 Uhr, Eintritt frei

Verkehrsmittel

Schiff Am südwestlichen Ende des Hafens, bei Porto Pí, erstrecken sich die Terminals für Kreuzfahrtschiffe sowie Passagier- und Autofähren. Von hier gibt es regelmäßige Verbindungen Richtung Festland (Barcelona, Dénia, València) sowie zu den Nachbarinseln Menorca, Ibiza und Formentera. ■ www.balearia.com, www.trasmediterranea.es, Plan S. 68/69 südwestl. a5

Parken

In der selten überfüllten Tiefgarage **Marquès de la Sèna** westlich des Zentrums kann man zum Schnäppchenpreis sein Auto abstellen und erreicht die Altstadt zu Fuß in nur 15 Minuten – und das bei einem herrlichen Bummel entlang des Jachthafens. ■ Passeig Marítim 10, Einfahrt zwischen Hotel Mirador und Bellver, Bus 1, 3, 20, 5 €/Tag, Plan S. 68/69 westl. a3

Restaurants

€€ | S'Angel Gleich um die Ecke vom Kunstmuseum Es Baluard gelegen. Eine sozusagen »verwandte« Adresse eines der berühmtesten Restaurants der Insel, des Can Amer in Inca. Leckere Fusion-Küche, freundlicher Service. ■ Plaça de la Porta de Santa Catalina 7A, www.restaurantesangel.es, Mo 13–16, Mi–So 13–23 Uhr, Plan S. 68/69 westl. a2

€–€€ | Naan Serviert wird eine leckere, frische Fusion-Küche aus aller Welt, die mit Leidenschaft vor den Augen der Gäste zubereitet wird. ■ Carrer de Caro 16, www.naanstreetfood.com, So geschl., Plan S. 68/69 westl. a2

Kneipen, Bars und Clubs

Hostal Cuba Das 1904 im Kolonialstil erbaute Hotel im angesagten Viertel Santa Catalina ist mit seinen zwei Bars, dem Nachtclub im Keller sowie der spektakulären Dachterrasse ein Magnet für viele Nachtschwärmer. ■ Carrer de Sant Magí 1, www.hotelhostalcuba.com, Plan S. 68/69 westl. a3

In der Umgebung

Poble Espanyol

| Freizeitpark |

Erstaunlich realistisch wirkt das Miniaturdorf Poble Espanyol. Es liegt westlich der Innenstadt und präsentiert auf engstem Raum spanische Architektur-Highlights. Alle Bauten sind durch schmale Gassen, Treppen und Plätze miteinander verbunden. Vor allem in der ruhigeren Vor- und Nachsaison ist der Bummel durch diese verwinkelte Scheinwelt ein Vergnügen.
■ Carrer Poble Espanyol 55, Bus 29, www.puebloespanolmallorca.com, tgl. 9–18 Uhr, 10 € inkl. Freigetränk

Castell de Bellver

| Festung |

4 *Trutziger Höhepunkt mit traumhaftem Weitblick über die Bucht*

Die Festung hoch über dem Meer, westlich von Palma, ist eine der wenigen erhaltenen Rundburgen Europas.

Ihren Bau gab vermutlich bereits König Jaume I in Auftrag, vollendet wurde sie jedoch erst Anfang des 14. Jh. Ursprünglich sollte Castell de Bellver der Königsfamilie als Sommerresidenz dienen, doch ab Mitte des 14. Jh. wurden hier Banditen und Staatsfeinde inhaftiert. In den Räumen rund um den schönen Innenhof ist heute das Museu d'Història de la Ciutat untergebracht, das die Geschichte Palmas dokumentiert. Nicht verpassen sollte man den Aufstieg auf das flache Dach der Burg, von wo aus man einen weiten Blick über die Stadt und die Bucht von Palma genießt. Am Castell gibt es einen Parkplatz und ein Café. In der herrlich verwilderten Parkanlage rund um den Festungsbau kann man auch kurze Wanderungen unternehmen.

■ Carrer de Camilo José Cela s/n, Bus 3, castelldebellver.palma.cat, April–Sept. Di–Sa 10–19, Okt.–März Di–Sa 10–18, So, Fei ganzjährig 10–15 Uhr, 4 €, erm. 2 €, So und Kinder bis 13 Jahre frei

2 Platja de Palma und S'Arenal

Weniger Exzesse, mehr Genuss: Rund um S'Arenal wird es schicker und mondäner

Information

■ OIT, 07610 Platja de Palma, Camí de les Meravelles s/n (am Boulevard gegenüber Balneario 7), Tel. 902 10 23 65

Platja de Palma heißt der rund 5 km lange Küstenabschnitt östlich der Hauptstadt, der sich von Ca'n Pastilla über Las Maravillas bis nach S'Arenal erstreckt. In den 1970er-Jahren wurden hier unzählige Bettenburgen aus dem Boden gestampft. Seither entwickelten sich S'Arenal sowie sein in 15 Abschnitte (»Balnearios«) unterteilter Sandstrand zum Sinnbild des ungezügelten Massentourismus. Die Exzesse rund um den berüchtigten »Ballermann 6« waren der Inselregierung lange Zeit ein Dorn im Auge. Nach langem politischen Gezerre wird die Gegend jetzt schrittweise aufgewertet. Die ersten Hotels haben sich bereits einer Schönheitskur unterzogen, und vor wenigen Jahren wurde sogar der legendäre Party-Kiosk »Balneario 6« unter neuem Namen eröffnet. Er heißt jetzt »Beachclub Six« und kommt als stylische Strandbar im Naturholzlook daher. Auch links und rechts der von Pils- und Bratwurstduft umwehten »Schinkenstraße« (Carrer del Pare Bartomeu Salvà) geht es jetzt in Sachen Alkohol gesitteter zu: Wilde Trinkgelage auf öffentlichen Plätzen sind längst verboten und werden mit hohen Strafen geahndet. Dennoch ist die Platja de Palma während der Sommermonate nur Urlaubern zu empfehlen, die Trubel aushalten können oder gezielt suchen.

Sehenswert

Palma Aquarium

| Tierpark |

Teuer, aber sehenswert: Im Palma Aquarium bei Can Pastilla tummeln sich in über 50 Becken Meerestiere aus der ganzen Welt – vom Korallenfisch bis zum Küstenhai. Zudem bietet der Park einen Außenbereich mit verschiedenen Themengärten, Schildkrötenbecken, Abenteuerspielplatz sowie etlichen weiteren Attraktionen.

■ Carrer de Manuela de los Herreros 21, www.palmaaquarium.com, tgl. 10–16, letzter Einlass 15 Uhr, 26,50 €, Kinder bis 12 Jahre 15,50 €

Majestätisch gleitet im Palma Aquarium ein Sandtigerhai an den Besuchern vorbei

Verkehrsmittel

Bus Ab S'Arenal fährt die Linie 21 im 30-Minuten-Takt zum Flughafen (ca. 20 Min.). Mit den Linien 15 und 25 gelangt man in rund 30 Min. ins Zentrum von Palma. ■ www.emtpalma.es

Fahrrad Der Küstenradweg von S'Arenal nach Palma (30 Min.) ist eine Attraktion für sich. Wer ihn befährt, lernt auch Palmas attraktive östliche Vororte El Molinar und Portixol kennen.

Restaurants

€ | Bon Vent Heiter-farbenfrohes Restaurant-Café am Strand von Can Pastilla, nicht weit vom Palma Aquarium entfernt. Schmackhafte Tapas für kleines Geld. Besonders lecker und kreativ sind hier die »Pa amb Olis« (»Brot mit Öl«). ■ Avinguda de Bartomeu Riutort 83, Can Pastilla, Mi–Mo ab 11 Uhr

Kneipen, Bars und Clubs

Rund um die **Balnearios 5 und 6** geht es schon nachmittags feuchtfröhlich zu. Denn dann rauschen in den Kneipen und Beachbars zur Happy Hour die Zapfhähne. Am Abend werden Stimmung und Alkoholpegel in den alteingesessenen Großraumlokalen und Diskotheken wie »Bierkönig« (www.bierkoenig.com), »Oberbayern« (www.oberbayern-mallorca.tv) und »Mega Park« (www.megapark.tv), die ganzjährig für Oktoberfeststimmung sorgen, weiter angehoben.

3 Cala Major

Joan Mirós verwirklichter Traum ist der Höhepunkt an dieser Bucht

Pauschaltourismus und gesichtslose Hotelblöcke prägen das Bild von Cala Major, einem Vorort westlich von Pal-

In die Fundació Pilar i Joan Miró flossen rund 2500 Werke des Künstlers ein

ma. Die Bucht gilt als Keimzelle des Mallorca-Tourismus und war einst beliebtes Naherholungsgebiet der Einwohner von Palma. Heute bevölkern überwiegend britische und skandinavische Gäste den rund 200 m langen Sandstreifen am Meer. An windigen Tagen und im Winter locken hohe Wellen auch Surfer an die Cala Major.

Sehenswert

Fundació Pilar i Joan Miró

| Kunstmuseum |

3 *Spannende Einblicke in Mirós Leben, Werk und Arbeitsstätte*

Etwas oberhalb der Bucht befindet sich das eindrucksvolle Geschenk des spanischen Künstlers Joan Miró (1893–1983) an seine geliebte Insel, die Fundació Pilar i Joan Miró. Zwar wurde der Maler in Barcelona geboren, er lebte und arbeitete jedoch seit 1956 in Cala Major. Aus Angst, ihr Refugium könnte einmal dem Baumboom zum Opfer fallen, gründeten Miró und seine Frau Pilar eine Stiftung, die ihr Umfeld schützen und die Arbeit junger Künstler fördern sollte. Vollendet wurde der Plan erst nach Mirós Tod von seiner Witwe, die einige Bilder ihres Gatten verkaufen musste, um den Bau des 1992 eröffneten Kulturzentrums in Cala Major zu ermöglichen. Im Mittelpunkt der Anlage ruht das sternförmige Moneo-Gebäude. Neben Gemälden, Zeichnungen und Skulpturen Mirós werden hier auch Wechselausstellungen gezeigt. Aufschlussreich ist der Blick in das von Josep Lluís Sert gegenüber erbaute Atelier, das nach Mirós Tod unverändert geblieben ist. Wer sich das Eintrittsgeld sparen möchte: Auch ein Spaziergang durch den herrlich bepflanzten, kostenlos zugänglichen Garten der Stiftung mit seinen vielen Skulpturen ist ein Genuss!

■ Carrer de Saridakis 29, Bus 3, 46 ab Palma, www.miromallorca.com, 16. Mai–15. Sept. Di–Sa 10–19, So, Fei 10–15, sonst werktags bis 18 Uhr, 9 €, Sa ab 15 Uhr sowie 1. So im Monat frei

Jardins de Marivent

| Historisches Bauwerk |

Hinter hohen Mauern am Ortseingang von Cala Major versteckt sich die in der Mitte der 1920er-Jahre erbaute Villa Marivent, die Sommerresidenz der spanischen Königsfamilie. Die prächtigen, schattigen Gärten des Palastes können besichtigt werden.

■ Avinguda de Joan Miró 229, Winter tgl. 9–16.30 Uhr, Sommer 9–20 Uhr, außer Osterferien und Mitte Juli–Mitte Sept., Eintritt frei

4 Ses Illetes und Portals Nous

Hier geht an der westlichen Badía de Palma die High Society vor Anker

Eine kleine Oase ist der Ort Ses Illetes (3500 Einw.). Statt riesiger Bettenburgen findet man hier Villen und charmantere Hotels der Oberklasse, die sich hinter den feinsandigen Badebuchten an die Steilküste schmiegen. Wer es noch nobler mag, ist im Nachbarort Portals Nous (2700 Einw.) richtig. Hier nippen Stars und Sternchen am Champagner.

Sehenswert

Port Portals

| Jachthafen |

Wie an einer Perlenkette reihen sich die verspiegelten Superjachten an der Kaimauer des Port Portals. Das Hafenbecken umgibt eine palmengesäumte Flaniermeile mit Luxusrestaurants und teuren Boutiquen. Wer sich in der High Society auskennt, hat gute Chancen, den einen oder anderen Star auf einer der Sonnenterrassen zu sichten.

Platja Ses Illetes

| Strand |

Sauber und aufgeräumt präsentiert sich die Badebucht von Ses Illetes, die ihren Namen der kleinen vorgelagerten Insel verdankt. Am feinen Sandstrand geht es oft sehr quirlig zu. Etwas ruhiger und grüner, aber auch kleiner ist die Nachbarbucht Cala Comtessa.

Parken

In Portals Nous kann man direkt am Jachthafen kostenlos parken – allerdings nur zwei Stunden lang.

Cafés

Grand Café Cappuccino Achtung, Promi-Alarm! In keinem Ableger des Grand Café auf der Insel ist die Jetset-Dichte so hoch wie hier. Da wird die Gastronomie zur Nebensache. ■ Port Portals, Portals Nous, www.cappuccinograndcafe.es

5 Palmanova und Magaluf

Ferienfabrik mit traumhaften Stränden und knalligem Unterhaltungsangebot

Mit Schnäppchenpreisen und endlosen Sandstränden bieten die Zwillingsstädte Palmanova (7000 Einw.) und Magaluf (4400 Einw.) eine Infrastruktur, die jungen Gästen gefällt. Vor allem Pauschalreisende aus England zog es in Scharen nach Magaluf, das sich als »Ballermann der Briten« einen zweifelhaften Namen gemacht hatte. Inspiriert vom Wandel an der Platja de Palma (S. 84) herrscht jetzt auch hier Aufbruchstimmung, die Hotels werden schicker, mondäner und teurer.

Bühne

Pirates Adventure Humorvolle Seeräuberakrobatik als Dinnershow. Vorsicht bei der Buchung: Mittlerweile gibt es einen neuen Ableger des Programms nur für Erwachsene. ■ Camí Sa Cami Sa Porrassa 12, Magaluf, www.piratesadventure.com, Mai–Okt. Tickets online ab 40 €, Kinder bis 12 Jahre ab 25 €

Sport

T Golf & Country Club Poniente Traumhafte Anlage mit einem 18- und zwei 9-Loch-Plätzen. Kürzlich umfangreich renoviert. ■ Camí Cala Figuera (bei Son Ferrer), www.t-golf.club, dynamische Tagespreise je nach Nachfrage

6 Cala de Portals Vells

5 *Eine der schönsten Buchten im Südwesten der Insel*

Ca. 7 km sind es von der Ma 1 (Ausfahrt Magaluf) nach Süden bis zur Cala de Portals Vells. Die von Aleppo-Kiefern und Felsen eingerahmte Zwillingsbucht verfügt über zwei herrliche Sandstrände und kristallklares Wasser, das zum Schnorcheln einlädt. In der Hauptbucht gehen gerne Jachten vor Anker; es gibt auch ein Lokal. Noch verträumter ist die ein paar Schritte südöstlich gelegene, allerdings nur wenige Meter breite Nachbarbucht.

Sehenswert

Cap de Cala Figuera
| Leuchtturm |
Ein felsiger Pfad führt entlang der Südflanke der Cala de Portals Vells zur östlichen Landzunge der Bucht und weiter in Richtung Süden zum Cap de Cala Figuera. Auf dem Weg passiert man die verwunschene Cala Figuera mit kleinem Kiesstrand. Der Leuchtturm auf dem Cap ist ein Bilderbuchmotiv, das sich allerdings in militärischem Sperrgebiet befindet. Für den Hin- und Rückweg sollte man eine Stunde einplanen, trittsicher sein und festes Schuhwerk tragen.

Kinder

Der feine Sandstrand der Cala de Portalls Vells fällt extrem flach ab und ist damit sehr familienfreundlich. Selbst den ganz Kleinen reicht das Wasser in der Bucht nur bis zur Hüfte.

Gefällt Ihnen das?

Strände wie die Cala de Portals Vells sind im Westen eher selten. Im Osten der Insel, rund um **Santanyí** (S. 150), gibt es hingegen sehr viele solcher kleinen, unverbauten Traumbuchten.

7 Santa Ponça

Hier verbirgt sich einer der historisch wichtigsten Schauplätze der Insel

Beim Anblick der mehrstöckigen Hotelkomplexe vermutet man kaum, dass Santa Ponça (11 400 Einw.) eine nennenswerte Geschichte aufweisen kann. Und doch ist die Gegend rund um den Ferienort uraltes Kulturland. Glaubt man den Historikern, begann hier vor Jahrtausenden die Besiedlung Mallorcas. Nicht zuletzt landete im Jahr 1229 König Jaume I mit seiner Flotte in der Bucht von Santa Ponça und läutete das Ende der maurischen Inselherrschaft ein. Heute ziehen die gute Infrastruktur und der schöne Sandstrand viele Feriengäste an.

Sehenswert

Creu de la Conquesta
| Historisches Denkmal |
An der Spitze der kleinen Landzunge Sa Caleta, nordöstlich des Jachthafens, ragt ein mächtiges Steinkreuz in den Himmel. Es erinnert an Jaume I, der hier 1229 mit seinen Truppen landete, um die Insel den Mauren abzuringen.

Parque Arqueològic Puig de Sa Morisca

| Ausgrabungsstätte |
Dass hier bereits Tausende Jahre vor Christus Menschen lebten, beweisen Überreste eines Rundbaus aus talaiotischer Zeit, die man in diesem archäologischen Park besichtigen kann. Das frei zugängliche Gelände mit Blick auf die Bucht erstreckt sich auf dem gleichnamigen Hügel südlich des Zentrums.

Restaurants

€€ | Sir Henry Food Club Edle Sportsbar für ein nobles und dennoch lockeres Abendessen mit Promi-Faktor. ■ Carrer Gran Via Puig Massanella 1, www.sirhenry.restaurant, tgl. 12–24 Uhr

Kinder

Jungle Parc Schattiger Kletterpark mit Brücken, Seilbahnen und Schaukeln, die für Nervenkitzel sorgen. ■ Avinguda del Rei Jaume I 40A, www.jungleparc.es, Mitte April–Okt. Di–So 10–17, im Sommer bis 18 Uhr, ab 4 Jahre, Tickets ab 14 €

Events

Rei en Jaume Die Rückeroberung Mallorcas durch Jaume I wird alljährlich am ersten Septemberwochenende gefeiert. Am Strand von Santa Ponça werden dann die Kämpfe der Christen gegen die Mauren nachgespielt.

8 Peguera und Camp de Mar

Peguera ist ein Heimspiel für Deutsche. Im Westen wird es ruhiger – und schicker

Information

■ OIT, 07160 Peguera, Carrer del Ratolí 1, Tel. 971 68 70 83, www.visitcalvia.com

Vor allem deutsche Urlauber haben das zurückhaltend bebaute Peguera (4000 Einw.) für sich entdeckt. Im Sommer ist

Die kleinen Buchten der Cala de Portals Vells sind von Aleppo-Kiefern gesäumt

Port d'Andratx beherbergt einen gepflegten Jachtclub mit mehr als 450 Liegeplätzen

der Ort v. a. bei Familien mit Kindern beliebt, die sich an den drei sanft abfallenden Sandstränden tummeln. Ein paar Kilometer westlich liegt die etwas exklusivere Feriensiedlung Camp de Mar, die sich ideal für einen unaufgeregten Badeurlaub sowie für Ausflüge in die südlichen Ausläufer der Serra de Tramuntana eignet.

Sehenswert

Bulevar de Peguera

| Promenade |

Pegueras Flaniermeile verläuft hinter der Platja de Palmira parallel zur Küste und zieht sich durch den Ort. Ein Bummel vorbei an den vielen Geschäften, Cafés und Restaurants ist v. a. abends reizvoll, wenn Autoverbot herrscht.

Cala Fornells

| Bucht |

Obwohl viele Apartments an den Hängen rund um die Cala Fornells kleben, ist die schmale Sandbucht zwischen Peguera und Camp de Mar wirklich malerisch, denn die Architektur wurde behutsam zwischen Pinien und Felsen eingebettet. Im Sommer ist es hier allerdings rappelvoll.

■ Carretera de Cala Fornells: 1 km südwestl. von Peguera. Camí Cala Blanca: 2 km westl. von Camp de Mar (Ma 1020) links abbiegen

Restaurants

€€ | Mesón El Quijote Einfacher, aber guter Spanier in Camp de Mar mit einer sehr leckeren Tapas-Auswahl und vergleichsweise günstigen Preisen. ■

ADAC Mittendrin

Immer noch ein Geheimtipp: An der winzigen, aber wunderschönen **Cala Blanca** westlich von Camp de Mar ist selten viel los. Das Wasser ist klar, der Blick über die Bucht zum Cap Andrixtol herrlich. Achtung: Der Pfad vom Parkplatz zur Bucht ist steil, festes Schuhwerk tragen!

Avinguda de Sa Platja s/n (am Ortsrand), Camp de Mar, Tel. 971236752, in der Nebensaison unregelmäßig geöffnet

9 Port d'Andratx

Mondänes Mekka der Reichen und Schönen mit exklusiven Jachten

Information

■ OIT, 07157 Port d'Andratx, Avinguda Mateo Bosch 7 (am alten Hafen), Tel. 971671300, www.andratx.cat

Noch immer ziehen von Port d'Andratx (2500 Einw.) am frühen Morgen die bunten Fischkutter aufs Meer. Die meisten der Liegeplätze sind heute jedoch für noble Jachten reserviert, und die Hügel rund um die tief eingeschnittene Hafenbucht sind mit den Luxusvillen ihrer Besitzer übersät. Dennoch: Port d'Andratx hat einen besonderen Zauber und konnte sich trotz des Jetsets, der den Ort vereinnahmt hat, eine gewisse Gelassenheit und Ursprünglichkeit bewahren. Insbesondere nach Sonnenuntergang erwacht die verschlungene Uferpromenade mit ihren vielen Restaurants, Bars und kleinen Boutiquen zum Leben und wird zum Laufsteg der Reichen und Schönen – aber auch der Lebenskünstler.

Sehenswert

Port de Pescador

| Hafen |

Am Nordostende der Uferpromenade befindet sich der Fischerhafen von Port d'Andratx, an dem immer noch die Netze zum Trocknen ausgelegt werden. Hier mündet auch der schmale Torrent de Saluet ins Hafenbecken. Die an den Ufern vertäuten Fischerboote sind ein beliebtes Fotomotiv.

Studio Weil

| Moderne Architektur |

Mitten im Villenviertel von Port d'Andratx findet sich auch ein Glanzstück moderner Architektur: das Studio Weil, das Stararchitekt Daniel Libeskind 2003 für die amerikanische Künstlerin Barbara Weil errichtete.

■ Camí de Sant Carles 20, Tel. 971671647, www.studioweil.com, Besichtigung Sa, So nur auf Anfrage: studiobweil@gmail.com

Restaurants

€€€ | Sumailla Hier gibt es die besten Sushi der ganzen Insel – grandioser Hafenblick inklusive. Das hat natürlich seinen Preis. ■ Avinguda Almirante Riera Alemany 19 (Hafenpromenade), Tel. 971238785 (Reservierung empfohlen), www.restaurantsumailla.com

Kneipen, Bars und Clubs

mitj & mitj Wer einen Platz bei mitj & mitj ergattert – vielleicht sogar auf einem der Balkone der Bar –, hat das bunte Treiben rund um die Hafenpromenade bestens im Blick. ■ Avinguda Almirante Riera Alemany 19

10 Andratx

Die verschlafene Schönheit bietet eine Überraschung für Kunstliebhaber

Information

■ OIT, 07150 Andratx, Avinguda de la Cúria 1 (im Palau de Son Mas), Tel. 971628019, www.andratx.cat

Die unbewohnte Felseninsel Sa Dragonera bietet hervorragende Tauchgründe

Eine mächtige Wehrkirche und die Festung Palau de Son Mas prägen das Ortsbild von Andratx (11 000 Einw.). Trotzdem verirren sich nur wenige Touristen in die Stadt. Die Gastronomie wie auch die Einzelhändler und Firmen sind ganz auf die Bedürfnisse der Einheimischen ausgerichtet. Wer sich trotzdem auf den Weg hierher macht und die Gassen der Altstadt erkundet, erlebt ein noch sehr authentisches Stück Mallorca, umrahmt von den herrlichen Ausläufern der Serra Tramuntana.

Sehenswert

Església de Santa Maria

| Kirche |

Auf einem Hügel am Rand der Altstadt erhebt sich die Wehrkirche Santa Maria. Trutzige, fast fenster- und schmucklose Mauern prägen das bis in das 13. Jh. zurückreichende Gotteshaus. Die wuchtige Architektur macht deutlich, wie häufig im Mittelalter plündernde Piraten die Stadt unsicher machten, sodass man sich entschloss, selbst Sakralbauten zu wuchtigen Festungen auszubauen.

Palau de Son Mas

| Festung |

Am nördlichen Ortsausgang, an der Durchgangsstraße Ma 10, erhebt sich der von einem kleinen Park umgebene Palau de Son Mas. Der einstige Herrschaftssitz mit seinem schweren, zinnenbekrönten Turm stammt aus dem 19. Jh. Vorgänger des Bauwerks war vermutlich eine deutlich ältere maurische Burg. Heute sind hier das Rathaus von Andratx und die Tourist-Information untergebracht.

Centro Cultural Andratx (CCA)

| Kunstmuseum |

6 *Mondäner Kunsttempel der Superlative mitten im Niemandsland*

Ein solch einzigartiges, im doppelten Wortsinn modernes Museum vermutet hier wirklich niemand. Kunstliebhaber sollten daher unbedingt einen Abstecher in das Centro Cultural Andratx (CCA) an der Straße nach Es Capdellà (Ma 1031) einplanen. Mit einer Fläche von rund 4000 km^2 ist es das größte Zentrum zeitgenössischer Kunst Europas, und das ganze Jahr über werden Wechselausstellungen internationaler Künstler gezeigt.

■ Carrer Estanyera 2, www.ccandratx.com, März–Okt. Di–Fr 10.30–19, Nov.–Feb. Di–Sa 10.30–16, ganzjährig Sa, So, Fei 10.30–16 Uhr, 8 €, Kinder unter 13 Jahre frei, bis 18 und über 65 Jahre 5 €

Restaurants

€ | Café CCA Das hübsche, auch ohne Ticket zugängliche Museumscafé des Centro Cultural Andratx bietet Tapas, Snacks und selbst gemachten Kuchen. ■ Carrer Estanyera 2, www.ccandratx.com, Öffnungszeiten siehe Museum

Events

Immer am Mittwochvormittag findet in Andratx der beliebte **Wochenmarkt** statt, und die Gassen der Altstadt füllen sich mit Menschen. Verkauft werden Obst und Gemüse, Fleisch, Käse und Gewürze, aber auch Lederwaren, Stoffe und Spielzeug.

11 Sant Elm

Sonne und Strand pur in einem Ferienort, in dem die Zeit stillzustehen scheint

Information

■ OIT, 07159 Sant Elm, Avinguda Jaume I 28, Tel. 971 23 92 05, www.andratx.cat

In Sant Elm (400 Einw.) im äußersten Westen von Mallorca wurden scheinbar vor Jahrzehnten die Uhren angehalten. Die wenigen Hotels, die es hier gibt, v. a. aber der von Bäumen und Blumen gesäumte Boulevard versprühen nostalgisches Flair. Hier dröhnt keine laute Musik aus den Bars, und selbst das Souvenirangebot gestaltet sich dezent. Ideal also für einen ruhigen Urlaub. Es locken zwar keine großen Attraktionen, dafür aber ein schöner, rund 180 m langer Sandstrand mit einer kleinen Nachbarbucht, eine herrliche Natur und zahlreiche Wander- und Sportmöglichkeiten.

Sport

Keida In der windgeschützten Bucht von Sant Elm fühlen sich Stehpaddler besonders wohl. Boards zum Ausleihen, aber auch Kurse gibt es beim Outdoor-Experten Keida. Hier kann man auch Fahrräder und Kajaks mieten oder Fitnesskurse und Wanderungen buchen. ■ Plaça de na Caragola 3, www.keida.es, SUP-Boards 15 €/Std.

In der Umgebung

Illa Sa Dragonera

| Felseninsel |

Von Sant Elm und Port d'Andratx (S. 91) starten im Sommer Ausflugsboote auf die naturgeschützte »Dracheninsel« (www.crucerosmargarita.com, ab 13 €). Seinen Namen verdankt das 5 km lange und 700 m breite Eiland seiner gezackten Bergsilhouette. An der Anlegestelle informieren Schautafeln und ein Modell über Geografie, Flora und Fauna der Insel, auf der viele, auch seltene Vogelarten leben. Wanderwege (Wasser und Proviant mitbringen!) führen zu den drei Leuchttürmen. An vielen Stellen gelangt man auch zu Badeplätzen direkt am Ufer. Nicht zuletzt zählt die Unterwasserwelt rund um die Insel zu den besten Tauchrevieren Mallorcas. ■ www.conselldemallorca.net/dragonera

Gefällt Ihnen das?

Eine ähnliche Insel wie Sa Dragonera gibt es mit der **Illa de Cabrera** (»Ziegeninsel«) vor der Küste von Colònia de Sant Jordi (S. 153). Auf dem 15,7 km² großen Eiland kann man wandern, baden und die Natur erkunden.

Übernachten

Während in Palma moderne Stadt- und Boutique-Hotels immer beliebter – und leider auch teurer – werden, sind die Feriensiedlungen westlich und östlich der Inselhauptstadt noch fest im Griff des Massentourismus. Wer hier nur einen entspannten Badeurlaub verbringen möchte und keine Herberge mit Charakter sucht, bucht am besten ein günstiges Paket bei einem Reiseveranstalter. Eine regelrechte Hotelknappheit herrscht wiederum in der Gegend rund um Andratx. Hier übernachtet man in Apartments – oder im Finca-Hotel.

Palma de Mallorca 66

€–€€ | Apuntadores 8 Das frisch renovierte 2-Sterne-Haus bietet saubere und v. a. günstige Doppelzimmer. Mitten im Lljota-Viertel. ■ Carrer dels Apuntadors 8, Tel. 971713491, www.apuntadoreshostal.com

€€ | AH Art Hotel Das moderne, sehr sympathische Boutique-Hotel befindet sich oberhalb der Rambla. ■ Costa de'n Sintes 6, Tel. 871600030, www.artpalmahotel.com

€€ | Born Nur einen Steinwurf vom Passeig del Born entfernt. Wer die plüschige Eleganz alter Stadtpaläste liebt, der ist hier goldrichtig. ■ Carrer de Sant Jaume 3, Tel. 971712942, www.hotelborn.com

7 **€€ | Ciutat Jardí** Wie ein Schloss ragt dieses feine Gartenhotel östlich von Palma zwischen Palmen am Strand empor. Ideal für alle, die Stadt- und Badeurlaub miteinander verbinden wollen. ■ Carrer Illa de Malta 14, El Molinar/Palma, Tel. 971746070, www.hciutatj.com

€€–€€€ | Santa Clara Frisch renoviertes Stadthotel im ehemaligen jüdischen Viertel. Auf der Dachterrasse genießt man bei einem Drink den Blick auf den Turm des gegenüberliegenden Convent de Santa Clara. ■ Carrer Sant Alonso 16, Tel. 971729231, www.santaclarahotel.es

€€€ | Bo Hippes, noch recht junges Stadthotel in Palmas Llotja-Viertel. Nicht ganz billig, aber die Liegen auf der Dachterrasse mit Blick auf die Kathedrale sind schlicht atemberaubend. ■ Carrer Jaume Ferrer 2, Tel. 971715982, www.bohotel.com

€€€ | Tres In bester Altstadtlage vereint das Boutique-Hotel mallorquinischen Stil mit modernem Design. Mit Sauna, Pool und Fitnessraum. ■ Carrer dels Apuntadors 3, Tel. 915224790 www.hoteltres.com

Platja de Palma 84

€€ | Aya Modernes Hotel direkt an der Strandpromenade am Westrand von S'Arenal. Sehr schöne Gartenanlage mit Swimmingpool. ■ Carretera Arenal 60, Platja de Palma, Tel. 971260450, www.hotelaya.com

€€ | Pure Salt Garonda Stilvolle, stylische Hotelanlage direkt am Strand mit allem Komfort. Für die Zimmer gilt: je höher, desto besser – und unbedingt Meerblick! ■ Carrer de la Mar Negra 2, Platja de Palma, Tel. 971014040, www.puresaltluxuryhotels.com, nur Erwachsene

Von Cala Major bis Santa Ponça 85

€€ | Nixe Palace Die ideale Unterkunft für stadtnahen Strandurlaub mit Komfort. Traumhafter Meerblick und Top-Service. ■ Avinguda Joan Miró 269, Cala Major, Tel. 971700888, www.hotelmallorcanixepalace.com

€€ | Sentido Hotel Punta de Mar Großes, gepflegtes Haus über der Steilküste in Santa Ponça. Alle Zimmer mit Balkon und Meerblick. ■ Carrer Huguet des Far 11, Santa Ponça, Tel. 971692953, www.sentidohotels.com

Peguera und Camp de Mar 89

€€ | Cala Fornells Gediegenes Traditionshaus gleich neben der schönen Bucht. Auch die geschmackvollen Superior-Doppelzimmer sind nicht überteuert. ■ Carretera Cala Fornells 76, Cala Fornells, Tel. 971686950, www.calafornells.com, im Winter geschl.

€€ | Bahía Camp de Mar Suites Sehr gepflegtes Aparthotel am Ortsrand von Camp de Mar. Fast alle der erschwinglichen Suiten bieten einen Meerblick und eine große Terrasse. Traumhafter Pool an der Steilküste. ■ Via Francisca Capllonch Plomer 11, Camp de Mar, Tel. 971235033, www.bahiasuites.com

Port d'Andratx, Andratx und Sant Elm 91

€€ | Aquamarin Die runde Retro-Architektur ist etwas gewöhnungsbedürftig, aber näher am Meer kann man in Sant Elm nicht wohnen. ■ Carrer Cala Conills 4, Sant Elm, Tel. 971239075, www.universalhotels.es

€€ | Unic Neu und liebevoll bis ins Detail renoviertes kleines Stadthaus-Hotel im Zentrum von Andratx. Sehr charmant und persönlich von den freundlichen Inhabern geführt. ■ Avinguda Joan Carles I, Andratx, Tel. 971674512, www.unicmallorca.com

ADAC Das besondere Hotel

Posada Terra Santa Extravagante Boutique-Hotels gibt es in Palma jede Menge. Dieses versteckte Haus zählt aber immer noch zu den schönsten und familiärsten der Stadt. Es wurde wurde mit viel Liebe zum Detail in ein altes Herrenhaus aus dem 16. Jh. integriert. Von der romantischen Dachterrasse mit Pool hat man einen umwerfenden Blick über das gotische Viertel und das benachbarte altehrwürdige Kloster Sant Francesc. *€€€ | Carrer de la Posada de Terra Santa 5, Palma, Tel. 971214742, www.posadaterrasanta.com*

Die Bergwelt der Serra de Tramuntana

Die Region begeistert mit spektakulärer Natur, prächtigen Herrenhäusern, einsamen Klöstern und viel Kultur und Genuss in den Ortschaften

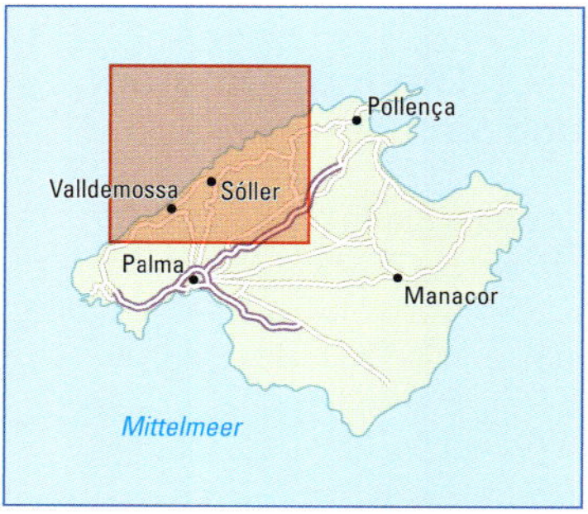

Seit dem Jahr 2011 steht das Tramuntana-Gebirge, das fast den gesamten Nordwesten Mallorcas einnimmt, unter dem Schutz der UNESCO. Die Einheimischen stellt das vor ein Dilemma: Einerseits wollen sie den Tourismus ankurbeln, andererseits das Welterbe bewahren. Bislang gelingt der Drahtseilakt, denn wer hier Urlaub macht, sucht v. a. Ruhe, Natur und Ursprünglichkeit. Touristische Hauptschlagader der Region ist die verschlungene Panoramastraße Ma10 mit ihren vielen Aussichtspunkten, die immer wieder fantastische Blicke aufs tiefblaue Meer eröffnen. In liebevoll herausgeputzten Dörfern wie Banyalbufar, Valldemossa oder Fornalutx kann man sich in rustikalen oder noblen Restaurants stärken und in die Geschichte der Insel eintauchen. Urbaner Anziehungspunkt ist Sóller im Tal der Orangen, das neben Palma als das bedeutendste Zentrum des Modernisme auf der Insel gilt.

In diesem Kapitel:

ADAC Top Tipps:

4 Valldemossa
| Dorf |

Im »schönsten Dorf Mallorcas« kann man in engen, malerischen Gassen den Spuren von George Sand und Frédéric Chopin folgen – oder sich einfach nur treiben lassen und genießen. 99

2 Ferrocarril de Sóller, Sóller
| Historische Eisenbahn |

Die nostalgische Fahrt mit dem »Roten Blitz« in die Hauptstadt ist ein kurvenreicher Klassiker – und ein unvergessliches Erlebnis. 105

5 **Sa Calobra/Torrent de Pareis**
| Serpentinenstraße |
Der Weg ist das Ziel: Die spektakuläre Serpentinenstraße hinab zur Bucht von Sa Calobra ist ein Meisterwerk der Baukunst. Unten angekommen, wartet an der Einmündung des Torrent de Pareis das »Tor zum Paradies«. 112

ADAC Empfehlungen:

8 **Jardins d'Alfàbia, Bunyola**
| Freilichtmuseum |
Verwunschenes Gartenkleinod mit prächtigem historischen Gutshof, der Einblicke in das Leben des mallorquinischen Landadels gibt. 107

9 **Castell d'Alaró, Alaró**
| Aussichtspunkt |
Die einst heftig umkämpfte Festungsanlage thront auf einem der schönsten Aussichtsberge der Insel. 110

10 **Santuari de Lluc, Escorca**
| Pilgerstätte |
Das weitläufige, von Einsamkeit umringte Kloster ist der wichtigste und schönste Wallfahrtsort Mallorcas. 112

11 **Ca'l Bisbe, Sóller**
| Hotel |
Offenbarung hinter unscheinbaren Mauern mit Pool in geschütztem kleinen Garten und bestem Service. 114

12 Estellencs und Banyalbufar

Verwinkelte Dorfidylle zwischen Olivenbäumen und Weinstöcken

Schief und aussichtsreich klebt das Bergdorf Estellencs (320 Einw.) an den Ausläufern des 1027 m hohen Puig de Galatzó. Steinhäuser, romantische Gassen und die wehrhafte Pfarrkirche Sant Juan Bautista aus dem 17. Jh. prägen das Bild. Durchs Ortszentrum schlängelt sich die Ma 10, die rund 7 km weiter nördlich Banyalbufar (400 Einw.) erreicht. Bekannt ist die Gemeinde für ihre weithin sichtbaren Terrassen. Man vermutet, dass die Steilhänge bereits von den Karthagern um 600 v. Chr. kultiviert wurden. Jahrhunderte später fügten die Mauren ein ausgeklügeltes Bewässerungssystem hinzu. So konnte hier auch Wein angebaut werden. Bis ins 19. Jh. war der aromatische Malvasía aus Banyalbufar ein vom europäischen Adel geschätzter Tropfen, doch dann zerstörten Schädlinge die Kulturen. Erst seit Kurzem gelingt einigen Winzern wieder der Anbau der Rebsorte.

Sehenswert

Torre del Verger

| Aussichtspunkt |

Etwa 1 km westlich von Banyalbufar ragt über der Steilklippe die Torre del Verger empor. Der Mitte des 16. Jh. erbaute Wachturm ist einer der vielen befestigten Aussichtspunkte, die in früherer Zeit rund um die Insel errichtet wurden, um vor Piratenangriffen zu warnen. Heute bietet er den Touristen einen spektakulären Panoramablick über die zerklüftete Küste im Nordwesten der Insel.

Einkaufen

Cooperativa Malvasia Hier kann man die rare, rund um Banyalbufar gereifte Weinspezialität Malvasía kosten – und natürlich auch kaufen. ■ Carrer de L'Esperit Sant 13, Banyalbufar, Tel. 610 86 05 32, Di geschl.

In der Umgebung

La Granja

| Freilichtmuseum |

Biegt man zwischen Banyalbufar und Valldemossa (S. 99) rechts von der Ma 10 auf die Ma 1100 ab, gelangt man ins fruchtbare Tal von Esporles. Hier liegt das historische, einst autarke Landgut La Granja. Das Herrenhaus in seiner heutigen Form entstammt vermutlich dem 18. Jh. Der ausgeschilderte Rundgang führt durch die Wirtschaftsräume, Gemächer und Keller im Hauptthaus sowie zu den Arbeitsräumen der Handwerker. Zudem kann die hübsche Parkanlage mit Wasserfall und Tiergehegen besichtigt werden.

■ Carretera Banyalbufar, www.lagranja.net, Sommer tgl. 10–19, Winter tgl. 10–18, Pferdeshows Mi und Fr 16 Uhr, 15 €, Kinder 8 €

ADAC Mobil

Ab Andratx führt die über 100 km lange Traumstraße **Ma 10** durch die Serra de Tramuntana bis nach Pollença (S. 118). Besonders reizvoll ist der Abschnitt von Estellencs zum Kloster Lluc (S. 112). Die Strecke ist hier so populär und kurvenreich, dass man im Sommer meist leider nur langsam vorankommt. Für Ausflüge sollten Sie daher genügend Zeit einplanen!

13 Valldemossa

4 *Das »Chopin-Dörfchen« hält, was sein Beiname verspricht*

Information

■ OIT, C7170 Valldemossa, Avinguda de Palma 7 (an der Ma 1110), Tel. 971 61 20 19, www.ajvalldemossa.net

Valldemossa (2000 Einw.) ist ein Touristenmagnet. Das verwundert nicht angesichts der vielen kulturellen Highlights, die der kleine Ort zu bieten hat. Doch auch wer mit Kunst oder Geschichte nichts am Hut hat, wird von dem malerischen Dorf begeistert sein. Zu den berühmtesten Gästen, die hier beherbergt wurden, zählen die französische Schriftstellerin George Sand und der polnische Komponist Frédéric Chopin. Das Liebespaar verbrachte Mitte des 19. Jh. zwei Monate in Valldemossa, in der Hoffnung, die Bergluft könne Chopins Tuberkulose lindern. Ihre Erlebnisse verarbeitete George Sand in ihrem Reisebericht »Ein Winter auf Mallorca«, der 1841 erschien.

Sehenswert

Cartoixa de Valldemossa

| Kloster |

Allein schon der Turm der im 18. Jh. errichteten klassizistischen Klosterkirche ist eine Schau: Mit seiner schmucken türkisfarbenen Haube mutet er geradezu orientalisch an. Keimzelle des Klosters war der Palau del Rei Sanx, den Jaume II zu Beginn des 14. Jh. errichten ließ. Bereits 1399 ging das Gebäude in den Besitz des Kartäuserordens über, nach der Säkularisation (1835) wandelte man die Klosterzellen dann in Privatwohnungen um. In eines der klammen Quartiere (Zelle Nr. 4) mietete sich schließlich im Winter 1838/39 Frédéric Chopin mit seiner Geliebten George Sand ein. Der Rundgang durch die Kartause beginnt in der Klosterkirche am westlichen Ende der

Die Silhouette von Valldemossa mit der Kartause und der Pfarrkirche Sant Bartomeu

Schon Erzherzog Ludwig Salvator genoss den traumhaften Ausblick von Son Marroig

Plaça de la Cartoixa. Über das Kircheninnere gelangt man in den Kreuzgang, wo die einst von Chopin und Sand bewohnte Zelle Nr. 4 sowie Zelle Nr. 2 mit Memorabilia des Paares ausgestattet wurden. Weitere Räume beherbergen eine alte Apotheke, die Klosterdruckerei, die Bibliothek sowie ein Kunstmuseum. Wer nicht alle Räume mit Königspalast sehen möchte, kann auch nur für die Chopin-Ausstellung in Zelle Nr. 4 ein Ticket lösen (4 €).

■ Plaça de la Cartoixa 11, www.cartujadevalldemossa.com, Mo–Sa 10–16.30, Konzerte 10.30, 11.30, 12.30, 13.15 und 14.15 Uhr, 9,50 €, Kinder 4 €

Església Sant Bartomeu

| Kirche |

Der Turm der in der Unterstadt gelegenen Pfarrkirche Sant Bartomeu mit seiner exotischen umlaufenden Galerie ist ein fotogener Blickfang – insbesondere, wenn man sich dem Dorf aus südlicher Richtung über die Ma 1110 nähert. Die Kirche stammt aus dem 15. Jh., wurde aber im Lauf der Zeit mehrfach umgebaut.

Casa Natal de Santa Catalina

| Historisches Gebäude |

Wer genau hinsieht, entdeckt an vielen Hauswänden des Dorfes bunte Kacheln mit Abbildungen der Inselheiligen Catalina Thomás (1531–1574). Ihr Geburtshaus, das zu einer Pilgerkapelle umgebaut wurde, kann in der Unterstadt am Carrer de la Rectoria 5 besichtigt werden.

P Parken

Zentral im Ort liegen an der Ma 1110 zwei große gebührenpflichtige Parkplätze, auf denen mit etwas Geduld fast immer ein Plätzchen frei wird.

Restaurants

€€ | Es Roquissar Am schönsten Platz des Dorfes servieren freundliche Kellner eine moderne spanische und internationale Fusion-Küche. ■ Plaça de la Cartoixa 5, Tel. 971616208, Di, Mi geschl.

Cafés

Troya Die idyllische Lage am Ortsrand mit traumhaftem Talblick versüßt die Kaffeepause. Es gibt auch Snacks und abends Küche à la carte. ■ Plaça Rubén Darío, Tel. 971612907, www.troyarestaurant.com

Einkaufen

Ca'n Molinas Die Traditionsbäckerei betreibt auch ein Café im Zentrum. Noch schöner ist aber das bezaubernde Ladengeschäft in der Unterstadt. »Coca patatas«, luftige Kartoffelküchlein, sind die Spezialität des Hauses, die man hier frisch kaufen kann. ■ Carrer de la Rosa 4, Tel. 971612247

In der Umgebung

Port de Valldemossa

| Bucht |

Etwas Mut braucht man auf der Ma1131, die sich in engen Kehren hinab zum Hafen von Valldemossa windet. Wo einst nicht nur Fisch, sondern auch Schmuggelware an Land befördert wurde, laden heute klares Wasser zum Baden und ein Restaurant zum Abendessen ein. Romantiker zieht es zum Sonnenuntergang an die Bucht, der hier besonders reizvoll ist.

Gefällt Ihnen das?

Wer Valldemossa ins Herz schließt, wird sich auch im Gassenlabyrinth von **Fornalutx** (S. 111) sowie in den Bergdörfern **Bunyola**, **Orient** und **Alaró** (S. 109) wohlfühlen.

14 Son Marroig und Miramar

In seinem Anwesen träumte Erzherzog Ludwig Salvator von Abenteuern

Gleich vorweg: Wer nur eines der beiden Herrenhäuser Ludwig Salvators besichtigen will, sollte sich für Son Marroig entscheiden. Die Finca stammt aus dem 16. Jh., wurde aber vom Erzherzog in ein romantisches Renaissanceschloss verwandelt. Die Räume sind großteils originalgetreu erhalten. Einen herrlichen Ausblick hat man vom Balkon im Obergeschoss. Von hier sieht man auch den auf einem Felsvorsprung gebauten klassizistischen Pavillon aus weißem Marmor – ein beliebtes Fotomotiv. Wie ein langes Bein ragt dahinter die Halbinsel Sa Foradada ins Meer. Miramar, 2 km südlich von Son Marroig an der Ma10, hat seine Ursprünge in einem Kloster aus dem 13. Jh. Ramón Llull (S. 161) gründete hier eine Schule, um Missionare auszubilden. Als Ludwig Salvator das Gelände 1872 kaufte, ließ er auf den alten Grundmauern ein Landhaus erbauen. Im Inneren sind heute Erinnerungsstücke an den Erzherzog ausgestellt. Herrlich sind die mit Olivenbäumen übersäten Terrassen rund um Miramar, die zu Spaziergängen einladen.

■ Ma10 Valldemossa–Deià, www.sonmarroig.com, April–Sept. Mo–Sa 9.30–18,

Okt.–März 10–14 und 15.30–16.30 Uhr, Son Marroig/Miramar je 4 €, Kinder frei

Sehenswert

Sa Foradada

| Bucht |

Knapp eine Stunde dauert die Wanderung von Son Marroig hinab zur Halbinsel Sa Foradada. Am Ende der Landzunge klafft im Fels ein von Wind und Wetter ausgehöhltes Loch mit mehr als 15 m Durchmesser. In der Bucht ging einst Ludwig Salvator mit seiner Jacht »Nixe« vor Anker. Da sich Sa Foradada in Privatbesitz befindet, muss die Wanderung an der Kasse angemeldet werden.

15 Deià

Künstlerdorf und ehemaliges Lieblingsversteck internationaler Prominenz

Information

■ OIT, 07179 Deià, Carrer del Porxo 4 (im Rathaus), Tel. 971 63 90 77, www.ajdeia.net

Wer in Deià (500 Einw.) nur an der von Restaurants, Cafés, Galerien und Cabriolets gesäumten Ma 10 haltmacht, verpasst das Beste: Der Zauber des Bergdorfes entfaltet sich in den engen Gassen oberhalb der Durchgangsstraße. Auf den kleinen Plätzen, zwischen malerischen verschachtelten Steinhäusern, duftet es nach Bougainvillea. Und wenn über den Dächern von Deià die Gipfel der Serra Tramuntana im letzten Licht der Abendsonne leuchten, versteht man die Anziehungskraft des Ortes. Als einer der Ersten verfiel der britische Schriftsteller Robert Graves (1895–1985) dieser Bilderbuchkulisse. Im Jahr 1929 zog er nach Deià und baute sich hier wenige Jahre später eine traumhafte Finca. Maler, Schauspieler, Komponisten und Rockstars folgten seinem Beispiel, und rund um den Globus machte sich das kleine Deià plötzlich als mondänes Künstlerdorf einen Namen. Maler und Kunsthandwerker gibt es bis heute im Ort, in zahlreichen Galerien kann man ihre Arbeiten bestaunen.

Im Blickpunkt

Erzherzog Ludwig Salvator – Forscher, Abenteurer, Träumer

Erzherzog Ludwig Salvator (1847–1915), Cousin des österreichischen Kaisers Franz Josef, verabscheute das höfische Leben und machte sich lieber auf, die Welt zu entdecken. Seine Reisen führten ihn rund um den Globus, doch seine große Liebe galt Mallorca. Im Jahr 1867 betrat er die Insel zum ersten Mal, wenige Jahre später bezog er den Herrensitz Son Marroig. Die hiesigen Bauern reagierten belustigt auf den Exzentriker, der ihnen horrende Summen für ihr Land bot und schließlich einen 10 km langen Küstenstreifen zwischen Valldemossa und Deià in seinen Besitz nahm. In der neuen Heimat widmete sich Ludwig Salvator intensiv der Erforschung Mallorcas. So entstand auch das siebenteilige Opus »Die Balearen in Wort und Bild«, das Historiker noch heute für ihre Mallorca-Studien nutzen.

www.ludwig-salvator.com

Am Fuße des Künstlerdorfs Deià erstreckt sich die kleine Bucht Cala de Deià

Sehenswert

La Casa de Robert Graves

| Museum |

Über 50 Jahre lang lebte der britische Autor Robert Graves in seiner Finca Ca n'Alluny in Deià. Der im Originalzustand belassene Landsitz liegt am nördlichen Ortsausgang. Beerdigt wurde Graves auf dem kleinen Friedhof der Pfarrkirche am höchsten Punkt des Dorfes.

■ Ma 10 Deià–Sóller, www.lacasaderobertgraves.com, April–Okt. Mo–Fr 10–17, Sa 10–15, Nov.–März Mo–Fr 9–16, Sa 9–12 Uhr, 7 €, Kinder (bis 12 Jahre) 3,50 €

Cala de Deià

| Bucht |

Über ein Serpentinensträßchen am nördlichen Ortseingang gelangt man hinab zur Cala de Deià, einer schmalen Felsenbucht, die sich v. a. zum Schnorcheln eignet. Obwohl der Strand mit groben Kieseln übersät ist, tanken zahlreiche Tagesbesucher hier in den Sommermonaten Sonne.

Restaurants

€€ | **Trattoria Italiana** Pasta, Risotto und leckere italienische Vorspeisen auf einer der schönsten Sonnenterrassen des Dorfes. ■ Carrer Viña Vieja 1, Tel. 971 63 64 50, So geschl.

ADAC Wussten Sie schon?

Sein mildes Klima verdankt Mallorca auch der **Serra Tramuntana**. Der massive, rund 90 km lange Gebirgszug schützt die ganze Insel wie eine Mauer vor Wind und Wetter – und fängt im Nordwesten Regenwolken ab, bevor diese das Landesinnere erreichen können.

16 Sóller

Französisches Flair und Jugendstil im Tal der Orangen

Bis heute zuckelt der »Rote Blitz« tagtäglich von Palma durchs Gebirge nach Sóller

Information

- OIT, 07100 Sóller, Plaça d'Espanya s/n (Eisenbahnwagon am Bahnhof), Tel. 971 63 80 08, www.ajsoller.net
- Parken siehe S. 106

Noch heute hat Sóller (14 000 Einw.) die Aura einer Enklave. Einige der höchsten Gipfel der Serra de Tramuntana umschließen den fruchtbaren Talkessel rund um die Stadt. Nur nach Norden hin öffnet sich das Mittelmeer. Dank des milden Klimas florierte die Landwirtschaft hier schon lange. Zum einträglichen Geschäft, das Sóller eine goldene Ära bescherte, entwickelte sich insbesondere der Anbau von Zitronen und Orangen. Vom 17. bis ins 19. Jh. wurden die begehrten Zitrusfrüchte in großen Mengen übers Mittelmeer nach Frankreich verschifft und von dort in alle Länder Europas ausgeliefert. Vorbei war der Boom jedoch, als Mitte des 19. Jh. eingeschleppte Schädlinge über die Plantagen herfielen. Plötzlich arm und arbeitslos geworden, suchten viele Sóllerics in Südfrankreich oder in Spanien ihr Glück, kehrten jedoch später oftmals als reiche Männer in die Heimat zurück. Dort etablierten sie eine französisch-katalanische Lebensart, die noch heute das Flair Sóllers bestimmt.

Plan
S. 107

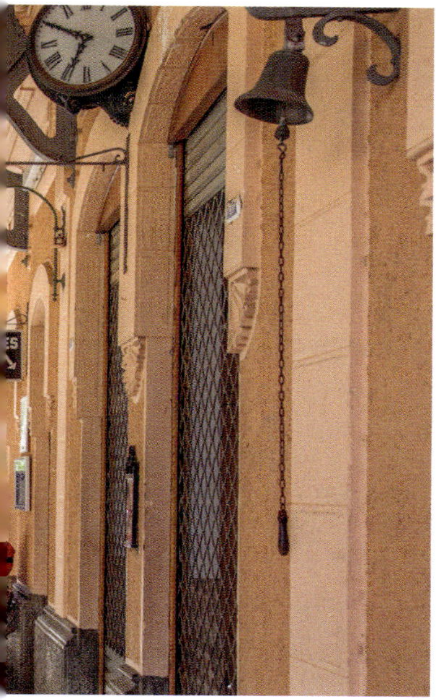

Sehenswert

1 Ferrocarril de Sóller

| Historische Eisenbahn |

2 *Traumhafte Zeitreise an Bord eines legendären Bummelzugs*

Die Eröffnung der Bahnlinie von Sóller nach Palma 1912 war ein echter Meilenstein für die Stadt. Plötzlich war man nicht mehr vom Rest der Insel abgeschnitten. Die kurvige Strecke ist 28 km lang und führt durch Tunnel und über zahlreiche Brücken. Mehrmals täglich begrüßt und entlässt der nostalgische »Rote Blitz«, wie der Zug auch genannt wird, seine Fahrgäste am hübschen historischen Bahnhof von Sóller, der in einem alten Gutshof aus dem 16. Jh. untergebracht ist. Die Fahrt nach Palma dauert ungefähr eine Stunde.

■ Plaça d'Espanya 6, www.trendesoller.com, April–Okt. ab 9–18.30 Uhr, sechs Fahrten/Tag, abweichender Winterfahrplan, 25 € (Hin- und Rückfahrt)

2 Plaça Constitució

| Platz |

Die Plaça Constitució ist das quirlige Herz Sóllers. Immer wieder rattern hier auch die Waggons der Straßenbahn Richtung Hafen vorbei (ADAC Mobil, S. 106). Von den Terrassen der Cafés kann man sie beobachten und genießt zudem einen schönen Blick auf die umliegende Architektur. Ins Auge fällt v. a. die Pfarrkirche Sant Bartomeu. Sie wurde vermutlich Mitte des 13. Jh. auf den Grundmauern einer Moschee errichtet, aber später immer wieder umgebaut. Ihr Langhaus mit seinen wuchtigen Mauern und schmalen Fensterschlitzen wirkt abweisend und wehrhaft. Ganz anders präsentiert sich die elegante Hauptfassade, die Joan Rubió, ein Schüler Antoni Gaudís, Anfang des 20. Jh. im Stil des Modernisme schuf. Über dem Portal öffnet sich eine filigrane Fensterrose – eine Reminiszenz an große gotische Kathedralen. Gleich neben der Kirche kann der ebenfalls von Rubió im katalanischen Jugendstil geschaffene Bau des Banco de Sóller (1912) bewundert werden.

3 Museu Modernista

| Kunstmuseum |

Ca'n Prunera heißt das Stadthaus, das von Gaudí-Schüler Josep Rubió ent-

ADAC Mobil

Auf schnellstem Weg von Palma ins Tal der Orangen zu gelangen war lange Zeit ein teurer Luxus: Knapp 5 € kostete zuletzt die einfache Fahrt durch den 3 km langen **Tunnel** zwischen Bunyola und Sóller. Nach langem politischen Tauziehen wurde die Maut endlich gekippt. Wer Bergstrecken liebt, erreicht den Talkessel von der Inselmitte auch über die **alte Passstraße** (Ma 11a). Das Zentrum Sóllers kann man dann problemlos zu Fuß erkunden. Vom Bahnhof startet seit 1913 die Straßenbahn Tramvia (www.trendesoller.com, 6 €, Tickets beim Schaffner) ihre regelmäßige Fahrt zum 3 km entfernten Hafen (S. 108).

worfen und vor einigen Jahren liebevoll restauriert wurde. Es beherbergt das moderne Museu Modernista. Die Sammlung zeigt Werke spanischer und internationaler Künstler des 19. und 20. Jh. Mindestens genauso sehenswert ist aber die opulente Jugendstilausstattung des Gebäudes.

■ Carrer de sa Lluna 90, www.canprunera.com, März–Okt. tgl. 10.30–18.30, Nov.–Feb. Di–So 10.30–18 Uhr, 6 €, Kinder unter 12 Jahre frei

4 Museu de Sóller

| Volkskundemuseum |

Einblicke in die bürgerliche Wohnkultur des 18. Jh. erhält man im Museu de Sóller (Casal de Cultura), das in einem Herrenhaus von 1740 untergebracht ist. Noch heute können Wirtschafts- und Repräsentationsräume, Schlafzimmer und Hauskapelle mit Originalausstattung bestaunt werden.

■ Carrer de sa Mar 13, Mo–Fr 10–14, Sa 10.30–13 Uhr, 3 €

5 Jardí Botànic

| Botanischer Garten |

Nicht entgehen lassen sollte man sich einen Streifzug durch Sóllers Botanischen Garten. Beste Zeit für einen Besuch sind die Monate April und Mai, wenn hier alles grünt und blüht.

■ Carretera de Desviament, www.jardibotanicdesoller.org, März–Okt. Mo–Sa 10–14 Uhr, 8 €, Kinder unter 6 Jahre frei

Parken

In den Sommermonaten kann die Parkplatzsuche in Sóller zur Tortur werden. Am besten stellt man sein Auto westlich der Altstadt an der Ma 11 ab. Zu Fuß gelangt man von hier schnell ins Zentrum.

Restaurants

€ | Bar Sa Butigueta Ein Tapas-Tempel, preislich sehr attraktiv. Auch die Einheimischen lieben es, auf der wunderbaren Terrasse dieses traditionellen Lokals zu sitzen. ■ Avenida Jeroni Estades 9c, Tel. 971 63 22 65, Plan S. 107 b2

€€ | Café Scholl Hier trifft Fusionsküche auf Kaffeehausflair – und im Scholl schmeckt auch das Frühstück gut. ■ Carrer de la Victòria 11 Maig 9, Tel. 971 63 23 98, Mo–Sa ab 10 Uhr, Plan S. 107 c1

Einkaufen

Colmado La Luna Traditionsgeschäft mit riesiger, in meterhohen Regalen aufgestapelter Auswahl an mallorquinischen Spezialitäten. ■ Carrer de sa Lluna 3, Plan S. 107 b1

Mercat Municipal Urige Markthalle mit Obst, Gemüse und Feinkost von der Insel. ■ Plaça des Mercat, Mo–Sa 9–14, Fr auch 18–20 Uhr, Plan S. 107 b1

Kinder

EcoVinyassa Was, so viele Sorten gibt es? Ein Besuch der EcoVinyassa nordöstlich von Sóller macht v. a. Kindern Spaß. Hier erfährt man alles über den Anbau von Orangen und Zitronen, kann die Plantagen erkunden und darf immer wieder in die süßen oder sauren Früchte beißen. ■ Carretera Fornalutx–Camí de Sa Vinyassa, Tel. 615172750, www.ecovinyassa.com, Mo, Mi, Fr 10–14 Uhr, nur mit Anmeldung (online), 14 €, Kinder 7 €, Plan S. 107 nordöstl. c1

Events

Am 11. Mai 1561 ereignete sich Grausames in der Bucht von Sóller: Tausende türkische Seeräuber fielen ein, um zu plündern und zu morden. Den Sieg über die Eindringlinge feiert die Stadt alljährlich rund um das zweite Maiwochenende mit der nachgespielten Schlacht **Moros y Cristianos**, die am Strand von Port de Sóller beginnt, und einem bunten Festprogramm.

In der Umgebung

Jardins d'Alfàbia

| Freilichtmuseum |

8 *Grüner Paradiesgarten mit prächtigem Herrenhaus*

Die Jardins d'Alfàbia mit ihren plätschernden Brunnen und verwunschenen Laubengängen wurden bereits im 12. Jh. angelegt und dienten seinerzeit einem hohen arabischen Beamten als Sommerresidenz im Schatten des Tramuntana-Gebirges. Das Herrenhaus in ihrer Mitte wurde später, als der mallorquinische Adel das Anwesen in Be-

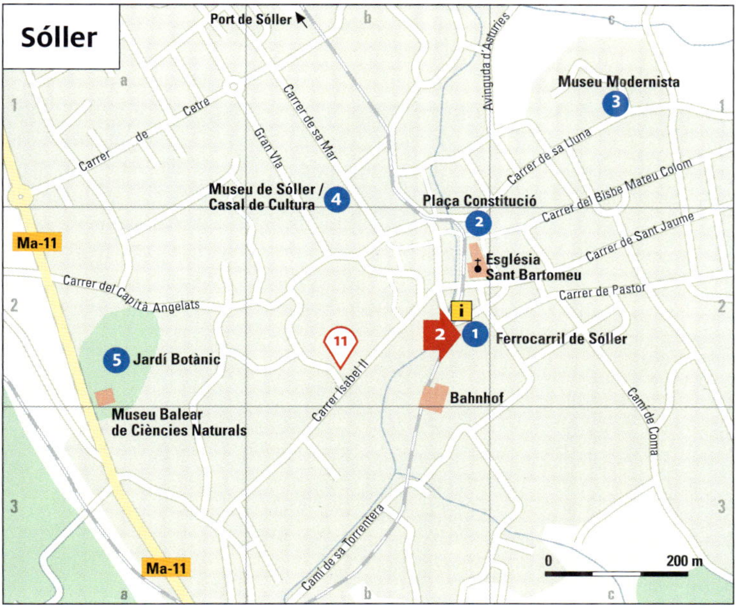

Plan S. 107

sitz nahm, umgebaut und erweitert. Die lichtdurchfluteten Räume beherbergen eine wertvolle Bibliothek und einen Salon, dessen Wände mit mallorquinischen Zungenstoffen bespannt sind. Auch der Alkoven, in dem im Jahr 1859 die spanische Königin Isabella II auf der Durchreise nach Palma die Nacht verbrachte, kann besichtigt werden. Im Durchgang, der vom Parkplatz in den Innenhof des Anwesens führt, sollte man die Augen nach oben richten: Die holzgetäfelte, kunstvoll verzierte Decke stammt noch aus dem 12. Jh. und ist noch ein Überbleibsel des einst maurischen Gutshauses.

■ Ma 11 Palma–Sóller, km 17 (kurz vor dem Tunnel), www.jardinesdealfabia.com, März–Okt. So–Fr 9.30–18.30 Uhr, Nov.–Feb. geschl., 8 €, Kinder bis 10 Jahre frei

17 Port de Sóller

Der ideale Stützpunkt für Sonnenanbeter und Aktivurlauber

Information

■ OIT, 07108 Port de Sóller, Carrer de la Marina s/n (im Wagon vor dem alten Bahnhof), Tel. 971 63 80 08, im Winter geschl.

Die sichelförmige Bucht von Port de Sóller (2400 Einw.) war bis zur Eröffnung der Bahnstrecke im Jahr 1912 ein florierender Hafen. Vor allem Orangen wurden von hier exportiert. In den 1960er-Jahren eroberte der Tourismus schließlich den Küstenort. Hotels und Apartments wurden errichtet, und die Uferpromenade mit Restaurants und Cafés zur Flaniermeile ausgebaut.

Nicht zuletzt gibt es zwei hübsche Sandstrände, die im Sommer auch bei Tagesausflüglern beliebt sind. Trotz ihrer Abgeschiedenheit bietet die Bucht die Infrastruktur eines modernen Badeortes, ist aber gleichzeitig umringt von herrlicher Natur – und somit ein idealer Ausgangspunkt für Touren in die nahe Bergwelt.

Die Ausläufer der Serra de Tramuntana reichen bis an den Ortsrand von Port de Sóller

Sehenswert

Santa Catalina

| Historisches Viertel |

Am Nordostende der Hafenmole liegt das historische Fischerviertel Santa Catalina. Von hier geht es zu Fuß zur Ermita Santa Caterina d'Alexandria hinauf. Die ehemalige Klosterkapelle (13. Jh.) lockt mit einem grandiosen Blick auf das Hafenbecken und die umliegende Steilküste sowie dem kleinen, frisch renovierten Meeresmuseum (Sommer Di–Sa 10–14 und 17–20, So, Fei 10–14 Uhr, Eintritt frei).

Far de Cap Gros

| Leuchtturm |

Der Far de Cap Gros (1859) an der Nordwestspitze der Bucht ist der älteste der drei Leuchttürme von Port de Sóller. Ein Besuch lohnt sich v. a. wegen des Fernblicks, der an klaren Tagen über den Hafenort hinweg bis weit in die Serra de Tramuntana reicht. Hinter dem Turm starten herrliche Wanderwege Richtung Sóller und Deià.

Verkehrsmittel

Tram Die Tramvia fährt regelmäßig vom Hafen ins Zentrum von Sóller (S. 104). Mehrere Haltestellen an der Promenade. ■ Abfahrt stündl., www.trendesoller.com, 6 € (Tickets im Zug)

Restaurants

€€ | **Villa Luisa** In der herausgeputzten historischen Sommervilla wird Fisch, Fleisch und Leckeres aus dem mediterranen Gemüsegarten serviert. Gute Frühstücksauswahl. ■ Passeig d'es Través 20, www.villaluisasoller.com, tgl. ab 9 Uhr, Feb. geschl.

€€€ | **Nautilus** Top-Fischrestaurant hoch über dem Ort. Die sensationelle Aussichtsterrasse entschädigt für die hohen Preise. Reservierung empfohlen. ■ Carrer Llebeig 1, Tel. 971638186, www.nautilus-soller.com, Mo geschl.

Kneipen, Bars und Clubs

MiniBar Lauschiger Logenplatz über dem Boulevard mit Blick auf den Hafen. Hier trifft man sich zum Sundowner oder auf einen Snack. ■ Passeig Es Través 9, www.minibarsoller.com

Erlebnisse

Barcos Azules Auf den Fahrten nach Sa Calobra (S. 112) und zur Cala Tuent kann man das Gebirge vom Meer aus erleben. Die Boote legen am Jachthafen ab. ■ Moll Comercial s/n, www.barcoscalobra.com, April–Okt., Hin- und Rückweg 30 €, Kinder 6–11 Jahre 15 €

Sport

Tramuntana Tours Geführte Wanderungen und Mountainbike-Touren in die Berge. Auch Kajakausflüge werden angeboten. ■ Passeig de Través 12, Tel. 971632799, www.tramuntanatours.com, Wanderungen ab 25 €/Person

18 Bunyola, Orient und Alaró

Die Entdeckung der Langsamkeit im Hinterland der Serra de Tramuntana

Als schmales Asphaltband schraubt sich die malerische Ma 2100 parallel zur Ma 10 hinauf zur Hochebene von Orient und verläuft dann in weitem Bogen südwärts nach Alaró. Die rund 20 km

Steil geht es hinauf zur Felsenburg knapp unterhalb des 825 m hohen Puig d'Alaró

lange Strecke ist eine Offenbarung, taucht man doch in eine fast schon archaisch wirkende Landschaft ein, bei der man den quirligen Trubel der Küstenorte schnell vergisst. Startpunkt der Tour ist das Bergdorf Bunyola (2300 Einw.). Von hier führt die Straße weiter ins winzige Orient (30 Einw.), dessen Steinhäuser sich am Hang rund um die turmlose Kirche Sant Jordi scharen. Der kleine Ort steht komplett unter Denkmalschutz und ist beliebter Ausgangspunkt für Wanderungen. Nach weiteren 9 km gelangt man schließlich ins Städtchen Alaró (4600 Einw.), das früher ein wichtiger Handelsplatz war. Produkte aus der Region gibt es auch heute noch auf dem Wochenmarkt zu kaufen, der jeden Samstag auf der Plaça de la Vila zahlreiche Besucher anlockt.

Sehenswert

Església Sant Bartomeu

| Kirche |

Die in den Jahren von 1626 bis 1785 im Ortskern Alarós erbaute Pfarrkirche Sant Bartomeu sieht wie ein überirdischer Würfel aus – und fasziniert gerade deshalb. Jeden Samstag lädt die Pfarrei im Gotteshaus um 11.30 Uhr zu einem kurzen Orgelkonzert ein.

Castell d'Alaró

| Aussichtspunkt |

9 *Der sportliche Aufstieg wird mit fantastischer Aussicht belohnt*

Wer nach steiler Schlussetappe das Plateau unterhalb des Puig d'Alaró (825 m) erreicht, betritt die Reste einer Festung, die einst als unbezwingbar galt. Tatsächlich trotzte Castell d'Alaró Anfang des 10. Jh. acht lange, zermürbende Jahre der Belagerung durch die Araber. Erst im Jahr 911 wurde die Burg eingenommen. Heute ist Castell d'Alaró hauptsächlich ein grandioser Aussichtspunkt: Im Norden schweift der Blick über die Hochebene von Orient bis zu den dahinter aufragenden Gipfeln von Puig Major (1436 m) und Massanella (1365 m). Im Osten und Süden zeichnen sich die Umrisse des Llevant-Gebirges und der Bucht von Palma ab. Noch höher, unterhalb des Gipfelkreuzes, das man über einen Pfad hinter der Ruine erreicht, liegt die zauberhafte Einsiedelei Ermita de la Mare de Déu del Refugi. Sie wurde im 17. Jh. nach einer überstandenen Dürre erbaut und ist noch heute beliebtes Pilgerziel. Ein Café bewirtet Besucher mit Getränken und Kuchen, und vor der Kapelle laden Picknicktische zum Pausieren ein. Ausgangspunkt für den rund einstündigen Aufstieg zum Puig d'Alaró ist der Parkplatz am Berggasthof Es Verger (am östlichen Ortseingang von Alaró rechts von der Ma 2100 abbiegen). Achtung, die Zufahrtsstraße zum Gasthof ist holprig und eng!

Verkehrsmittel

Bahn Der »Rote Blitz« macht auf seinem Weg von Palma nach Sóller in Bunyola halt. ■ www.trendesoller.com, Ticket Palma–Bunyola 9 €

19 Fornalutx

Die malerische Dorfschönheit breitet sich zu Füßen des Penyal del Migdia aus

Fornalutx (480 Einw.) gehört bereits seit 1983 zu den »schönsten spanischen Dörfern«, die jedes Jahr neu gekürt werden. Der denkmalgeschützte, von den Gipfeln des Puig Major und Penyal del Migdia überragte Ortskern ist umgeben von Oliven- und Orangenbäumen. Ein klein wenig fühlt man sich wie in einem Museum, wenn man die blitzblanken, mit Blumentöpfen geschmückten Gassen erkundet. Dabei lohnt es sich, den Blick auch immer wieder nach oben zu richten: Viele der Dachziegel sind an ihrer Unterseite bemalt – eine Tradition, die wohl islamische Wurzeln hat. Dreh- und Angelpunkt des dörflichen Lebens ist die zentrale Plaça d'Espanya unterhalb der Pfarrkirche Navidad de Nostra Senyora aus dem 17. Jh. Hier gibt es neben schattigen Cafés und Restaurants auch einen kleinen Supermarkt.

Restaurants

€€ | Sa Cuina d'en Marc Mallorquinische und mediterrane Klassiker, modern interpretiert und köstlich zubereitet. ■ Carrer Arbona-Colom 6, www.lacuinadenmarc.com, Mo geschl.

Im Blickpunkt

Wasser – ein kostbares Gut auf der Insel

Vor allem, wenn im Winter der Regen ausbleibt, bekommt ganz Mallorca ein Problem. Dann laufen Gorg Blau und Cúber, die größten Stauseen der Insel an der Ma 10, regelrecht leer, und sogar die Quellen der Bergdörfer versiegen. Vor wenigen Jahren musste der Bürgermeister von Banyalbufar ein kleines Vermögen für Tanklaster ausgeben, die die Zisternen seiner Gemeinde mit Trinkwasser beliefern. Im Kampf gegen die Trockenheit setzt Mallorcas Regierung jetzt zunehmend auf die Entsalzung von Meerwasser. Drei Anlagen gibt es schon, weitere sollen gebaut oder wieder in Betrieb genommen werden. Zudem will man das Leitungssystem modernisieren und auch Bergdörfer endlich ans Wassernetz anschließen. Finanziert werden die Maßnahmen größtenteils mit Einnahmen aus der Touristensteuer.

20 Sa Calobra und Torrent de Pareis

5 *Die Serpentinenkette hinab zur Bucht ist einfach sensationell!*

Warum ausgerechnet an diesem Ort mit der Ma 2141 eine der bautechnisch anspruchsvollsten Passstraßen der Insel verwirklicht wurde, bleibt ein Rätsel. Kaum 40 Seelen lebten Anfang der 1930er-Jahre in den Katen an der Bucht von Sa Calobra. Das winzige Nest war damals nur mit Booten oder zu Fuß erreichbar. Als man dann 1932 eine abenteuerlich verschlungene, 12 km lange Serpentinenkette in die Felsen schlug, waren die Bewohner verblüfft, aber dankbar. Geleitet wurde das Projekt von Antonio Paretti, der Autofahrer mit seinem berüchtigten »Nus de sa Corbata« (Krawattenknoten) noch heute in Staunen versetzt: Hier führt die Strecke in einem kreisrunden Bogen durch einen Tunnel unter sich selbst hindurch. Wer einen starken Magen hat, sollte sich auf diese Achterbahnfahrt einlassen. Sie gehört zu den Highlights von Mallorca. Nicht minder spektakulär ist, was Ausflügler 800 Höhenmeter tiefer erwartet: Von der mit Lokalen übersäten Cala Sa Calobra führen Fußgängertunnel in einen von mächtigen Felswänden flankierten Talkessel mit schmalem Durchbruch zum Meer. Nach starkem Regen wird dieses »Tor zum Paradies« von den Fluten des Torrent de Pareis durchströmt, von denen bei Trockenheit nur Pfützen übrig bleiben. Dann verwandelt sich die weite Kiesfläche des Flussbetts in Mallorcas einzigartigste Badebucht.

ADAC Mobil

Wer die Fahrt nach Sa Calobra genießen möchte, sollte sich frühmorgens oder erst am späten Nachmittag auf die **Ma 2141** begeben. Zwischen 13 und 16 Uhr manövrieren unzählige Reisebusse durch die schmalen Serpentinen.

Verkehrsmittel

Boot Sa Calobra und der Torrent de Pareis werden von Ausflugsbooten aus Port de Sóller (S. 108) angesteuert.

In der Umgebung

Cala Tuent

| Bucht |

Wem der Torrent de Pareis zu voll ist, der findet an der Cala Tuent eine ruhigere Alternative. Der Kiesstrand ist naturbelassen, das Wasser aber klar.

■ Auf dem Rückweg zur Ma 10, rund 2 km südlich von Sa Calobra scharf rechts

21 Santuari de Lluc

10 *Bedeutender Wallfahrtsort in einem einsamen Bergtal*

Information

Am Empfang des Klosters gibt es Broschüren und Pläne. Unterhalb des Parkplatzes befindet sich zudem ein Büro der Welterbestätte Serra de Tramuntana, das über Natur und Wanderwege informiert. ■ Tel. 971 517 083, www.serradetramuntana.net

Inmitten eines von Eichenwäldern und Einsamkeit umgebenen Hochtals erstreckt sich der Klosterkomplex des Santuari de Lluc. Der Legende nach entdeckte hier ein maurischer Hirten-

ADAC Mittendrin

Am Abend, wenn die Tagestouristen abgereist sind, ist es rund um Lluc am schönsten. Dann durchbrechen nur noch die Schellen der Schafe aus der Ferne die Stille. Die besinnliche Seite von Lluc erlebt man am besten, wenn man in der **Klosterherberge** logiert (S. 115).

junge eine kleine Marienfigur, die so dunkel war wie seine Haut. Er brachte sie in die Kirche nach Escorca, doch die Statue verschwand noch in derselben Nacht – und tauchte genau dort wieder auf, wo er sie gefunden hatte. Das Wunder wiederholte sich mehrmals, sodass der Pfarrer beschloss, am Fundort ein Heiligtum zu errichten. Die kleine Kapelle wird 1268 erstmals urkundlich erwähnt und entwickelte sich im Lauf der Zeit zum heutigen Kloster und wichtigsten Wallfahrtsort Mallorcas.

Vom Parkplatz führt der Weg über den Pilgerhof mit alten Stallungen zum Hauptgebäude. Von hier gelangt man zur im Renaissancestil erbauten Klosterkirche (17./18. Jh.). Ihr Inneres wurde Anfang des 20. Jh. von Antoni Gaudí generalüberholt, in einer der Seitenkapellen befindet sich die aus Sandstein gefertigte Schwarze Madonna, die Ende des 19. Jh. zur Schutzpatronin Mallorcas gekrönt wurde. Rund um die Anlage kann man herrliche Spaziergänge machen, etwa auf den von einem riesigen Kreuz bekrönten Kalvarienberg. In der Klosterherberge quartieren sich viele Wanderer ein, um schon im Morgengrauen in die Bergwelt aufzubrechen.

■ Plaça dels Peregrins 1, Escorca, www.lluc.net, 10–18 Uhr, 6 € (Tagesticket inkl. Parkplatz)

Restaurants

€€ | **Sa Fonda** Rustikale regionale Küche mit Fleisch, Fisch und Gemüse im urigen Speisesaal des Klosters. Wer den Trubel zur Mittagszeit meidet, wird von entspannten Kellnern bedient. ■ Plaça dels Peregrins s/n, www.lluc.net, tgl. 13–21.30 Uhr

Konzert

Der 1531 gegründete, in blau-weiße Gewänder gekleidete **Kinderchor »Els Blauets«** ist das musikalische Aushängeschild des Klosters. Die Jungen und Mädchen singen fast täglich in der Basilika und geben an hohen Feiertagen auch längere Kostproben ihres Könnens. ■ www.lluc.net, Mo–Fr 13.15 und So um 11 Uhr (außer Schulferien, Chortournee), Zeiten schwanken

Kinder

In den **Swimmingpool** des Klosters dürfen neuerdings auch große und gelangweilte kleine Tagesgäste springen. Das schöne Becken befindet sich neben dem Klostergarten (Juni–Aug.).

ADAC Spartipp

Die Initiative »Spiritual Mallorca« bietet für 16 € ein günstiges **Rabattticket** an, das neben Lluc den Eintritt in fünf weitere religiöse Stätten der Insel beinhaltet – u. a. Sant Francesc in Palma (S. 73), Santuari de Cura bei Algaida (S. 161) sowie das Museum Pare Juníper Serra in Petra (S. 164). *www.spiritualmallorca.com, Tickets vor Ort und online*

Übernachten

Im Gebirge zeigt sich Mallorca von seiner rauen, ursprünglichen Seite. Doch nur, wer über Nacht bleibt, erlebt das Schauspiel, das Sonne, Berge, Wolken und Wellen hier tagtäglich auf ihrer monumentalen Freilichtbühne darbieten, in voller Länge. Naturfreunde werden es daher lieben, ein paar Tage in einem der abgeschiedenen Hotels in Estellenc, Deià oder Valldemossa zu verbringen und die Stille zu atmen. Zu langweilig? Dann ist Port de Sóller ein Kompromiss: Hier gibt es kunterbuntes Strandleben zu Füßen der herrlichsten Gipfel.

Estellencs und Banyalbufar 98

€ | Sa Plana Kleines, familiäres Wohlfühl-Hotel im ländlichen Stil. Am Ortseingang von Estellencs. ■ Carrer Eusebi Pascual s/n, Estellencs, Tel. 971618666, www.saplana.com

€€ | Maristel Das große Hotel mit Spa und Pool bietet ein wenig altmodischen, aber preiswerten Komfort. Unbedingt Zimmer mit Meerblick buchen. ■ Carrer Eusebi Pascual 10, Estellencs, Tel. 971618550, www.hotelmaristel.com

€€ | Son Borguny Boutique-Hotel, in dem jedes Zimmer einem Thema gewidmet ist. Besonders charmant: die erschwingliche Sonnen- und die Mond-Suite. ■ Carrer Borguny 1, Banyalbufar, Tel. 971148706, www.sonborguny.com

Valldemossa und Deià 99

€ | Villaverde Einfaches Hostal in einem hübsch restaurierten, traditionellen Natursteinhaus im alten Ortskern von Deià. Auch bei Fahrradfahrern beliebt. ■ Carrer Ramon Llull 19, Deià, Tel. 971639037, www.hostalvillaverde.es

€€ | D'es Puig Traditionsadresse in Deià mit nostalgischem Flair und Pool. Buchen kann man auch ein Apartment mit zwei Schlafzimmern. ■ Carrer d'es Puig 4, Deià, Tel. 971639409, www.hoteldespuig.com

€€ | Es Petit Hotel Behaglich und zentral in Valldemossa. Ein Traum ist die Aussicht auf die Berge und das Dorf – insbesondere in den Zimmern mit Terrasse. ■ Carrer Uetam 1, Valldemossa, Tel. 971612479, www.espetithotel-valldemossa.com

€€€ | Son Viscos Romantisches, geschmackvoll eingerichtetes Finca-Hotel am Ortseingang von Valldemossa mit herrlichem Garten. ■ Carretera Viejo de Valldemossa s/n (an der Ma1110), Valldemossa, Tel. 971616380, www.sonviscosvalldemossa.com

Sóller und Port de Sóller 104

11 **€€ | Ca'l Bisbe** Verstecktes, aber innen herrliches Stadthotel mit kleinem Garten und Pool. ■ Carrer de Bisbe Nadal 10, Sóller, Tel. 971631228, www.hotelcalbisbe.com

€€ | La Vila Charmante kleine Hotelperle in einem schmuckvollen alten Stadtpalast am Hauptplatz von Sóller. Lokal mit guter mediterraner Küche. ■

Plaça Constitució 14, Sóller, Tel. 971 63 46 41, www.lavilahotel.com

€€ | Espléndido Ebenso schmuckes wie farbenfrohes Design-Wellnesshotel in zentraler Lage am Strandboulevard. Am schönsten sind die Zimmer mit Terrasse. ■ Passeig d'es Través 5, Port de Sóller, Tel. 971 63 18 50, www.esplendidohotel.com

€€€ | Es Port Das stilvolle Schlosshotel in Strandnähe verfügt über einen riesigen Garten. Besonders begehrt: die historischen Turmzimmer mit Hafenblick. ■ Carrer d'Antoni Montis 10, Port de Sóller, Tel. 971 63 16 50, www.hotelesport.com

Fornalutx, Alaró, Lluc 111

€ | Santuari de Lluc Zweckmäßige Zimmer in den ehemaligen Klosterzellen – beliebt bei Wanderurlaubern. ■ Plaça dels Peregrins 1, Escorca, Tel. 971 87 15 25, www.lluc.net

€€ | Dalt Muntanya Sympathisches, familienfreundliches Hotel im kleinen Bergdorf Orient. Mit Pool und Hotelrestaurant. ■ Carretera Bunyola–Orient, km 10, Orient, Tel. 971 61 53 73, www.hoteldaltmuntanya.com

€€ | Petit Hotel Einst Nonnenkloster, dann Dorfschule, heute ein kleines, verschwiegenes Hotel mit Pool im Orangengarten und bester Aussicht. Frühstück inklusive. ■ Carrer Alba 22, Fornalutx, Tel. 971 63 19 97, www.fornalutxpetithotel.com

€€ | Sa Tanqueta Rustikaler Luxus hinter Natursteinmauern am Rand von Fornalutx. Das Apartmenthotel bietet einen Pool, duftende Blumen und einen herrlichen Blick auf die Berge. ■ Carrer Sant Bernat s/n, Fornalutx, Tel. 971 63 85 20, www.sa-tanqueta.com, nur Erwachsene

€€–€€€ | Finca S'Olivaret Ein Landhotel, wie ein süßer Traum – zwischen Pinien und Olivenbäumen kann man hier am Infinity Pool den Bergblick und das Leben genießen. ■ Carretera Alaró–Orient, km 3, Alaró, Tel. 971 51 08 89, www.solivaret.com

ADAC Das besondere Hotel

Ca's Papà Mintgrüne Fensterläden, geflieste Böden mit Schachbrettmuster, Designermöbel neben angewetzten Antiquitäten – und zahlreiche geschmackvolle Accessoires: Wenn man in dem Boutique-Hotel eincheckt, glaubt man, eine Zeitschrift für schönes Wohnen zu betreten. Gleichzeitig fühlt man sich willkommen und vertraut, was sicher auch an den sympathischen Gastgebern liegt – ein außergewöhnliches Haus im Gassenlabyrinth von Valldemossa.
€€ | Carrer de Jovellanos 8, Valldemossa, Tel. 971 61 28 08, www.hotelcaspapa.com

Mallorcas imposanter hoher Norden

Vom bildschönen Pollença über die atemberaubenden Kliffs am Cap Formentor bis zu den weiten Sandstränden der Bucht von Alcúdia

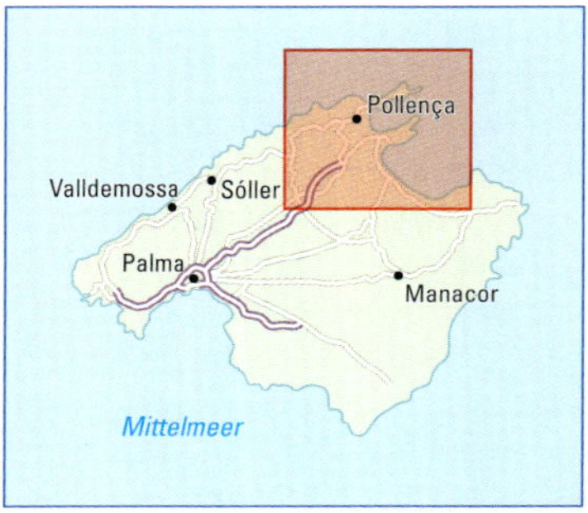

In keiner anderen Ecke Mallorcas ist der Kontrast zwischen der Schönheit der Insel und den Narben, die ihr der Tourismus zugefügt hat, sichtbarer als hier. Schon seit Jahrzehnten sind die weitläufige Badía de Pollença und Badía d'Alcúdia Anziehungspunkt für sonnen- und erlebnishungrige Badeurlauber, Segler und Surfer. Endlose Sandstrände, beste Windverhältnisse sowie ein buntes Nachtleben lassen kaum Wünsche offen. Gleichzeitig prägen schnurgerade Straßen, Fast-Food-Restaurants und Bettenburgen das Bild entlang der viel befahrenen Ma 2220 und Ma 12. Dass die Region trotzdem zu den reizvollsten der Insel zählt, verdankt sie den pittoresken Städten Pollença und Alcúdia sowie ihren einzigartigen Naturlandschaften. An erster Stelle steht hier das Cap Formentor mit seinen spektakulären Aussichtspunkten, schroffen Felsen und verwunschenen Buchten. Wanderer und Radfahrer kommen auf der Halbinsel La Victòria auf ihre Kosten, Vogelfreunde im Parc Natural S'Albufera, dem größten Sumpfgebiet der Balearen.

In diesem Kapitel:

ADAC Top Tipps:

6 Puig del Calvari, Pollença
| Aussichtspunkt |
365 von Zypressen gesäumte Treppenstufen führen Schritt für Schritt zum himmlischen Aussichtspunkt über die pittoreske Altstadt von Pollença. 121

7 Halbinsel Formentor
| Halbinsel |
Die raue und dramatische Schönheit dieses windumtosten Nordzipfels der Insel stiehlt fast allen anderen Landschaften Mallorcas die Schau. 124

ADAC Empfehlungen:

12 Platja de Formentor

| Strand |

Unverbaute, sehr gepflegte und feinsandige Traumbucht am Cap Formentor, die man auch mit dem Bus oder dem Ausflugsboot ab Port de Pollença gut erreichen kann. 125

13 Sa Portassa, Alcúdia

| Restaurant |

So stellt man sich klassische mallorquinische Küche vor. Die familiengeführte Top-Adresse in Alcúdias Altstadt besticht dazu mit einer schönen Terrasse. Faire Preise. 127

14 Museu Sa Bassa Blanca, Alcúdia

| Kunstmuseum |

Skulpturen, Porträts und weitere Perlen zeitgenössischer Kunst, die im Süden der Halbinsel La Victòria direkt am Meer auf einem abgelegenen Landgut präsentiert werden – in harmonischem Einklang mit der Natur. 128

15 Finca Can Guilló, Pollença

| Agroturismo |

Der blühende und blökende Beweis, dass Mallorca auf dem Land einfach am schönsten ist. Doch auch zum Strand ist es von dieser Oase im Tal von Pollença nicht weit. 131

22 Pollença

Die heimliche Hauptstadt des Nordens

365 Stufen sind es – für jeden Tag eine – zur Kapelle auf dem Puig del Calvari in Pollença

Information

- OIT, 07460 Pollença, Carrer Pere Josep Cànaves Salas s/n (im Kloster), Tel. 971 53 50 77, www.pollensa.com
- Parken siehe S. 121

Eine Stadt – oder doch ein Dorf? Irgendwie ist Pollença (8000 Einw.) beides. Menschen lebten hier bereits in prähistorischer Zeit. Nahe Alcúdia lag auch die Römerstadt Pollentia, die 426 n. Chr. von den Vandalen zerstört wurde. Die Überlebenden des Angriffs wagten landeinwärts den Neuanfang und legten den Grundstein für das heutige Pollença. Hier in den Bergen, mit etwas Abstand zur Küste, fühlte man sich auch vor Piratenattacken sicher. Ein Trugschluss: 1550 legten Seeräuber die Stadt in Schutt und Asche. Mit letzter Kraft gelang es den aus dem Schlaf gerissenen Bürgern jedoch, ihre Feinde in die Flucht zu schlagen – ein historischer Sieg, der seither jedes Jahr gefeiert wird. Nach dem Wiederaufbau überdauerte Pollença die Zeit nahezu unverändert. Mit seinen zahlreichen Zypressen, stimmungsvollen Plätzen und majestätischen Villen versprüht die Stadt fast schon italienisches Flair und lockte im 20. Jh. Künstler und Intellektuelle aus der ganzen Welt an. In den 1930er-Jahren verliebte sich dann

Plan
S. 120

die britische Upperclass in die Region: Agatha Christie und Winston Churchill verbrachten hier ihren Urlaub, und noch heute wird in den Gassen Pollenças viel Englisch gesprochen.

Sehenswert

1 Museu de Pollença

| Kunstmuseum |

Im ehemaligen Dominikanerkloster Sant Domingo (1588–1616) ist heute das Museu de Pollença untergebracht. Sehenswert ist die Sammlung zeitgenössischer Malerei von Künstlern wie Anglada Camarasa, die seit dem 20. Jh. hierherkamen, um die Schönheit der Region auf die Leinwand zu bannen. Zudem können Besucher Relikte aus prähistorischer Zeit sowie sakrale Kunst aus dem 14. Jh. besichtigen.

■ Carrer Pere Josep Cànaves Salas s/n, www.pollensa.com, Mo–Fr 10–14 Uhr, Eintritt frei

2 Jardins Juan March Servera

| Park |

Der an das Dominikanerkloster angrenzende kleine Park mit Springbrunnen ist im Sommer ein angenehmer Rückzugsort. Zu bestaunen gibt es einen mittelalterlichen Wachturm, einen alten Schöpfbrunnen sowie das Bronzedenkmal (1984) für Joan Mas, Held der Piratenschlacht von 1550.

3 Nostra Senyora dels Àngels

| Kirche |

Die von Platanen, Cafés und prächtigen Stadthäusern gesäumte Plaça Major ist das lebensfrohe Zentrum von Pollença. Jeden Sonntag findet hier der Wochenmarkt statt. Über alle Dächer hinaus

ADAC Mobil

Pollença erreicht man am besten mit dem Auto – und besichtigt das Zentrum zu Fuß. Über den Carrer de l'Horta kann man den Puig del Calvari (S. 121) und die Altstadt auch aus nördlicher Richtung ansteuern und spart sich so den Aufstieg. Wer mit dem Bus anreisen möchte: Die Linie 340 verbindet Palma und Pollença (ca. 1 Std., hin und zurück rund 11 €, www.tib.org).

ragt die Fassade der Pfarrkirche Nostra Senyora dels Àngels, die vermutlich im 13. Jh. von den Templern erbaut wurde. Heute prägen in der Hauptsache die Umbauten des 18. Jh. das Bild des Gotteshauses. Durch eine große Fensterrose fällt buntes Licht in das recht düstere gotische Kirchenschiff, das von zwölf Seitenkapellen flankiert wird. Eine Besonderheit birgt der barocke Hauptaltar: Das zentrale Gemälde kann an die Liturgie angepasst und getauscht werden. Es zeigt entweder Christus am Kreuz oder eine Darstellung des Abendmahls.

4 Plaça Almoina

| Platz |

Hinter der Kirche öffnet sich die kleine Plaça mit dem Brunnen Font des Gall (1827). Er hat die Form eines Kelchs, auf dessen Deckel ein Hahn, das Wappentier Pollenças, sitzt. An der Wand dahinter hängt ein Gemälde des hl. Vincenç Ferrer (1350–1419) aus Valencia, der hier 1413 Almosen verteilt haben soll.

5 Museu Dionís Bennàssar

| Kunstmuseum |

Im ehemaligen, teilweise noch original erhaltenen Wohnhaus des Künstlers

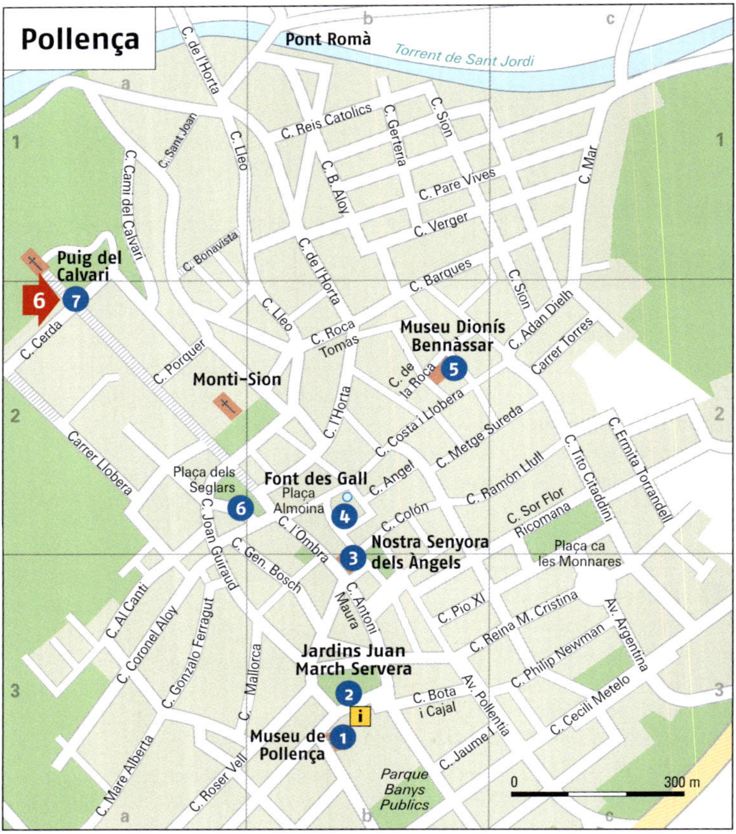

Dionís Bennàssar (1904–1967) sind etwa 250 seiner farbenfrohen Gemälde und Aquarelle sowie Zeichnungen und Skulpturen zu sehen.
■ Carrer de la Roca 14, www.museudionisbennassar.com, Di–So 10–14 Uhr, im Winter nur nach tel. Voranmeldung, 3 €

6 Plaça dels Seglars

| Platz |

Einer der stimmungsvollsten Orte der Stadt am Fuße des Kalvarienbergs. Am Abend zünden die vielen Cafés und Restaurants Windlichter auf ihren Terrassen an. Der Platz verwandelt sich dann in ein Lichtermeer.

7 Puig del Calvari

| Aussichtspunkt |

6 *Von dieser Treppe zeigt sich die Stadt in ihrer ganzen Herrlichkeit*

Genau 365 flache Treppenstufen führen aus der Altstadt über den Carrer del Calvari hinauf zum Puig del Calvari (170 m) – eine für jeden Tag des Jahres. Der Weg ist das Ziel auf dieser von Zypressen gesäumten Himmelsleiter. Auf dem Gipfel erwartet Besucher ein herrlicher Blick über die Dächer der Stadt bis zur Küste. Im Sommer öffnen hier oben ein kleines Café und das Oratori del Calvari (1795–1799) ihre Pforten. Den Altarraum der Kapelle schmückt eine stämmige Steinskulptur (15. Jh.) der hl. Maria zu Füßen des gekreuzigten Christus.

Parken

Die engen Straßen der Altstadt sollte man bei der Parkplatzsuche tunlichst meiden. Ein großer, noch dazu kostenloser Parkplatz befindet sich südlich vom Zentrum, am Ende des Carrer de Puig de Maria gegenüber der Tankstelle.

ADAC Wussten Sie schon?

Pollença ist berühmt für sein **Lammfleisch**, das in der mallorquinischen Küche eine wichtige Rolle spielt. Hochwertiges Lamm aus der Region trägt das Qualitätssiegel »Mé de Pollenca« und ist auf der ganzen Insel extrem gefragt.

Restaurants

€ | La Scalinata Café-Restaurant an der hübschen Plaça dels Seglars. Neben Tapas werden auch Pizza und leckere Fleischspieße serviert. Keine Kreditkarten! ■ Carrer del Martell 2, Tel. 971532091, Plan S. 120 a2

€€ | Cantonet Liebenswerter Italiener – Pasta hausgemacht! – mit charmantem Innenhof zum Draußenessen. ■ Carrer de Monti-Sion 17, Tel. 971530429, So geschl., Plan S. 120 b2

€€ | La Font del Gall Lokal mit viel Ambiente und einer raffinierten Mallorca-Küche. Spanferkel und Lamm sind die Favoriten. ■ Carrer Monte-Sion 4, Tel. 971530396, Plan S. 120 a2

Einkaufen

Miel Natural de Pollenca Honig aus dem Umland und kreative Produkte aus Honig. ■ Carrer Pare Vives 5, www.mielnaturaldepollensa.com, Plan S. 120 b2

Sol y tierra Salz, Wein, Öl, Gewürze und andere Köstlichkeiten aus der Region, sehr gefällig präsentiert. ■ Carrer del Calvari 11, www.solytierra.eu, Plan S. 120 a2

Konzert

Im August wird der Kreuzgang des **Klosters Sant Domingo** zur Bühne des

Die Bucht von Pollença zwischen den Halbinseln Formentor und La Victòria

beliebten Klassik-Events »Festival de Pollença«. ■ www.festivalpollenca.com, Tickets ab 25 €, Plan S. 120 b3

Events

Fiesta de la Patrona Rund um den 2. August feiert die Gemeinde ihren Sieg über die maurischen Piraten im Jahr 1550 mit Schaukämpfen und einem bunten Rahmenprogramm.

In der Umgebung

Puig de Santa Maria

| Aussichtspunkt |

Der 330 m hohe Puig de Santa Maria ist der südliche Hausberg von Pollença. Das kleine Kloster auf seinem Gipfel zieht v. a. Wanderer an, die von hier oben den herrlichen Blick bis hin zum Cap de Formentor (S. 124) genießen. Der Aufstieg beginnt an der Ma 2200 Richtung Palma (Wanderparkplatz, beschildert) und dauert rund 45 Min. Die Anfahrt mit dem Auto ist wegen der sehr engen Straße nicht zu empfehlen.

23 Cala Sant Vincenç

Beschaulicher Ferienort zu Füßen eindrucksvoller Felsen

Wer Sonne, Sand und Ruhe sucht, aber auch aktiv sein möchte, findet hier sein Glück. Der Ferienort (250 Einw.) hat vier durch eine Promenade miteinander verbundene Strände. Vor allem die Cala Barques am westlichen sowie die Cala Molins am östlichen Ortsrand bieten kristallklares Wasser, eine herrliche Aussicht und genügend Platz. Im Osten werden die Buchten von der bizarr geformten Serra de Cavall Bernat flankiert. Das gewaltige Bergmassiv ändert im Lauf des Tages und über die Jahreszeiten hinweg auf zauberhafte Art seine Farbe und Schattierung. Viele Künstler sind bis heute davon fasziniert.

Restaurants

€€–€€€ | Niu Gehört zum gleichnamigen Hotel, serviert leckeren Fisch, besticht aber v. a. durch seine schöne Terrasse direkt am Meer. ■ Carrer Cales Barques 5, Tel. 971 53 05 12, www.hoposa.es

Sport

atemrausch Ausflüge auf und unter Wasser sowie geführte Wander- und Radtouren für Anfänger, Geübte und auch für Kinder. ■ Carrer del Temporal 9, www.atemrausch.com, Schnorcheln ab 35 €, Kinder 25 €

24 Port de Pollença

Nostalgischer Badeort, eingebettet in eine grandiose Kulisse

Information

■ OIT, 07470 Port de Pollença, Carrer de Joan XXIII 19 und am Jachthafen, Tel. 971 86 54 67, www.pollensa.com

Zwischen den Halbinseln Formentor und Victòria erstreckt sich die 10 km lange Badía de Pollença mit dem v. a. bei Engländern beliebten Ferienort Port de Pollença (6600 Einw.). In den 1930er-Jahren entdeckte das Fischerdorf sein touristisches Potenzial und wuchs rasant. Entlang des malerischen Passeig Vora Mar – wegen der überhängenden Kiefern auch »Pine Walk« genannt – im Norden der Bucht entstanden elegante Hotels und Villen. Besonders ansprechend ist die Platja dels Tamarells, die sich unterhalb des Hafens Richtung Ortsausgang ausdehnt. Sie ist bei Familien sehr beliebt, da der Strand hier flach und recht windgeschützt abfällt. Entspannt baden kann man auch an den kleinen Sandbuchten an der Platja d'Albercuix am Pine Walk. An heißen Tagen sollte man sich aber nach der Wasserqualität erkundigen. Auf offenem Meer und auch an der südlichen Badía de Pollença herrscht hingegen das ganze Jahr über eine steife Brise. Davon profitieren insbesondere Kite- und Windsurfer sowie Segler, die ihre Boote nach dem Törn im mondänen Jachthafen von Port de Pollença vertäuen.

Verkehrsmittel

Schiff Die Boote von Lanchas La Gaviota legen im Sommer mehrmals täglich zur Platja de Formentor (S. 125) ab. ■ Moll Nou s/n, www.lanchaslagaviota.com, Hin- und Rückweg 20 €, Kinder 10 €

Restaurants

€ | Norai Pintxos Moderne Mini-Tapas-Oase direkt am Hafen. ■ Passeig Saralegui 6, Tel. 971 53 69 47, Do–Di ab 10 Uhr

Im Blickpunkt

Seeräuber in Sicht!

»Mauren an Land!« Wenn dieser Ruf Anfang des 16. Jh. durch die Dörfer hallte, gefror den Bewohnern das Blut in den Adern. Angriffe von Piraten aus Nordafrika und dem Osmanischen Reich waren damals auf den Balearen eine Plage. Die Seeräuber plünderten und zerstörten ganze Orte, und wer sich nicht retten konnte, wurde entführt und versklavt. Schon im 15. Jh. reagierten die Mallorquiner und errichteten steinerne Wachtürme. Bis ins 17. Jh. entstanden an der Küste 85 dieser »Talaias«. Jedes der Bauwerke hatte einen weiten Blick aufs Meer sowie auf die Nachbartürme. Sichtete ein Wächter feindliche Schiffe, gab er Rauchzeichen, die von Turm zu Turm bis zur nächsten Militärkommandantur weitergegeben wurden. Das Warnsystem funktionierte so gut, dass die Freibeuter das Interesse an Mallorca verloren. Noch heute erinnern 53 Türme sowie die Inselfeste »Moros y Cristianos« (Mauren und Christen) an die Zeit der Piratenüberfälle.

Sport

Actionsport Pro Dive Tauchschule und Exkursionen zur Unterwasserwelt rund um das Cap Formentor. ■ El Cano 9, www.actionsport-mallorca.com, Kurs 3 Tage ab 250 €

Sail & Surf Das deutschsprachige Team bietet Segel- und Surfkurse an und verleiht Boote und Boards. ■ Passeig Saralegui 134, www.sailsurf.de, Schnuppertag ab 80 €

In der Umgebung

Cala Bóquer

| Bucht |

Die einsame, winzige Cala Boquér lässt die Herzen aller Naturfreunde höherschlagen. Zur Kiesbucht führt ein leichter Wanderweg, der vom Parkplatz am Kreisverkehr an der Ma 2200 gegenüber der Avinguda de Bocchoris startet und sich nordöstlich durch das Val de Boquér schlängelt. Hin und zurück sollte man 2 Std. einplanen.

25 Halbinsel Formentor

7 *Raues Paradies zwischen Himmel und Meer am Nordzipfel der Insel*

Spektakulär, überwältigend, romantisch, dramatisch: Ein Adjektiv reicht nicht aus, um die Schönheit der nördlichsten Halbinsel Mallorcas zu beschreiben. Mit dem Auto, Bus oder Fahrrad gelangt man über die 15 km lange Ma 2210 zum Cap Formentor. In engen Kehren schraubt sie sich östlich von Port de Pollença in luftige Höhen. Wer die Passstraße nach Sa Calobra (S. 112) gefahren ist, dem kommt der kühne Streckenverlauf vertraut vor: Auch für diese Achterbahn zeichnet der Architekt Antonio Paretti verantwortlich. Neuerdings darf die Route von Mitte Juni bis Mitte September zwischen 10 und 19 Uhr nicht mehr mit dem privaten Pkw befahren werden. Sei's drum, in den frühen Morgenstunden und am späteren Abend ist es hier

Spektakuläres Panorama am Mirador des Colomer hinüber bis zum Cap Formentor

am Nordzipfel der Insel ohnehin am schönsten. Und zu allen anderen Tageszeiten steigt man zur Hauptsaison einfach in den Pendelbus der Linie 353. Am Ende der kurvigen Reise wartet dann einer der malerischsten Leuchttürme Mallorcas, und auf dem Weg dorthin locken links und rechts großartige Aussichtspunkte, einsame Buchten und der glamouröse Sandstrand der Platja de Formentor.

Sehenswert

Mirador des Colomer

| Aussichtspunkt |

Nach rund 3 km erreicht die Ma 2210 den Mirador des Colomer – den ersten und beliebtesten Aussichtspunkt der Landzunge. Weit schweift der Blick über die steilen, knapp 300 m hohen Klippen Els Farallons und hinab auf das vom dunklen Meer umspülte Inselchen Illot des Colomer. Am Parkplatz ehrt ein Denkmal den Ingenieur Antonio Paretti, der einzelne Abschnitte dieser Straße schuf. Wer noch höher hinaus will: Gegenüber des Mirador führt eine Stichstraße hinauf zum Wachturm Talaia d'Albercuix aus dem 16. Jh.

Platja de Formentor

| Strand |

12 *Gepflegte Traumbucht mit Südseeflair am herrlichen Cap Formentor*

Die von Pinien gesäumte, feinsandige Platja de Formentor ist einer der reizvollsten Strände auf Mallorca – und mit dem eleganten Hotel Formentor seit Längerem ein Treffpunkt der High Society. Auch deshalb sind die Restaurants und Bars rund um den Anleger der Ausflugsschiffe etwas teurer als anderswo. Wen das nicht stört, der wird sich in dieser Traumbucht vor allem im ruhigeren Früh- und Spätsommer wohlfühlen.

ADAC Spartipp

Die zwei großen Parkplätze an der **Platja de Formentor** sind teuer (bis 15 €/Tag), aber alternativlos. Deutlich günstiger ist die Anreise mit dem Bus. Die Linie 353 hält direkt am Strand (Hin- und Rückfahrt ab Port de Pollença ca. 3 €).

Cala Figuera, Cala Murta

| Bucht |

Im Verlauf der Ma 2210 lohnen sich Abstecher zu kleineren Buchten. Wildromantisch ist die tief eingeschnittene Cala Figuera (km 12) auf der Nordseite der Halbinsel. Vom Parkplatz führt ein 20-minütiger, teils steiler Fußmarsch in die herrliche, aber schattenlose Kiesbucht. Von der Südseite der Straße gegenüber des Parkplatzes kann man dem Camí de Murta (beschildert) rund 30 Min. zum Steinstrand der Cala Murta folgen. Beide Wanderungen erfordern Trittsicherheit und festes Schuhwerk!

Far de Formentor

| Leuchtturm |

Ein strahlend weißer Leuchtturm (1860) markiert am schroffen Cap de Formentor den nördlichsten Punkt der Insel. Hier treffen die rauen Winde aller Richtungen aufeinander, und von den Terrassen rundherum öffnen sich spektakuläre Blicke. Der Sonnenuntergang am Cap ist ein unvergessliches Erlebnis – das viele Besucher anlockt. Wegen Staugefahr kann das Leuchtfeuer im Sommer von 10–19 Uhr nur mit dem Bus (Linie 353, ab Port de Pollença oder Platja de Formentor) erreicht werden.

ADAC Mobil

Mit dem **E-Bike** zum Leuchtturm? Ja, das geht – und ist ein großartiges Erlebnis! Wer Cap Formentor mit dem Stromfahrrad erkundet, muss auf der steilen Ma 2210 trotzdem ordentlich strampeln, sonst macht der Akku auf halber Strecke schlapp. Bikes mit der nötigen Ausdauer gibt es z. B. bei »Urban Ape« in Port de Pollença (www.urbanapepuertopollensa.com, ab 30 €/Tag).

Verkehrsmittel

Bus Im Sommer fährt die Buslinie 353 von Can Picafort über Port de Pollença bis zur Platja de Formentor. ■ www.tib.org, ca. 30 Min., 1,50 €

Schiff Die Platja de Formentor wird ab Port de Pollença (S. 123) von Ausflugsbooten angesteuert.

26 Alcúdia

Einer der ältesten Orte der Insel versteckt seine Reize hinter wuchtigen Mauern

Information

■ OIT, 07400 Alcúdia, Passeig Pere Ventayol s/n (südliche Stadtmauer), Tel. 971 54 90 22, www.alcudiamallorca.com

Verträumt und aufgeräumt präsentiert sich das autofreie historische Zentrum von Alcúdia (6000 Einw.), das hinter kolossalen Festungsmauern einen Dornröschenschlaf schläft. Die Stadt liegt auf einer Anhöhe nördlich der nach ihr benannten Bucht und zählt zu den ältesten Orten der Insel. Die Römer gründeten hier 70 v. Chr. ihre Provinzstadt Pollentia, die jedoch im 5. Jh. von den Vandalen nahezu vollständig zerstört wurde. Wer überlebte, suchte landeinwärts sein Glück und half beim Aufbau des heutigen Pollença (S. 118). Erst Jahrhunderte später erwuchs nahe der verlassenen römischen Ruinen die maurische Stadt Al-Qudia (auf dem Hügel) – und nach der christlichen Rückeroberung im 13. Jh. schließlich das mittelalterliche Alcúdia.

Sehenswert

Ciutat Romana de Pollèntia

| Ausgrabungsstätte |

Man braucht ein wenig Fantasie, um sich vorzustellen, wie es am südlichen Stadtrand des heutigen Alcúdia vor Jahrtausenden ausgesehen haben mag – nachdem die Römer die Insel besetzt und hier die florierende Provinzstadt Pollèntia aufgebaut hatten. Der Streifzug durch die von Archäologen freigelegten Relikte führt vorbei an den Mauern alter Wohnhäuser, den Resten von Tempeln sowie zu den Rängen des einstigen Theaters.

■ Avinguda Prínceps d'Espanya s/n, Di–Fr 9.30–18.30, Sa, So 9.30–14.30 Uhr, 4 €

Església Sant Jaume

| Kirche |

Die Geschichte der Pfarrkirche Sant Jaume reicht ins 13. Jh. zurück. Ende des 19. Jh. stürzte das baufällige Gotteshaus jedoch ein und wurde im neogotischen Stil neu aufgebaut. Vor allem der Eckturm erinnert daran, dass die Kirche im Mittelalter auch militärische Zwecke erfüllte. In einer barocken Seitenkapelle im Inneren verehren Pilger das Kruzifix Sant Crist aus dem 16. Jh. Die Holzfigur soll in einer Höhle am

Eine unberührte Berglandschaft umgibt die alte Einsiedelei Ermita de la Victòria

Stadtrand einstmals Blut und Wasser geschwitzt haben, um Alcúdia vor einer Dürre zu bewahren.

Casa Consistorial

| Historisches Bauwerk |

Im Zentrum der Altstadt zieht das 1523 erbaute Rathaus, die Casa Consistorial, mit seinem prächtigen Uhrturm alle Blicke auf sich. Weiter östlich liegen die Plaça de la Constitució mit vielen Cafés und Restaurants sowie die kleinere malerische Plaçeta des les Verdures.

Museu Monogràfic

| Volkskundemuseum |

Einblicke in den Alltag Pollentias zu römischer Zeit gibt das Museu Monogràfic de Pollèntia im ehemaligen, aus dem 16. Jh. stammenden Hospital an der westlichen Stadtmauer. Ausgestellt werden Rüstungen, Schmuck, Statuen, Grabbeigaben und verschiedene Alltagsgegenstände aus dem 1. und 2. Jh.
■ Carrer Sant Jaume 30, Di–Fr 9.30–18.30, Sa, So 9.30–11.30, 4 €

Parken

Kostenlos parken kann man an der Ciutat Romana de Pollèntia sowie auf den öffentlichen Plätzen nordwestlich und nordöstlich der Altstadt.

Restaurants

13 **€€ | Sa Portassa** Das beste traditionelle mallorquinische Restaurant in Alcúdia. Familiengeführt mit Service und Tapas auf den Punkt. ■
Carrer de Sant Vicenc 7, Tel. 971 54 88 19, Mo geschl., Reserv. empf.

27 Halbinsel Victòria

Herrliches Terrain für Aktivurlauber und Kunstliebhaber

Mit ihrem »großen Bruder« im Norden kann man La Victòria nicht vergleichen. Die Landschaft ist zwar bergig, aber deutlich lieblicher als rund um das Cap Formentor (S. 124). Doch auch

Der Parc Natural S'Albufera ist die Heimat zahlreicher Vogelarten

hier, in den aussichtsreichen Anhöhen, die die Buchten von Pollença und Alcúdia voneinander trennen, fühlen sich Radfahrer und Wanderer wohl. Die Halbinsel bietet zudem ein hochkarätiges Kunstmuseum und einige sehr schöne, abgeschiedene Badebuchten.

Sehenswert

Ermita de la Victòria

| Kloster |

Durch die Feriensiedlungen Mal Pas und Bonaire mit noblem Jachthafen gelangt man hinauf zu dieser im 14. Jh. errichteten Einsiedelei, die zum Schutz vor Piraten mit trutzigen Mauern befestigt wurde. Seeräubern gelang es trotzdem mehrmals, die kostbare Marienstatue aus der Kapelle zu stehlen. Immer wieder kehrte sie jedoch auf wundersame Weise an ihren angestammten Platz zurück. Von der Ermita starten auch beliebte Wanderwege, etwa hinauf zum Talai d'Alcúdia (445 m), den höchsten Berg der Halbinsel (1,5 Std., beschildert).

Platja S'Illot

| Bucht |

An der kleinen, geschützten Sand-Kies-Bucht nordöstlich von Bonaire genießt man nicht nur den Blick auf das Cap Formentor, sondern auch einen großartigen Sonnenuntergang.

Museu Sa Bassa Blanca

| Kunstmuseum |

14 *Kunstgenuss in verträumtem Luxuslandsitz am Meer*

Eine eigene Welt erwartet Besucher in dem Museum, das im Süden der Halbinsel in das Anwesen einer Finca am Meer eingebettet ist. Im Skulpturenpark faszinieren riesige Tierfiguren aus Stein, in der Sokrateshalle das Skelett eines Wollnashorns, und in der einstigen Zisterne werden Kinderporträts aus dem 16. bis 19. Jh. gezeigt. Ein Spaziergang durch den englischen Rosengarten lohnt sich v. a. im Frühsommer, wenn hier alles blüht und duftet.

■ Es Mal Pas s/n (Anfahrt ab Bonaire ausgeschildert), www.msbb.org, Mai–Okt. Mi–Sa 10–18 Uhr, 10 €

28 Port d'Alcúdia und Platja de Muro

Strand-Dorado für Familien mit Kindern und ein junges Partyvolk

Information

■ OIT, 07400 Port d'Alcúdia, Passeig Marítim s/n, Tel. 971 54 72 57, www.alcudiamallorca.com

Im Nordwesten der rund 30 km langen Badía d'Alcúdia erstreckt sich der einstige Fischerhafen Port d'Alcúdia (4700 Einw.), der mit ungefähr 30 000 Gästebetten immer noch zu einem der beliebtesten Urlaubsziele der Insel zählt. Junge Urlauber – insbesondere aus England und Skandinavien – treffen sich am Passeig Marítim direkt am Jachthafen, wo sich angesagte Clubs und Lokale befinden. Familien mit Kindern zieht es an den rund 10 km langen, flach ins Meer abfallenden Sandstrand, der sich durchgehend bis Ca'n Picafort erstreckt. Dabei gehen die hafennahen Platges d'Alcùdia südwärts nahtlos in die von Geschäften und Bettenburgen gesäumte Platja de Muro über, die wie ein Schachbrett in Sektoren unterteilt ist. Im Sector II, jenseits der Hotelzone, wird es ruhiger. Hier erlebt man einen traumhaften naturbelassenen, von Kiefern gesäumten Dünenstrand.

Verkehrsmittel

Schiff Port d'Alcùdia ist nach dem Hafen von Palma der zweitwichtigste der Insel. Fähr- und Linienschiffe starten am Port Comercial östlich des Jachthafens nach Menorca und Barcelona. ■ www.balearia.com, www.trasmediterranea.es

Sport

Paco's Von sportlich bis gemütlich: Wer entlang der Küste in die Pedale treten möchte, findet hier das passende Rad. ■ Carrer de Diana 10, www.ecobikesmallorca.com, 10–25 € (E-Bike)/Tag

Wind & Friends Segel- und Surfkurse, auch Verleih von Material. ■ Apartado de Correos 178, www.windfriends.com, Mini-Surfkurs (3 Tage) ab 150 €

29 Parc Natural S'Albufera

Auch Reiher und Flamingos machen Urlaub an der Platja de Muro

■ www.balearsnatura.com, Nov., Feb.–Mai 10–18, Juni–Okt. 10–19 Uhr, Eintritt frei, aber Anmeldung am Infozentrum erforderlich (tgl. 9–16 Uhr)

Im Hinterland von Port d'Alcúdia und Ca'n Picafort nimmt das größte Sumpfgebiet der Balearen rund 1650 ha ein. Besonders im Frühjahr und Herbst bevölkern über 270 heimische Vogelarten sowie Zugvögel auf der Durchreise den Park, darunter Seltenheiten wie Nachtreiher, Rohrweihen, Fischadler und Flamingos. Das Naturschutzgebiet erkundet man zu Fuß oder auf einem Drahtesel, ausgerüstet mit Fernglas, Sonnenschutz sowie Trinkwasser. Vom Parkplatz an der Ma 12 zwischen Port d'Alcúdia und Platja de Muro gelangt man über ein breites Sträßchen zum Infozentrum Sa Roca. Von hier führen beschilderte Routen – vorbei an Entwässerungskanälen und dichtem Schilf – durchs flache Gelände. Immer wieder gibt es Beobachtungsstände, von denen man durch schmale Luken einzelne Biotope unbemerkt studieren kann.

Totenstadt der Talaiot-Kultur: die Necròpolis Son Real an der Bucht von Alcúdia

30 Ca'n Picafort

Hotelburgen, Traumstrände und Grabanlagen aus uralter Zeit

Information

■ OIT, 07458 Ca'n Picafort, Plaça Enginyer Gabriel Roca 6, Tel. 971 85 14 13, www.canpicafort.es

Ca'n Picafort (6800 Einw.) ist ein v. a. bei deutschen Pauschalurlaubern beliebter Ferienort am Scheitelpunkt der Bucht von Alcúdia. Die eher gesichtslosen Hotelanlagen stehen in mehreren Reihen entlang des schönen Sandstrandes, der im Nordwesten des Ortes in die Platja de Muro übergeht und hier wild und unberührt ist.

Kneipen, Bars und Clubs

€–€€ | **El Sol** Entspannte Restaurant-Bar und Sundownertreff am wunderbaren Naturstrand von Son Serra de Marina – 10 km östlich von Ca'n Picafort. ■ Platja de Son Serra de Marina, www.sunshine-bar.net, tgl. ab 9 Uhr

In der Umgebung

Necròpolis Son Real

| Ausgrabungsstätte |

Eine 20-minütige Wanderung führt parallel zum Meer am Jachthafen vorbei südwärts zur Nekropole. Das von der Brandung umspülte, felsige Areal umfasst die Reste von 110 prähistorischen Grabstätten aus der Zeit des Talaiotikums (7.–4. Jh. v. Chr). Viel weiß man nicht aus dieser Epoche. Die Zahl der Skelette sowie Schmuck und Grabbeigaben lassen darauf schließen, dass es sich um Familiengräber gehobener Schichten handelte. Man kann vom Gräberfeld landeinwärts zur Finca Son Real wandern (ca. 3 km, auch via Ma 12 und mit dem Fahrrad erreichbar). In dem historischen Gutshaus ist eine Ausstellung über Archäologie und Ethnologie der Gegend untergebracht.

■ Finca Son Real, Ma 12 Artà–Port d'Alcúdia, km 17,7, www.balearsnatura.com

ADAC Spartipp

Im Hochsommer finden die **Sonnenschirme**, die für 9–15 € an den Kiosken zu haben sind, reißenden Absatz. Nach dem Urlaub landen sie meist im Müll. Fragen Sie mal an der Rezeption nach – in den Hotels lagert fast immer ein Vorrat. Das schont Geldbeutel und Umwelt.

Übernachten

Der Norden Mallorcas hat viele Gesichter, und ebenso vielfältig ist das Hotelangebot, das vom Agroturismo bis zum All-inclusive-Resort an der Platja de Muro reicht. Wer stilvoll am Wasser logieren und Formentor erkunden möchte, ist in Cala Sant Vincenç und Port de Pollença gut aufgehoben. Eine Option sind aber auch die wildromantischen Fincahotels etwas abseits der Küste sowie die schickeren Boutique-Hotels in der Altstadt von Pollença und Alcúdia, die nicht die Welt kosten.

Pollença bis Port de Pollença 118

€–€€ | **Desbrull** Modernes, erschwingliches Boutique-Hotel, in der Altstadt von Pollença gelegen. ■ Carrer Marquès Desbrull 7, Pollença, Tel. 971535055, www.desbrull.com

15 €–€€ | **Finca Can Guilló** Bezaubernde Bauernhof-Finca zwischen Pollença und Campanet, die viel Wert auf Bio und familiäre Atmosphäre legt. Perfekt für Workaholics und Familien, die sich zwischen Mandelbäumen erholen wollen. ■ Carretera Pollença–Palma, km 47,2, Tel. 687896815, www.canguillo.de

€€ | **Niu** 4-Sterne-Haus in Cala Sant Vincenç mit fantastischem Frühstück und Meerblick. Top-Lage direkt an der Cala Barques. ■ Carrer Cales Barques 5, Cala Sant Vincenç, Tel. 971530512, www.hoposa.es

€€ | **Sis Pins** Stilvoller aber erschwinglicher Logenplatz nicht weit vom Pine Walk. Rechtzeitig und unbedingt mit Meerblick buchen – das Haus ist sehr begehrt. ■ Passeig d'Anglada Camarasa 77, Port de Pollença, Tel. 971867050, www.hotelsispins.com

€€ | **Vall de Pollença** Agroturismo und Ruheoase inmitten einer herrlichen Natur mit Garten und Swimmingpool – zu finden vor den Toren Pollenças. ■ Ma 10 Pollença–Lluc, km 4,85, Tel. 971944310, www.valldepollensa.com, ab 16 Jahre

€€€ | **Illa d'Or** Das elegante Traditionshaus mit Spa, bereits 1929 eröffnet, erhebt sich in der schönsten Ecke von Port de Pollença und hat schon viele illustre Gäste hinter seinen Mauern beherbergt. ■ Passeig Colón 265, Port de Pollença, Tel. 971865100, www.hotelillador.com

Von Alcúdia bis Ca'n Picafort 126

€ | **Ca'n Simó** Charmantes Naturstein-Märchendomizil im historischen Zentrum von Alcúdia, mit kleinem Spa-Bereich. ■ Carrer de Sant Jaume 1, Alcúdia, Tel. 971549260, www.cansimo.com

€ | **Hostatgería La Victòria** Himmlische Ruhe und preiswerte Zimmer in der Ermita de la Victòria. ■ Carrer Cap del Pinar, km 6, La Victòria, Tel. 971549912, www.lavictoriahotel.com

€€ | **Sant Jaume** Kleines Boutique-Hotel in historischem Herrenhaus mit wundervollem Patio. Eine der reizvollsten Unterkünfte, die die Altstadt von Alcúdia zu bieten hat. ■ Carrer de Sant Jaume 6, Alcúdia, Tel. 971549419, www.hotelsantjaume.com

Die Halbinsel Llevant und die Ostküste

Hier erlebt man auf engstem Raum ländliche Idylle, karibische Strände, pulsierendes Nachtleben und einen der schönsten Naturparks der Insel

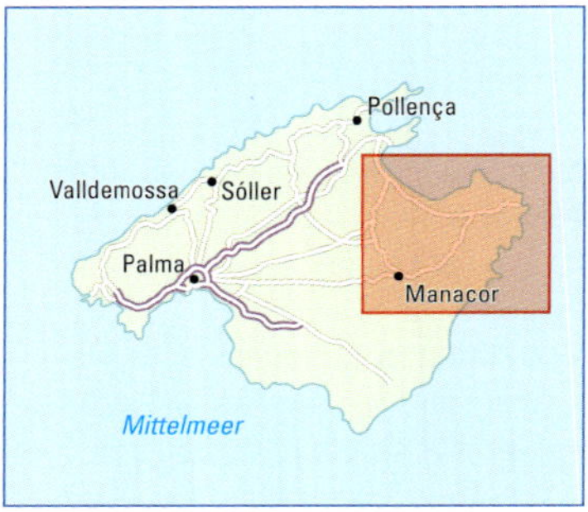

Es ist der ganz besondere Mix, der die nördliche Ostküste Mallorcas so attraktiv macht: Unberührte Natur und pulsierendes Strand- und Nachtleben liegen hier eng beieinander. Dank Artà und Capdepera punktet die Region zudem mit traditionsreichen Orten, die Besucher auf eine Zeitreise in vergangene Jahrhunderte entführen.

Man kann sich für eine dieser Welten entscheiden – noch schöner ist es freilich, immer wieder die Grenzen zu überschreiten und dabei die Fülle der Kontraste zu genießen. In Cala Ratjada warten türkisblaue Buchten mit feinstem weißen Sand. Abends verwandeln sich die Promenaden des Hafenortes in einen Hotspot für Nachtschwärmer, der von Cocktailbars mit Meerblick bis hin zu Clubs und Diskotheken alles bietet, was den nächsten Morgen in weite Ferne rückt. Gar nicht weit weg, obgleich man sich wie in einem anderen Universum fühlt, sind die kargen Höhenzüge und unverbauten Dünenstrände des Llevant-Naturparks, der Cala Ratjada, Artà und Capdepera wie ein grüner Ring umschließt. Wanderer, Moutainbiker und Naturliebhaber finden hier eine atemberaubende Kulisse für ihren Sport und für Erkundungstouren entlang der Küste.

Wer sich für Kultur interessiert, sollte die mittelalterlichen Festungsanlagen von Capdepera besuchen. Noch tiefer in die Vergangenheit Mallorcas blickt man bei einem Rundgang durch die eindrucksvollen Reste der Talaiot-Siedlung Ses Païsses bei Artà. Weiter im Süden, jenseits der ausgedehnten Strände und Hotellandschaften von Cala Millor, Sa Coma und S'Illot wartet schließlich in Porto Cristo noch ein besonderes Highlight: die faszinierenden Tropfsteinhöhlen Coves del Drac, die mit einem der größten unterirdischen Seen der Welt aufwarten können.

In diesem Kapitel:

ADAC Top Tipps:

8 Artà
| Stadt |

Traditionsreiche und sehr charmante Kleinstadt mit engen Gassen, gemütlichen Restaurants und Cafés und eindrucksvoller Festungsanlage. 134

17 Cala Torta
| Bucht |

Ein Strand wie aus dem Bilderbuch: Hier kann man schwimmen, schnorcheln, durchatmen – oder auf einer Küstenwanderung am Rand des Naturparks Llevant die traumhaften Nachbarbuchten erkunden. 138

ADAC Empfehlungen:

16 Sa Tofana de Son Fang
| Landgasthof |

Im Garten des einsamen Gasthofs ist die Schönheit des Naturparks zum Greifen nah – und die regionale Küche unwiderstehlich. 137

18 Coves del Drac, Porto Cristo
| Tropfsteinhöhle |

Im geheimnisvollen, mit riesigen Tropfsteinen übersäten Höhlenlabyrinth bei Porto Cristo kann man eines der größten unterirdischen Gewässer der Welt bestaunen und sogar selbst in Booten übers Wasser gleiten. 144

31 Artà

Charmanter Stützpunkt für die Erkundung des Nordostens

Von der Festung auf dem Puig de Sant Salvador eröffnet sich ein fantastischer Blick

Information

- OIT, 07570 Artà, Avinguda de Costa i Llobera 7 (im alten Bahnhof), Tel. 97183 6981, www.artamallorca.travel
- Parken siehe S. 137

8 *»Slow City« mit einer imposanten maurischen Festung*

Inmitten von Feldern und Blumenwiesen, umgeben von sanften Bergkuppen, erstreckt sich das in maurischer Zeit gegründete Artà (7700 Einw.). Rund um den weithin sichtbaren Burghügel Sant Salvador entspinnt sich ein Netz enger Gassen ins gut erhaltene historische Zentrum der Stadt, die sich bis heute ihren ländlichen Charme bewahren konnte. Überhaupt legt man in Artà viel Wert auf Tradition, pflegt etwa die Korbflechterei, eines der ältesten Kunsthandwerke der Insel, aber auch die Gastfreundschaft, die Besucher in den vielen gemütlichen Cafés und Restaurants erleben dürfen.

Vor den Toren der Stadt gibt es ebenfalls einiges zu sehen und zu erkunden: Im Norden befindet sich die wilde wie anmutige Berglandschaft des Parc Natural de la Península Llevant in Richtung Meer, in der man vortrefflich wandern und an einsamen Sandbuchten baden kann. Südöstlich von Artà

Plan
S. 136

ruhen zwischen Eichenbäumen die geheimnisvollen Relikte der jahrtausendealten Talaiot-Siedlung Ses Païsses mit ihrem imposanten Mauerring. Seit 2022 darf sich Arta als erster Ort der Balearen »Slow City« nennen.

Sehenswert

1 Carrer de Ciutat

| Promenade |

Artàs kleine Fußgängerzone entstand erst in jüngerer Zeit, was sie aber nicht weniger reizvoll macht. Links und rechts der von Bäumen gesäumten Promenade laden Boutiquen und Geschäfte zum Stöbern und bunte Cafés zu einer Entspannungspause ein. Die Kinder der Stadt tollen und rollen an Sommerabenden mit Bällen und diversen Gefährten auf der zentralen Plaça del Conqueridor, während die Eltern auf den Bänken die Füße ausstrecken. Am nördlichen Ende geht die Flaniermeile in die engen Gassen der Altstadt über.

2 Museu Regional d'Artà

| Volkskundemuseum |

An der Plaça de l'Ajuntament, gegenüber vom Rathaus, lohnt sich ein Besuch im Museu Regional d'Artà. Das 1927 gegründete Museum hat Abteilungen für Archäologie, Zoologie und Ethnologie. Interessante Einblicke in die traditionelle Handwerkskunst der Region bietet die Sammlung zur Palmflechterei und Textilherstellung. Die Kultur der Talaiot-Epoche beleuchten Schmuck, Waffen und andere Relikte, die in den Ausgrabungsstätten der Umgebung gefunden wurden.

■ Carrer Estel 4, www.museuarta.com, Mai–Sept. Mo–Sa 9–14 Uhr, 2 €, Kinder frei

3 Plaça de l'Aigua

| Platz |

Als die Mauren vor Jahrhunderten Artà besetzten, konstruierten sie ein komplexes Bewässerungssystem, das Menschen, Gärten und Felder mit Wasser versorgte. Nach der Rückeroberung Mallorcas wurden die Kanäle weiter genutzt, und im 19. Jh. befand sich unter der Plaça de l'Aigua sogar ein riesiges Wasserdepot. Ein Denkmal und ein stilisierter Brunnen erinnern an die Bedeutung des Wassers für die Stadtentwicklung.

4 Església Transfiguració del Senyor

| Kirche |

Ihren wehrhaften Charakter verdankt die Pfarrkirche Transfiguració del Senyor dem maurischen Vorgängerbau aus dem 13. Jh., auf dessen Fundamenten sie im 16. Jh. errichtet wurde. Die Kirche ist zum Teil in den Berg hineingebaut. Vom Vorplatz an der Ostseite des Gotteshauses reicht die Aussicht weit über das Dächermeer der Stadt. Blickfang im schlichten, aber feierlichen Innenraum sind die filigranen Holzschnitzereien der Kanzel und das Hochaltarbild »Verklärung Christi auf dem Berg Tabor«. Das Kirchenschiff kann außerhalb der Messen nur über das angeschlossene Museu Parroquial betreten werden, in dessen Räumen die Sakristei sowie Altarbilder und andere Kunstgegenstände aus dem 16. bis 20. Jh. ausgestellt werden.

■ Carrer de les Figueretes 3, Mo–Sa 10–17 Uhr, 2 €

5 Santuari de Sant Salvador

| Aussichtspunkt |

180 von Zypressen und den Kreuzwegstationen gesäumte Stufen führen zum Gipfel des 509 m hohen Burgbergs hinauf, auf dem die eindrucksvollen Reste einer maurischen Festung in den Himmel ragen. Oben die imposante, begehbare Burgmauer zu erklimmen ist ein Muss. Durch die Zinnen öffnet sich ein fantastischer Panoramablick über Artà, der zur Ostküste und auf die Gipfel der Serra de Llevant schweift.

Im Zentrum der Anlage steht heute jedoch die 1832 fertiggestellte klassizistische Wallfahrtskirche Sant Salvador, deren größter Schatz die Holzskulptur Mare de Déu de Sant Salvador im Altarraum mit dem barocken Hochaltar aus dem 15. Jh. ist. Die Madonna mit

schmalem, ernstem Gesicht und Jesuskind stammt vermutlich aus dem 12./13. Jh. und gilt als eine der ältesten Mariendarstellungen Mallorcas.

Parken

In Bahnhofsnähe liegt an den stillgelegten Gleisen neben der Umgehungsstraße Ma 15 ein größerer Parkplatz. Von hier erreicht man schnell die Fußgängerzone. Wer aus nordöstlicher Richtung kommt, erreicht über den Carrer Son Severa (am ersten Kreisverkehr vor Artà rechts) einen Parkplatz zu Füßen des Burgbergs.

Restaurants

16 **€€ | Sa Tofana de Son Fang** Paradiesischer Landgasthof mit Garten vor den Toren Artàs, der hervorragende mallorquinische Grillspezialitäten serviert. ■ An der Ma 3333 Richtung Ermita de Betlem (km 1,5), Tel. 971 82 95 91, Do–Di 12.30–16 und ab 19 Uhr

Cafés

Parisien Entspanntes Künstlercafé mit einem hübschen Patio, einer vielfältigen Frühstückskarte und leckeren Kuchen. ■ Carrer de Ciutat 18, Tel. 971 83 54 40, tgl. ab 10 Uhr, Plan S. 136 b2

Einkaufen

Artambient Farbenfroher Concept Store mit Accessoires, Kunst und Fashion. Dahinter steckt ein Unternehmerduo voller Lebensweisheiten. ■ Carrer d'Antoni Blanes Joan 6, www.enjoy-la-vida.com, Plan S. 136 b2

Vinoteca Moyà Hier verkauft die Traditionsdestillerie aus Artà eine breite Auswahl mallorquinischer Liköre und Weine. ■ Carrer del 31 de Març 11, www.moya.es, Plan S. 136 a3

ADAC Mobil

Artà ist über die Schnellstraßen Ma 12 und Ma 15 sehr gut an den Rest der Insel angebunden. Wer eine Landpartie bevorzugt, nähert sich der Stadt über die herrliche Ma 3330 via Petra. Mit dem Bus kann man ab Palma mit der Linie 411 anreisen (ca. 1,5 Std., Hin- und Rückfahrt 19 €, www.tib.org).

Events

Jeden Dienstag findet in Artà auf der Plaça del Conqueridor vormittags der traditionelle **Wochenmarkt** statt.

In der Umgebung

Ses Païsses

| Ausgrabungsstätte |

In einem abgelegenen Waldstück knapp 1 km südöstlich von Artà lohnt sich die Besichtigung der Talaiot-Siedlung Ses Païsses. Beachtlich ist der bis zu 3,5 m hohe, aus gigantischen Steinblöcken errichtete Mauerring mit seinem Hauptportal – eine Konstruktion aus zwei aufrecht stehenden Monolithen. Dahinter erinnern die Überreste von rund 60 Häusern an die Frühgeschichte Mallorcas und ihrer Bewohner, die hier vor rund 3000 Jahren lebten. Inmitten der Ruinen ragen auch die Relikte eines Talaiot-Turms (S. 156) aus dem Boden. Er diente vermutlich als Wachturm.

■ Camí de sa Corbaia, www.museuarta.com, Mo–Fr 10–17, Sa 10–14, Winter Mo–Sa 10–14 Uhr, Jan. geschl., 2 €

Cala Torta

| Bucht |

17 *Feinsandiges, von Dünen gesäumtes Kleinod im Naturpark Llevant*

Einst war die kleine Bucht inmitten des Naturparks Llevant ein Geheimtipp. Inzwischen locken der feine, von Dünen gesäumte Sandstrand, das klare Wasser und die Stille immer mehr Tagesgäste an. Die beliebte, winzige Chiringuito musste ihren Betrieb kürzlich einstellen. Snacks und Getränke sollte man daher selbst mitbringen.

Auch die benachbarte Cala Mitjana ist ein Strandjuwel mit feinem Sand, das zu Fuß in rund 20 Min. zu erreichen ist. Mit Proviant und festen Schuhen ausgestattet, kann man von dort immer weiter Richtung Nordwesten marschieren – bis zur abgeschiedenen Cala de Sa Font Celada und weiter.

■ An der Ma 15 vor Capdepera ausgeschildert, Parkplätze üben an der Zufahrt zur Bucht

32 Capdepera

Über die Kleinstadt wacht eine der größten Burganlagen Mallorcas

Für die meisten Touristen ist Capdepera (3100 Einw.) nur ein Durchgangsort – auf ihrem Weg nach Cala Ratjada (S. 139) oder von dort in die südlich gelegenen Teile der Insel. Doch eine Stippvisite lohnt sich. Insbesondere, um die mittelalterliche Burg zu besichtigen. Doch auch die Altstadt von Capdepera rund um die hübsche Plaça l'Orient hat ihre Reize.

Gefällt Ihnen das?

Die Cala Mesquida ähnelt dem Naturstrand **Es Trenc** (S. 154) im Süden der Insel. Der Vorteil: Dort geht die Sonne abends über dem Meer und nicht hinter den Bergen und hinter Ihrem Rücken unter.

Sehenswert

Castell de Capdepera

| Festung |

Dank seiner strategisch günstigen Lage wurde der Hügel über Capdepera schon von Siedlern der Talaiot-Kultur und später von den Römern genutzt. Doch erst in maurischer Zeit entstand hier ein Bollwerk, das so gut gesichert war, dass es Feinde kaum erobern konnten. Auch Jaume I gelang es erst nach langer Belagerung, die Festung einzunehmen. Später ließen sich auch die Familien aus der Umgebung innerhalb der Burgmauern nieder und fanden so Schutz vor Piratenangriffen. Am höchsten Punkt des Kastells befindet sich die Capella de l'Esperança, in der die »Hoffnungsvolle Jungfrau Maria« als Ortspatronin verehrt wird.

■ www.castellcapdepera.com, tgl. ab 10 Uhr bis Sonnenuntergang, 3 €

In der Umgebung

Cala Mesquida

| Strand |

Zu einem traumhaften Tag am Meer verlockt 6 km nördlich von Capdepera die familienfreundliche, von hohen Dünen gesäumte Cala Mesquida (ausgeschildert). Ein einfaches Lokal und eine Strandbar sorgen im Sommer für die Verpflegung der Badegäste. Auf einem schönen Waldweg kann man in rund 45 Min. (festes Schuhwerk!) über die Landzunge zur benachbarten Badebucht Cala Agulla (S. 140) wandern.

Die Cala Agulla bietet einen feinsandigen Sandstrand und herrlich klares Wasser

33 Cala Ratjada

Der beliebte Ferienort begeistert durch seine schöne Küstenzone

Information

■ OIT, 07590 Cala Ratjada, Carrer de l'Agulla 50 (im Centre Cap Vermell), Tel. 971 81 94 67, www.capvermell.org

Strände mit karibischem Flair, ein großes Sport- und Freizeitangebot sowie ein lebhafter Hafen machen Cala Ratjada (6500 Einw.) zu einem der beliebtesten, v.a. von deutschen Touristen besuchten Ferienorte im Nordosten. Seine Ursprünge gehen ins 17. Jh. zurück, als sich die Bewohner des nahen Capdepera hier einen Zugang zum Meer ausbauten. Die Fischerei spielt nach wie vor eine wichtige Rolle, noch heute teilt sich eine moderne Fangflotte das Hafenbecken mit Ausflugsbooten und Jachten. Von den Molen schlängelt sich eine hübsche Uferpromenade mit zahlreichen Cafés und Restaurants westwärts zur oft überfüllten Bucht Platja Son Moll. Wer Ruhe sucht, findet sie in Cala Ratjada in der Vor- und Nachsaison, sollte jedoch Buchungen über Christi Himmelfahrt vermeiden: Dann überschwemmen Junggesellen und Kegelklubs den Ort, um ihren »Herrentag« zu begießen.

Sehenswert

Carrer d'Elionor Servera

| Promenade |

Parallel zur Küste verläuft der Carrer d'Elionor Servera, der mit einer großen Auswahl an Geschäften, Cafés und Restaurants eine attraktive Flaniermeile ist. Über die Promenade gelangt man auch zur zentralen Plaça dels Pins. Hier werden samstags die Stände des Wochenmarkts mit regionalen Produkten, Kleidung und Souvenirs aufgebaut.

Far de Capdepera

| Aussichtspunkt |

Östlich des Hafens, oberhalb der winzigen Sandbucht Cala Gat, führt eine

Eindrucksvoll in Szene gesetzte Tropfsteine im Höhlensystem der Coves d'Artà

enge Serpentinenstraße hinauf zur Anhöhe Punta de Capdepera. Der Aussichtspunkt wird von einem weißen Leuchtturm bekrönt. Von den Klippen genießt man in den Abendstunden einen herrlichen Sonnenuntergang und kann an klaren Tagen bis zur Nachbarinsel Menorca blicken.

Cala Agulla

| Strand |

Oberhalb des Ortes am nördlichen Ufer der Landzunge erstreckt sich die wohl schönste Badebucht Cala Ratjadas. Der 600 m lange, karibisch anmutende Sandstrand ist von markanten Bergkuppen und einem Dünengürtel eingerahmt, der komplett unter Naturschutz steht. In den Sommermonaten haben Strandbars geöffnet, Sonnenschirme und Liegen können gemietet werden. Am meisten Platz hat man am naturbelassenen nördlichen Ende der Bucht. Hier startet auch ein Wanderweg, der in rund 45 Min. (feste Schuhe!) zur herrlichen Nachbarbucht Cala Mesquida (S. 138) führt.

Restaurants

€€ | **La Bodeguita** Köstliche Tapas, frische Fischgerichte und charmanter Service – und das alles direkt am Meer. ■ Avinguda de América 14–16, Tel. 971 81 90 62, www.labodeguita.es, Mo geschl.

Cafés

Noah's Das beste Frühstück Cala Ratjadas genießt man hier in Top-Lage an der Hafenpromenade. ■ Avinguda de América 1–2, Tel. 971 81 81 25, www.cafenoahs.es, Reservierung empfohlen

Kinder

Mini Mallorca Die Piraten von Mini Mallorca entführen Familien mit Kindern auf eine spannende und zugleich lehrreiche Erlebnistour – inklusive Schatzsuche, Piratenmutprobe und Piratenschmaus. Die Abholung erfolgt direkt am Hotel. ■ Carrer Rosas 52, Tel. 669 93 51 80, www.minimallorca.net (Anmeldung online), April–Okt., ca. 60 €, Kinder 2–12 Jahre ca. 40 €, Kleinkinder frei

Erlebnisse

Rancho Bonanza Ausritte für Anfänger und fortgeschrittene Reiter zu den umliegenden Buchten, auch Unterricht. ■ Carrer Ca'n Patilla s/n, www.ranchobonanza.com, mit Voranmeldung, ab 20 € (1 Std.), Tagesausritt ca. 70 €

ADAC Mittendrin

Wenn es die Touristen am Abend ans Hotelbüfett zieht, zieht es die Einheimischen an den Strand. Da ist es nicht mehr so heiß und laut – und die letzten Sonnenstrahlen tauchen Dünen, Berge und Meer in zauberhaft warme Farben. Ab 18 Uhr zeigt sich im Sommer auch die **Cala Agulla** von ihrer schönsten Seite. Probieren Sie's aus!

34 Platja de Canyamel

Ausgangspunkt für einen faszinierenden Ausflug in die Unterwelt

Der Strand ist breit und sauber, das Meer klar. Doch den Traumbuchten rund um Cala Ratjada (S. 139) kann die Platja de Canyamel nicht das Wasser reichen. Im Ferienort (390 Einw.) selbst geht es beschaulich zu. Ein alter Ortskern fehlt, und Ausflügler kommen meist wegen der spektakulären Tropfsteinhöhle, die man zu Fuß vom Strand aus oder mit dem Auto erreicht.

Sehenswert

Coves d'Artà

| Tropfsteinhöhle |

Sie sind die Top-Attraktion vor Ort: die Coves d'Artà, ein insgesamt 400 m langes Höhlenlabyrinth voll bizarrer, teils riesiger Tropfsteine. Das eindrucksvollste Exemplar hat man »Säulenkönigin« getauft. Diese Queen aller Stalagmiten ist 22 m hoch und die größte ihrer Art in ganz Europa. Während einer rund 30-minütigen Führung kann man sie und ihre Nachbarn in geheimnisvollen, düsteren Hallen, umgeben von Wäldern aus Stein, bestaunen. Unbedingt warme Kleidung mitbringen: Hier unten ist es nur 17 Grad warm!

■ Carretera de les Coves s/n, www.cuevasdearta.com, April–Okt. 10–18, Nov.–März tgl. 10–17 Uhr, Führungen alle 30 Min., 15 €, Kinder 7–12 Jahre 7 €

Torre de Canyamel

| Historisches Bauwerk |

An der Straße nach Artà fällt ein zinnenbekrönter Wehrturm (13. Jh.) ins Auge. Er bot den Bewohnern des hiesigen Landguts, die hier Zuckerrohr (»canyamel«) anbauten, Schutz vor Piraten. Der Turm kann besichtigt werden und ist abends schön beleuchtet.

Restaurants

€€ | Porxada de Sa Torre Das urige Lokal neben der Torre de Canyamel ist auf der ganzen Insel für seine Grillspezialitäten und sein vorzügliches Spanferkel bekannt. ■ Carretera Artà–Canyamel, km 5, Tel. 971 84 13 10, www.restauranteporxadadesatorre.com, Mo geschl.

Kinder

Düstere Schatten, unheimliche Klang- und Lichteffekte: Kleine Kinder gruseln sich manchmal in Tropfsteinhöhlen. Bedenken Sie dies, bevor Sie Ihr Ticket kaufen. Während einer Führung darf man nicht auf eigene Faust umkehren.

35 Cala Millor, Sa Coma, S'Illot

Eine riesige Ferienfabrik, die Familien den perfekten Badeurlaub garantiert

Cala Millor, Sa Coma und S'Illot bilden gemeinsam ein riesiges Urlaubszentrum, das sich über knapp 10 km entlang schnurgerader, sanft ins Meer abfallender Sandstrände erstreckt. Von Palmen beschattete Boulevards und moderne, in Reihen gebaute Hotelanlagen mit riesigen Poollandschaften prägen die Szenerie, die ein wenig an die Strände rund um Miami oder Alicante erinnert. Hier fühlen sich besonders Familien wohl, die von einer ausgezeichneten touristischen Infrastruktur profitieren und – wenn sie die Sehnsucht nach etwas mehr Idylle packt – ohne lange Fahrzeiten die kleineren Buchten im Norden und Süden des Küstenstreifens ansteuern können.

In der Umgebung

Son Servera
| Dorf |
Hier lockt ein geheimnisvolles, unvollendetes Gotteshaus Besucher an. Die Fahrt in die von Mandel- und Feigenplantagen umgebene Gemeinde Son Servera (4300 Einw.) lohnt sich insbesondere am Freitagmorgen, wenn ab 6.30 Uhr auf der zentralen Plaça de Sant Joan die Marktleute ihre Stände aufbauen. Hauptattraktion des Ortes ist jedoch der skurrile neogotische Torso der Església Nova. Im Jahr 1905 wurde der Gaudí-Schüler Joan Rubió i Bellver mit ihrem Bau beauftragt, 25 Jahre später ging der Gemeinde dann aber das Geld aus. Fenster und Dach des Gotteshauses fehlen bis heute, die Mauern des unvollendeten Sakralbaus werden jedoch als romantische Kulisse für zahlreiche Open-Air-Veranstaltungen genutzt.

■ www.sonservera.es

36 Manacor

Einst Residenzstadt – heute Möbelparadies und wichtiges Wirtschaftszentrum

Information

■ OIT, 07500 Manacor, Plaça del Convent 3, Tel. 662 35 08 91, www.visitmanacor.com

Im Blickpunkt

Baden unter blauer Flagge

Knapp 210 Badebuchten und Strände gibt es rund um die Insel – mit einer Gesamtlänge von über 50 km. Doch was nützt der schönste Strand, wenn das Wasser nicht sauber ist? Mallorca-Besucher müssen sich hier kaum Sorgen machen: Über vielen Buchten weht die blaue Flagge. Das bedeutet, dass die Wasserqualität von der Stiftung für Umwelterziehung geprüft und als sehr gut eingestuft wurde. Doch auch die Infrastruktur, etwa eine umweltfreundliche Müllentsorgung, sowie Sicherheitsaspekte spielen bei der Inspektion eine Rolle. Für das Umweltzeichen müssen sich Ferienorte aktiv bewerben und die Messungen selbst bezahlen. An Naturbuchten, seien sie noch so sauber, findet man es daher selten. 2022 waren insgesamt 23 Strände blau beflaggt. Sie werden jährlich neu geprüft und können das Gütesiegel wieder verlieren. Rund um Palma und im Norden wackeln die Fahnenstangen häufiger. Umweltschützer fordern seit Langem, dass die dortigen Kläranlagen modernisiert werden müssen.

Manacor ist nach Palma die zweitgrößte Stadt Mallorcas und neben der Kapitale auch eines der wichtigsten Industriezentren der Insel. Geld verdient man hier v. a. mit der Herstellung von Möbeln, Keramik und Produkten aus Olivenholz sowie mit der Verarbeitung von Kunstperlen. Die Geschichte des Ortes reicht bis in die prähistorische Talaiot-Zeit zurück. Unter den Mauren erlebte Manacor seine erste Blüte als Wirtschaftszentrum, nach der Rückeroberung ernannte Jaume II die Stadt gar zur Königsresidenz und ließ einen Palast errichten. Doch nur wenige historische Bauwerke überstanden die Jahrhunderte, und so gibt es, abgesehen von der belebten Fußgängerzone und der neogotischen Pfarrkirche im Stadtzentrum, kaum touristische Anziehungspunkte.

Die neogotische Església Nova in Son Servera blieb bis heute unvollendet

Sehenswert

Museu de Manacor

| Volkskundemuseum |

Wer sich für Geschichte interessiert, sollte südlich der Innenstadt an der Torre dels Enagistes haltmachen. In dem alten zweistöckigen Wehrturm (14.–17. Jh.) ist das Museu d'Historia de Manacor untergebracht, das spannende Einblicke in die Zivilisations- und Kulturgeschichte der Region vermittelt. ■ Carretera Cales de Mallorca (Ma 4015), km 1,5, www.museudemanacor.com, Mo–Sa 9–13.30 und 17–19.30, So 10–13.30, Di geschl., Eintritt frei

Nadal Sport Xperience

| Erlebniswelt |

Einer der berühmtesten Söhne Manacors ist der 1986 geborene Tennisstar Rafael Nadal. Mit der Sport Xperience hat er seiner Heimatstadt südlich des Zentrums jetzt ein Denkmal gesetzt. In dieser modernen Erlebniswelt können Besucher neben sämtlichen Trophäen des 22-fachen Grand-Slam-Siegers auch Formel-1-Autos bewundern und in Simulatoren verschiedene Sportarten ausprobieren. ■ Carretera Cales de Mallorca (Ma 4015), km 1,2, www.rnsportscentre.com, tgl. 10–18 Uhr, 22 € erm. 12 €

Verkehrsmittel

Zug Vom Bahnhof am Carrer de Sebastià Nicolau Sureda verkehrt bis 22.30 Uhr stündlich die Zuglinie T3 via Sineu und Inca nach Palma. ■ Fahrzeit ca. 1 Std., Hin- und Rückfahrt 7 €, www.tib.org

Einkaufen

Majorica Am nordwestlichen Stadtrand, gleich nach der Abfahrt von der Ma 15, sind die Schau- und Verkaufsräume der Kunstperlenfabrik Majorica ein Besuchermagnet. ■ Via Palma 9, www.majorica.com, Ausstellung Mo–Fr 9.30–19, Sa, So 9.30–18 Uhr

37 Porto Cristo

Belebter Ferienort mit eigenem Strand und faszinierender Höhle

Wie eine Schlange windet sich die Bucht von Porto Cristo (6700 Einw.) vom offenen Meer ins Landesinnere. Bereits die Römer schätzten die geschützte Cala Manacor – so ihr offizieller Name – als Ankerplatz. Im Mittelalter wurde Porto Cristo von Fischern befestigt und wandelte sich zum bedeutendsten Hafen im Osten der Insel. Blutige Kämpfe erlebte der Ort während des Spanischen Bürgerkriegs: Im Jahr 1936 landeten hier spanische Invasionstruppen, die Mallorca, das sich der Revolte des späteren Diktators Franco gegen die Republik angeschlossen hatte, zurückerobern wollten. Von der berüchtigten »Schlacht um Mallorca« (16. Aug.–4. Sept. 1936), aus der General Franco und seine Verbündeten als Sieger hervorgingen, findet man heute kaum noch Zeugnisse.
Im Hafenbecken des Ferienortes dümpeln friedlich kleine Segelboote neben Jachten. In den Sommermonaten konzentriert sich das Leben auf den rund 200 m langen, oft überfüllten Stadtstrand sowie die ein wenig in die Jahre gekommene Flaniermeile Passeig de la Sirena mit vielen Imbissbuden, Lokalen und Souvenirshops.

Sehenswert

Coves del Drac
| Tropfsteinhöhle |

18 *Tropfsteine und einer der größten unterirdischen Seen der Welt*

Die grandiosen Coves del Drac sind eine der Hauptattraktionen von Porto Cristo und entsprechend gut besucht. Das rund 1200 m lange Höhlensystem mit eindrucksvollen Tropfsteinlandschaften wurde im Jahr 1880 entdeckt, aber erst 1986 bis in die letzten Winkel erforscht. Dabei stieß man am tiefsten Punkt der »Drachenhöhle« auch auf den beinahe 180 m langen und 30 m breiten Martel-See, einen der größten unterirdischen Seen der Welt. Als Krönung des einstündigen Rundgangs geben dort Musiker, die in Booten über das Wasser gleiten, ein kleines Konzert. Anschließend werden auch alle Besucher in den Barken wieder an das Tageslicht befördert. Die Temperatur in der Höhle beträgt angenehme 21 Grad. Wer lange Schlangen an der Kasse meiden will, kann Tickets im Vorfeld – sogar günstiger – online kaufen.
■ Carretera Coves s/n, www.cuevasdeldrach.com, Führungen stündlich 10–17 Uhr, Ticket 17 €, Kinder bis 12 Jahre 10 € (Onlinebuchung empfohlen)

Restaurants

€€ | Quince Wer Fisch, Meeresfrüchte oder Tapas liebt– frisch und top zubereitet – wird auch das Quince lieben. In den Kochtopf kommen frische mallorquinische Produkte, serviert wird auf der Terrasse mit ihrem herrlichen Hafenblick. Große Portionen, hervorragendes Preis-Leistungs-Verhältnis. ■ Carrer del Verí 1, Tel. 971 82 18 30, www.restaurantequince.com

Übernachten

Baden und die Natur genießen – im Nordosten der Insel klappt das hervorragend. Wer kleine Buchten mag, aber nicht auf die Vorzüge einer Pauschalreise verzichten will, findet rund um Cala Ratjada den perfekten Stützpunkt. Weiter südwärts werden die Strände länger und die Hotelanlagen größer, gleichzeitig aber auch familienfreundlicher. Stilles, stilvolles Urlaubsglück versprechen die Boutique- oder Finca-Hotels in und bei Artà. Das Städtchen ist umringt von den Bergen und Buchten des Llevant-Naturparks mit tollen Wandermöglichkeiten.

Von Artà bis Cala Ratjada 134

€–€€ | Casal d'Artà Familiäres, preisgünstiges Stadthotel mit traumhafter Dachterrasse direkt am Rathausplatz. ■ Carrer de Rafael Blanes 19, Artà, Tel. 971829163, www.casaldarta.de

€€ | Palacio Sant Salvador Das charmante Hotel mit schönem Garten und elegantem Patio bietet Landhausflair und großzügige Zimmer am Stadtrand von Artà. ■ Carrer del Pou Nou 26, Artà, Tel. 971829555, www.santsalvador.com

€€ | Sea Club Das kleine Guesthouse liegt direkt am Meer, nicht weit von der quirligen Hafenpromenade Cala Ratjadas, bietet aber gleichzeitig einen familiären Charme und viel Ruhe. ■ Avinguda de América 27, Tel. 971563310, www.theseaclub.es

€€ | S'Entrador 4-Sterne-Superior-Haus mit allem Komfort an der Platja Agulla. Eines der besten Pauschalhotels in Cala Ratjada mit außergewöhnlich leckerem Dinner-Büfett, das auch landestypische Küche bietet. Früh und mit Meerblick buchen! ■ Carrer de l'Agulla 123, Tel. 971564312, www.serranohotels.com

€€ | Son Cardaix Traumhaftes Finca-Hotel in einem alten Landgut, 5 km südlich von Artà. Der opulente Garten, ein großer Swimmingpool und v. a. die einzigartige Aussicht garantieren Ruhe und Entschleunigung. ■ Carretera Palma–Artà (Ma15), km 63, Tel. 971829138, www.soncardaix.com, April–Okt.

Von der Platja de Canyamel bis Porto Cristo 141

€€ | CM Playa del Moro Modernes Komforthotel mit mehreren Swimmingpools, direkt am Strand von Cala Millor. Perfekt für den sorglosen Bade- und Familienurlaub, aber nichts für Ruhesuchende! ■ Carrer Alosa 2, Cala Millor, Tel. 971585411, www.sentidoplayadelmoro.com

€€ | Ses Cases de Fetget Romantische, von Oliven umgebene Finca mit liebevoll eingerichteten Zimmern, Pool und weitem Blick in die freie Natur. ■ Carretera Vella Son Servera–Artà (Ma 4031), km 1, Tel. 971817363, www.sescasesdefetget.com

€€–€€€ | Principal Son Amoixa Bezauberndes Landhotel südwestlich von Porto Cristo. Ein Tennisplatz sowie eine Sauna und ein großer Pool sorgen für Bewegung und Entspannung. ■ Carretera de Cales de Mallorca–Manacor, km 3,4, Tel. 971846292, www.sonamoixa.com

Der Migjorn und die Südküste

Vom Bilderbuch-Hafendorf Portocolom über die traumhaften Sandbuchten Santanyís bis zu den kargen Salzwiesen des Südens

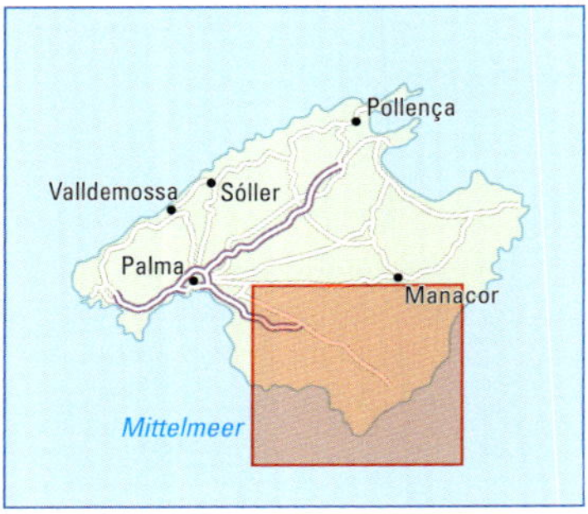

Die endlose Platja d'es Trenc sowie unzählige tief ins Land eingeschnittene kleine Badebuchten sind die Hauptattraktionen im Südosten Mallorcas. Schmuck herausgeputzt präsentiert sich das Ferienzentrum Cala d'Or mit seinen weißen Ibiza-Bauten. Unberührte Natur und mediterrane Idylle erlebt man an den von Felsen und Pinien gesäumten azurblauen Buchten Mondragó, Llombards und Cala Pi. Insbesondere in Santanyí und Ses Salines haben sich in den vergangenen Jahren viele Deutsche niedergelassen. Ob als Aussteiger, Künstler oder pfiffige Hoteliers und Gastronomen: Sie prägen das Bild der Städte, verleihen ihnen eine kosmopolitische Note – haben ihre Restaurants, Geschäfte und Galerien aber zum Glück meist mit viel Feingefühl in die historischen Zentren integriert. Im Fischerdorf Portocolom und im malerischen Hafen von Cala Figuera wiederum scheint die Zeit stillzustehen. Noch immer stechen hier jeden Morgen die bunten Fischerboote in See. Je weiter südlich man reist, desto karger und flacher wird das Land. Naturfreunde zieht es hier in die Schutzgebiete rund um die ehemaligen Salzgärten bei Ses Salines. Ein echtes Highlight ist auch die Überfahrt zum Cabrera-Archipel, in dessen Gewässern sich sogar Delfine tummeln. Einblicke in die Talaiot-Kultur bekommen Besucher schließlich in der Grabungsstätte von Capocorb Vell, wo mächtige Wachtürme von der Baukunst der frühen Inselbewohner zeugen.

In diesem Kapitel:

ADAC Top Tipps:

9 **Parc Natural de Mondragó**
| Naturpark |
Ein Ensemble herrlicher Buchten, noch immer fast so ursprünglich und schön, wie Gott sie schuf – zum Baden, Wandern, Schwelgen, Träumen. 149

ADAC Empfehlungen:

19 Santanyí
| Stadt |

Bildschönes, herausgeputztes Landstädtchen mit großem Angebot an Restaurants, Cafés und kleinen Läden, das für den hier gewonnenen goldenen Marés-Stein berühmt ist. 150

20 Cala Figuera
| Hafen |

Romantisches Hafendorf mit vielen Cafés und Restaurants, das wie gemalt wirkt und zum Spazieren einlädt. Noch immer stechen Fischer von hier in ihren bunten Booten in See. 151

21 Cap de Ses Salines
| Aussichtspunkt |

Am südlichsten Punkt der Insel kann man traumhafte Sonnenuntergänge erleben, einen prächtigen Leuchtturm bestaunen und auf kurzen Wanderungen die Buchten der Umgebung erkunden. 152

22 Es Trenc
| Strand |

Von weißen Dünen gesäumter, unverbauter Naturstrand, der immer noch als einer der schönsten der Insel gilt. Er fällt extrem flach ins Wasser ab und eignet sich daher besonders gut für Familien mit Kindern. 154

38 Portocolom

Der größte Naturhafen Mallorcas bietet ein malerisches Flair

Information

■ OIT, 07670 Portocolom, Avinguda de Cala Marçal 15, Tel. 971 82 60 84, www.visitfelanitx.es

Hier wurde Christoph Kolumbus (1451–1506) geboren. Da ist man sich in Portocolom ziemlich sicher. Nur so lässt sich schließlich der Ortsname erklären. Doch im nahe gelegenen Felanitx (S. 162) behauptet man das Gleiche, und auch Genua hat den Amerika-Entdecker zum Sohn der Stadt erkoren. Historische Belege stützen allerdings keinen der drei Orte, und so muss man sich in Portocolom (4500 Einw.) mit der Tatsache begnügen, der größte natürliche Hafen Mallorcas zu sein. Nur ein schmaler Zugang führt von der weiten Bucht ins offene Meer, die dadurch sehr geschützt ist. Diesen Vorteil nutzte man schon im 13. Jh., und der Ort entwickelte sich zum Handelshafen der Region. Die gut erhaltene Altstadt am nördlichen Ende der Bucht erinnert an diese Zeit. Dort spiegeln sich schmale Fischerhäuser mit bunten Türen im ruhigen Wasser. Im Hintergrund ragen die Türme der mittelalterlichen Wehrkirche Església del Carme in den Himmel. Die meisten Touristen bummeln jedoch entlang der hübschen Uferpromenade in der westlich gelegenen Neustadt. In einem der vielen Cafés und Restaurants kann man von hier sehr schön das Treiben rund um den Hafen beobachten.

Sehenswert

Cala Marçal

| Bucht |

Der von Apartments gesäumte Sandstrand liegt am südlichen Ortsende, unterhalb der gleichnamigen Urbanisation mit vielen Geschäften und Restaurants. Wer Schatten sucht, kann sich Schirm und Liege mieten.

Portocolom konnte seinen ursprünglichen Charme weitgehend bewahren

S'Arenal de Portocolom

| Bucht |

Auch auf der östlich gelegenen Landzunge befindet sich ein Sandstrand, der sich unterhalb des Villenviertels von Sa Punta an die Ausläufer der Hafenbucht schmiegt. Von S'Arenal de Portocolom hat man einen schönen Blick auf die vor Anker liegenden Boote und den Leuchtturm, der an der Steilküste über der Hafeneinfahrt wacht. Ein kleines Lokal sorgt für Verpflegung.

■ Zufahrt über die Straße zum Far de Portocolom

Restaurants

€€ | Ses Portadores Gemütlicher Spanier im ruhigeren südlichen Abschnitt der Hafenpromenade. Vor allem die Paella und die Fischgerichte schmecken vorzüglich. ■ Ronda del Creuer Baleares 59, Tel. 971825271, Di geschl.

39 Cala d'Or

Ein Hauch von Ibiza umweht die Feriensiedlung mit ihren goldenen Buchten

Information

■ OIT, 07660 Cala d'Or, Carrer d'en Perico Pomar 10 (östlich der Cala Llonga), Tel. 971 657463, www.ajsantanyi.net

Wenn in Reisebüros oder auf Buchungsportalen von Cala d'Or (4200 Einw.) gesprochen wird, dann ist damit eines der größten Tourismuszentren der Südostküste Mallorcas gemeint. Es umfasst nicht nur eine »goldene Bucht«, sondern gleich ein ganzes Dutzend größerer und kleinerer Buchten und Sandstrände. Das klare Meerwasser und die gute Infrastruktur locken im Sommer zahlreiche Badeurlauber an. Dass Cala d'Or dennoch nicht so überfrachtet wirkt wie andere Urbanisationen auf der Insel, ist auch dem ibizenkischen Architekten Josep Costa Ferrer zu verdanken. Er entwarf die Feriensiedlungen in den 1930er-Jahren zwar auf dem Reißbrett, ließ sich dabei aber von seiner Heimatinsel Ibiza inspirieren. Die Fassaden der Häuser wurden mit verspielten organischen Formen ausgestattet und sind bis heute weiß getüncht. Der eigentliche Ortskern links und rechts des Carrer Andreu Roig bietet Boutiquen, Cafés und Restaurants. Reizvoll zum Flanieren und Dinieren sind auch die Boulevards rund um die Cala Llonga am mondänen Jachthafen Port Petit.

In der Umgebung

Cala Sa Nau

| Bucht |

Sie taucht immer wieder in den Top-Listen der schönsten Buchten Mallorcas auf: Die kleine Cala Sa Nau zwischen Portocolom und Cala d'Or ist eine Perle mit türkisblauem Wasser und weißem Sand. Im Sommer hat eine Strandbar mit ambitionierter Küche und Liegestuhlverleih geöffnet.

■ Nördlich von Cala d'Or rechts halten und Richtung Cala Ferrara fahren, dann ausgeschildert

Parc Natural de Mondragó

| Naturpark |

9 *Unberührtes Strand-Dorado inmitten herrlicher Natur*

Der erst 1992 gegründete Parc Natural de Mondragó, der sich rund um die Buchten Ses Fonts de n'Alis und S'Amarador sowie die kleine Caló des Borgit ausdehnt, entzückt Naturfreunde und Wasserratten gleichermaßen. Bis heute gibt es an dieser Stelle nur zwei Hotels – von weiterer Bebauung blieb die Küste verschont. Das reizvolle Areal lockt in der warmen Jahreszeit zahlreiche Ausflügler an, die sich entlang der weißsandigen Strände tummeln oder auf den markierten Wegen das Naturschutzgebiet durchstreifen.

■ Anfahrt über Porto Petro, kostenlose Parkplätze am Real Club Náutico

40 Santanyí

19 *Verwinkelte Gassen und traumhafte Badebuchten an der Küste*

Santanyí (3700 Einw.) ist bekannt für seine Steinbrüche, in denen der goldfarbene und besonders harte Marés-Stein gewonnen wird – ein schon zu maurischer Zeit begehrtes Material, das auch in der Kathedrale der Inselhauptstadt Palma verbaut wurde. Im Mittelalter litt das bereits von den Römern gegründete Landstädtchen immer wieder unter Piratenangriffen. Um sie abzuwehren, errichtete man ab dem 14. Jh. eine trutzige Stadtmauer, an die heute allerdings nur noch die Porta Murada an der Straße Richtung Palma erinnert. Durch ihren Torbogen gelangt man in die aufgeräumte Altstadt mit hübschen Plätzen und engen Gassen. Vor allem Deutsche haben hier Restaurants, Cafés, Galerien und schicke Souvenirshops eröffnet.

Sehenswert

Església Sant Andreu

| Kirche |

Sant Andreu ist das stolze Wahrzeichen Santanyís und beherrscht das Bild der malerischen Altstadt. Das Gotteshaus geht auf die aus dem 14. Jh. stammende Rosenkranzkapelle zurück. Als man die Pfarrkirche im 18. Jh. im klassizistischen Stil neu aufbaute, wurde der gotische Vorgängerbau einfach als Seitenkapelle integriert. Prunkstück der Kirche ist die 1762 errichtete Barockorgel des berühmten mallorquinischen Orgelbauers Jordí Bosch.

Im Blickpunkt

Blütenmeer mit Meeresblick

Jedes Jahr lockt ab Mitte Januar die berühmte Mandelblüte Naturfreunde nach Mallorca. Schon die Römer kultivierten Mandelbäume auf den Balearen, und bis ins 20. Jh. stellten sie für die hiesigen Bauern eine wichtige Einnahmequelle dar. Mittlerweile ist es jedoch schwer geworden, mit Mandeln Geld zu verdienen. Zu teuer erweist sich der Anbau, und zu groß ist der Konkurrenzdruck aus den Vereinigten Staaten, die den Weltmarkt mit billigen Früchten überfluten. Doch das Blatt könnte sich auch wieder wenden: Neuerdings werden hochwertige Mandeln direkt vor Ort verstärkt zu feinen, hochpreisigen Ölen oder Gewürzmandeln verarbeitet. Wann und wo die Mandelblüte auf Mallorca beginnt, hängt stark vom Wetter und dem Standort der Bäume ab. Zwischen Januar und März kann man in der mallorquinischen Lokalpresse nachlesen, wo es gerade am prächtigsten blüht.

Parken

Gute Parkmöglichkeiten gibt es am Carrer Bernat Vidal südöstlich sowie am Carrer des Llombards südwestlich der Altstadt. Ins Zentrum sind es von hier nur wenige Minuten zu Fuß.

Restaurants

€–€€ | Café Drac Paradieslokal an den Stufen über der Cala Santanyí mit Blick auf die Bucht. Serviert werden Tapas, Burger, Gesundes und solide Drinks. ■ Carrer Cova des Drac 15, Tel. 629791341, Mai–Okt., Küche bis 21 Uhr

€€ | Pablo Ein bezaubernder Innenhof, freundlicher Service und v. a. eine leckere Auswahl an Tapas und internationalen Hauptgerichten sind das Plus. ■ Carrer del Sol 1, Tel. 971642131, www.cafe-pablo.com, Do geschl.

€€€ | Laudat Gehobene mediterrane Küche der Spitzenklasse. Besonders angenehm sind die Plätze im stilvoll-modern gestalteten Patio. Auch die Weinauswahl ist exzellent. ■ Carrer de Sant Andreu 18, Tel. 871906034, www.restaurantlaudat.com, So geschl.

Einkaufen

Jeden Samstag- und Mittwochvormittag verwandeln sich die Gassen rund um die Pfarrkirche Sant Andreu in einen bunten, quirligen Marktplatz.

In der Umgebung

Cala Figuera

| Hafen |

20 *Die malerische Bucht lädt zum Flanieren und Fotografieren ein*

5 km südöstlich von Santanyí säumen nicht weiße Sandkörner, sondern unzählige bunte Fischerboote und Bootshäuschen die Wasserarme der Cala Figuera (770 Einw.). Rund um die Piers bietet sich ein herrlicher Spaziergang an, und von den Terrassen der Cafés und Restaurants genießt man einen schönen Blick auf die Postkartenidylle.

ADAC Mittendrin

Wer mithelfen möchte, die Caló des Moro zu erhalten, kann die **»Fundació Amics d'es Caló des Moro«** vor Ort mit Spenden unterstützen. Die Stiftung wurde von den Besitzern des Areals ins Leben gerufen. Mit dem Geld werden Bucht und Natur gepflegt. *www.moro-salmonia.com*

Cala Santanyí und Cala Llombards

| Bucht |

Familienfreundlichen Badespaß garantieren die von Felsen eingerahmten Badebuchten südlich von Santanyí. An der Cala Santanyí gibt es Restaurants, Cafés und Wassersportangebote. Etwas ursprünglicher und kaum bebaut ist die südliche Nachbarbucht Cala Llombards. Auch hier gibt es ein kleines Chiringuito. Die Strandbar wurde kürzlich von einem neuen Team übernommen. Seither gibt es hier eine exzellente, frische Auswahl an Frühstücks- und Mittagsgerichten. Genau zwischen den Buchten erhebt sich die eindrucksvolle Felsbrücke Es Pontas aus dem Meer.

Caló des Moro

| Bucht

Die winzige, von steilen Felswänden flankierte Caló des Moro ist ein Sehnsuchtsort. Sie liegt südwestlich von

Santanyí in einem kleinen Schutzgebiet, das von verschlungenen Pfaden durchzogen ist. Die finalen Meter hinab zum Wasser erfordern Trittsicherheit und gute Schuhe. Am Abend liegt die Bucht komplett im Schatten. Sonnenstrahlen gibt es dann noch gegenüber an der Cala S'Almunia. Von hier führen auch die Treppen hinauf zur Zufahrtsstraße Carrer des Caló des Moro.

41 Ses Salines

Beschaulichkeit umringt von Weite und schneeweißen Salzbergen

Unscheinbar und doch einladend präsentiert sich das Städtchen (2300 Einw.), dessen Umland von der jahrhundertealten Tradition der Meersalzgewinnung geprägt ist. Lokale und Geschäfte mit bunten Markisen säumen die Durchgangsstraße, die sich an der Plaça Major und dem Rathaus vorbei zur Plaça Sant Bartomeu, dem eigentlichen Ortskern, schlängelt. Heller Sandstein und Häuser mit wehrhaften Fassaden dominieren das Bild rund um den kleinen Platz. Gemeinsam mit der Torre de Can Bárbara – dem einzigen Relikt einer hier wohl im 16. Jh. erbauten Festung – erinnern sie an die Piratenangriffe, vor denen sich auch Ses Salines einst schützen musste. Relativ jung, aber dennoch ein Blickfang ist die einschiffige Pfarrkirche Sant Bartomeu (19. Jh.).

Restaurants

€€ | Casa Manolo Das urige Lokal hat sich vom Geheimtipp zum Hotspot gewandelt. Tapas und Meeresfrüchte schmecken aber immer noch sensationell. ■ Plaça Sant Bartomeu 2, Tel. 971 64 91 30, www.bodegabarahona.com

€€ | Sa Fustería Mediterrane Kreativküche aus frischen regionalen Zutaten – serviert im idyllischen Patio einer alten Schreinerei. Mittwochs Tapas-Abend. ■ Carrer Morell 28 (Ma 6100), Tel. 971 64 29 35, www.restaurante-safusteria.com, Mi ab 18, Do–Mo ab 12 Uhr

Kinder

Botanicactus Fast wie auf einem anderen Stern fühlt man sich hier, im größten Kakteengarten ganz Europas. Doch nicht nur das hügelige Areal ist riesig, auch seine stacheligen Bewohner wachsen meterhoch in den Himmel. Für Kinder gibt es einen schattigen Spielplatz, und am Kiosk kann man sich mit leckerem Eis versorgen. ■ Carretera Ses Salines–Santanyí (Ma 6100), km 1, www.botanicactus.com, April–Aug. tgl. 9–19.30 Uhr, sonst kürzer, 10,50 €, Kinder 5 €

In der Umgebung

Cap de Ses Salines

| Aussichtspunkt |

21 *Die Südspitze der Insel ist der perfekte Ort für Romantiker*

Folgt man der Ma 6110 immer weiter südwärts, gelangt man zum pittoresken Leuchtturm am Cap de Ses Salines, dem südlichsten Punkt der Insel. An klaren Tagen reicht der Ausblick bis zum Archipel von Cabrera (S. 155). Wer Proviant oder zumindest Wasser dabei hat, kann von hier auf einem steinigen Pfad entlang der Küste in westlicher Richtung wandern. Nach ca. 40 Min. erreicht man die Platja d'es Caragol, einen märchenhaften Naturstrand. Der Ausflug lohnt sich insbesondere in den Abendstunden – der Sonnenuntergang ist traumhaft!

Rund 12 000 stachelige Exemplare gedeihen im Kakteenpark Botanicactus

42 Colònia de Sant Jordi und Es Trenc

Superbe Strände, salzige Seen – und ein Archipel, zum Greifen nah

Information

■ OIT, 07638 Colònia de Sant Jordi, Carrer Gabriel Roca s/n (Hafenpromenade), Tel. 971 65 60 73, www.ajsessalines.net

Das einstige Fischerdorf Colònia de Sant Jordi (2900 Einw.) hat sich zu einem lebendigen Ferienzentrum entwickelt. Viele Mallorquiner besitzen hier schon seit Generationen ein Häuschen und genießen die traumhaften, nahezu unverbauten Sandstrände rund um den Ort gleichermaßen wie die Gäste, die es hauptsächlich aus Deutschland und der Schweiz an die Südküste der Insel zieht.

Auf historische Highlights und ein ausschweifendes Nachtleben muss man in dieser Ecke Mallorcas verzichten. Stattdessen lockert eine einladende Küstenpromenade mit Restaurants und Cafés und ein munterer Hafen, von dem Boote zum Cabrera-Archipel (S. 155) starten. Außerdem lassen zahlreiche Wassersportangebote und etliche flache Radwege kaum Langeweile aufkommen. Surfen, Segeln und Tretbootfahren sind dann an der Platja Estanys angesagt, die sich nordöstlich des Ortes erstreckt. Direkt an die Hafenpromenade schmiegt sich die ebenfalls beliebte, jedoch urbanere Platja d'es Port. Von hier erreicht man nach kurzem Fußmarsch den Bilderbuchstrand Platja d'es Dolç. Naturfreunde können dem Küstenpfad noch weiter südwärts zur unberührten Platja d'es Carbó folgen.

Sehenswert

Centre d'Interpretació de Cabrera

| Erlebniswelt |

Auf eine Reise in die Tier- und Pflanzenwelt der Illa de Cabrera (S. 155) vor der Küste von Colònia Sant Jordi entführt das Besucherzentrum des Nationalparks Archipiélago de Cabrera. Mit Audioguide im Ohr durchstreift man hier eine unterirdische Aquariumlandschaft und lernt dabei zahlreiche Meeresbewohner kennen. Zudem erfahren Besucher vieles über die Geologie und Kulturgeschichte der Inseln sowie ihr fragiles Ökosystem an Land und im Wasser. Schon allein die Architektur des aus Holz, Glas und Naturstein gebauten Museums begeistert und macht Lust auf einen Bootsausflug zur »Ziegeninsel«.

■ Carrer Gabriel Roca s/n, Nordende der Hafenpromenade, www.cvcabrera.es, www.balearsnatura.com, Feb.–Nov. tgl. 10–17 Uhr, 8 €, Kinder 3–12 Jahre 4 €

Es Trenc

| Strand |

22 *Der hinreißende, feinsandige Popstar unter den Inselstränden*

Zwischen Colònia de Sant Jordi und der Feriensiedlung Sa Ràpita im Westen rollt sich der rund 5 km lange, unverbaute Sandteppich der Platja d'es Trenc aus. Zu Recht wird dem Strand karibisches Flair zugesprochen, in der windigen Vor- und Nachsaison erinnern seine weitläufige Dünen hingegen eher an eine Nordseeinsel. Ein paar Strandbars versorgen die Badegäste im Sommer mit Snacks. Vor allem Familien schätzen Es Trenc wegen des extrem flach abfallenden Zugangs zum Meer. Besonders ursprünglich ist der südöstliche Strandabschnitt, den man von Colònia de Sant Jordi zu Fuß (ca. 20 Min.) erreicht. Hier ist Schatten Mangelware. Wer empfindlich ist, sollte einen Schirm mitbringen.

■ Parkplätze siehe ADAC Mobil, S. 107

Die Dünenlandschaft von Es Trenc, einem der größten Naturstrände der Insel

ADAC Wussten Sie schon?

Am Strand von Es Trenc fallen verstreute **Bunkerbauten** ins Auge. Sie wurden Mitte des 20. Jh. vom Franco-Regime gebaut, das nach dem Zweiten Weltkrieg Angriffe der Alliierten fürchtete. Künstler haben die Betonwürfel bemalt, und vielen Touristen spenden sie am Strand wenigstens ein wenig Schatten.

Verkehrsmittel

Fahrrad Das Team von Ciclos Mora vermietet Fahrräder (von gemütlich bis sportlich), Pedelecs sowie E- und Motorroller und hilft bei der Tourenplanung. ■ Avinguda Primavera 46, Tel. 971 656697, www.ciclosmora.com, Fahrräder ab 9 €/Tag, E-Bikes ab 25 €/Tag

Restaurants

€€–€€€ | Cassai Beach House Perfekt für Sundowner oder Abendessen. Hier sitzt man in der ersten Reihe – Sonne, Sand und Meer zum Greifen nah. Lage und Chic haben natürlich ihren Preis. ■ Carrer Major 21, Tel. 971070939, www.cassai.es/beachhouse, tgl. ab 11 Uhr

In der Umgebung

Salines d'es Trenc

| Erlebniswelt |

Wer auf der Ma 6040 kurz vor Colònia de Sant Jordi rechts abbiegt, erblickt schon bald die schneeweißen Salzberge der Salines d'es Trenc. Bereits in der Antike wurde hier im Schwemmland Kochsalz gewonnen. Heute leitet man das Meerwasser mithilfe von Pumpen in die Bassins der Saline, wo Wind und Sonne für eine natürliche Verdunstung sorgen. Besonders kostbar sind die Salzblumen (»flor de sal«), die an der Wasseroberfläche der Becken kristallisieren. Der Betrieb kann im Rahmen einer Führung besichtigt werden, und gleich nebenan lädt ein entspanntes Lounge-Café zur Pause ein.
■ www.salinasdestrenc.com, Führungen Mo–So ab 10, Mi ab 11 Uhr (45 Min.), jeweils 5-mal (Sa, So 6-mal) pro Tag, 10 €, Kinder bis 8 Jahre frei

Illa de Cabrera

| Naturpark |

Etwa 10 km vor der Südküste Mallorcas liegt die naturgeschützte Inselwelt der Cabrera, die insgesamt 19 Eilande umfasst. Die größte unter ihnen, die Ziegeninsel, gab dem Archipel seinen Namen und wird von März bis Oktober von Ausflugsbooten angesteuert. Da die Besucherzahl limitiert ist, empfiehlt sich eine Reservierung. Mit Proviant, Sonnenschutz und Badesachen ausgestattet, erreicht man nach knapp einstündiger Überfahrt den Hafen Es Port. Leider ist nur ein kleiner Teil der Wege

ADAC Mobil

Viele Wege führen nach **Es Trenc** – die meisten Urlauber wählen jedoch den Abzweig von der Ma 6040, der an den Salinen vorbei direkt zum Parkplatz (7,50 €, Nebensaison 4 €) am Naturstrand führt. Im Sommer ist die sehr enge Straße häufig verstopft. Eine Alternative ist die Zufahrt über Ses Covetes (via Ma 6014 oder Ma 6030). Die letzten Kilometer Richtung Küste sind hier breiter und die Parkgebühren (15 Min. Fußweg zum Strand, 5 €/Tag) günstiger.

(zum Strand und zur Festung) im Rahmen der Bootstouren öffentlich zugänglich. Wer an längeren geführten Wanderungen teilnehmen will, muss im Inselhostel übernachten (Anmeldung vor Ort im Infobüro oder online).

■ Excursions a Cabrera, Carrer Gabriel Roca s/n (neben der Hafentankstelle), www.excursionsacabrera.es, Ausflug ab 51 €, Kinder 29 €

43 Cala Pi

Eine malerische Badebucht und steinerne Zeugnisse der Bronzezeit

In der Feriensiedlung Cala Pi ticken die Uhren langsamer. Hotels, Restaurants und die kleinen Supermärkte versprühen den Charme der 1970er- und 1980er-Jahre. Dennoch lohnt sich ein Besuch, denn zwischen mit Pinien bewachsenen Felsarmen schlummert eine idyllische Badebucht. Gerne ankern Jachten in den windgeschützten, leuchtend blauen Gewässern, deren einziger Zugang über Land eine steile Treppe ist. In der Hochsaison tummeln sich leider sehr viele Sonnenanbeter an dem nur 50 m breiten Sandstrand. Oberhalb gibt es ein paar Restaurants, und im Osten überragt ein Piratenwachturm des 17. Jh. die Bucht.

Verkehrsmittel

Bus Cala Pi wird zweimal täglich von der Linie 525 angesteuert, die über Llucmajor nach Palma fährt. ■ www.tib.org, ca. 1 Std., 5,50 €

In der Umgebung

Capocorb Vell

| Ausgrabungsstätte |

Rund 4 km nordwestlich der Cala Pi finden sich mit Capocorb Vell die Überreste einer der ältesten Talaiot-Siedlungen Mallorcas. Highlights der Ausgrabungsstätte sind fünf gut erhaltene, noch bis zu 6 m aufragende Talaiots.

■ Carretera Llucmajor–Cap Blanc, www.talaiotscapocorbvell.com, Fr–Mi 10–17 Uhr, 3 €, mit Cafeteria

Im Blickpunkt

Auf den Spuren der Talaiot-Kultur

Bereits um 1400 v. Chr. lebte auf der Insel ein Volk, das wegen seiner Turmbauten (kat. »talaia«) als Talaiot-Kultur bezeichnet wird. Anders als Siedler früherer Zeit befestigten die Menschen der Talaiot-Kultur ihre Dörfer mit runden oder rechteckigen Türmen aus tonnenschweren Blöcken, die bis zu 8 m in den Himmel ragten. Die meisten dieser Talaiots entstanden ab dem 9. Jh. v. Chr. und dienten wohl der Verteidigung, aber auch als Treffpunkte und rituelle Stätten. Ab 550 v. Chr. befand sich die Talaiot-Kultur im Niedergang: Archäologische Spuren deuten auf Kämpfe und gewaltsame Zerstörungen hin. Auch die Tatsache, dass zu dieser Zeit viele Männer ihre Heimat verließen, um sich als Steinschleuderer in Söldnerheeren zu verdingen, gilt als Indiz für das langsame Ende des Volkes. Die drei bedeutendsten Talaiot-Siedlungen Mallorcas sind Son Fornés bei Montuïri (S. 164), Ses Païsses bei Artà (S. 137) und Capocorb Vell nahe der Cala Pi (S. 156).

Übernachten

Der stille Süden Mallorcas eignet sich perfekt für Reisen auf eigene Faust. Da es jedoch in Santanyí oder Ses Salines kaum Stadthotels gibt, weichen Individualisten in Fincas aus, und Familien quartieren sich pauschal in Colònia de Sant Jordi ein, das ihre Bedürfnisse perfekt erfüllt. Einen Kompromiss bieten die Orte Portocolom und Cala Figuera. Hier gibt es günstige Paketpreise, und trotzdem erlebt man Ruhe und ein angenehm nostalgisches Hafenflair.

Von Portocolom bis Santanyí 148

€€ | Cala Santanyí Näher an der wunderschönen Bucht von Santanyí kann man nicht wohnen. Das Haus mit Spa ist gepflegt und eignet sich ideal für Familien. ■ Carrer sa Costa dets Ètics s/n, Cala Santanyí, Tel. 971 16 55 05, www.hotelcalasantanyi.com

€€ | Orange Colom Ruhig gelegenes Apartmenthotel an der Südseite der Bucht von Portocolom. Bei der Buchung unbedingt Zimmer mit Pool- oder Meerblick wählen. ■ Carrer Asumpciòn 22, Portocolom, Tel. 971 82 54 44, www.orangecolom.com

€€€ | Santanyi Charmantes Hotel im Zentrum Santanyís, das Gäste mit familiärer Herzlichkeit in frisch renovierten Zimmern verwöhnt. ■ Plaça de la Constitución, Santanyí, Tel. 971 64 22 14, www.hotel-santanyi.com

Von Ses Salines bis Cala Pi 152

€ | Villa Sirena Das 2-Sterne-Hotel an der Cala Figuera ist schlicht, aber sauber – und bietet den schönsten Blick auf die kleine Hafenbucht. ■ Carrer Virgen del Carmen 37, Cala Figuera, Tel. 971 64 53 03, www.hotelvillasirena.com

€€–€€€ | El Coto Übernachtung mit Stil, top Service und exzellenter Restaurantbar im Erdgeschoss. Die attraktive Platja Estanys und auch der legendäre Strand von Es Trenc liegen quasi um die Ecke. ■ Avinguda Primavera 8, Colònia de Sant Jordi, Tel. 971 65 50 25, www.hotelcoto.es

€€€ | Ca'n Bonico Palais-Hotel in Ses Salines, das historische und moderne Elemente miteinander verbindet und einen sehr hübschen Garten mit Swimmingpool bietet. ■ Plaça Sant Bartomeu 8, Ses Salines, Tel. 971 64 90 22, www.hotelcanbonico.com

ADAC Das besondere Hotel

Fontsanta Schon die Römer schätzten das heilsame Wasser, das nordöstlich von Colònia de Sant Jordi aus der einzigen Thermalquelle Mallorcas sprudelt. 1845 baute man hier eine Badeanlage mit angeschlossenem Hotel. Es wurde modernisiert und präsentiert sich heute als Luxus-Spa mit allem Wellnesskomfort und nostalgischem Charme. Nur Erwachsene. *€€€ | Carretera Campos–Colònia de Sant Jordi, km 8,2, Tel. 971 65 50 16, www.balneariofontsanta.com*

Es Pla und das Landesinnere

In der weiten, dünn besiedelten Inselmitte existiert es tatsächlich noch – das ursprüngliche, fast unberührte Mallorca

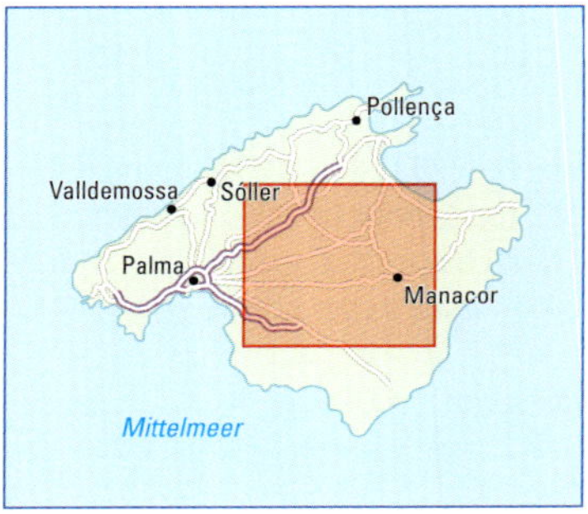

Es Pla heißt die fruchtbare Ebene, die sich wie ein riesiger Teppich von Süd nach Nord durch die Mitte Mallorcas rollt – flankiert im Westen von den kantigen Gipfeln der Serra de Tramuntana und im Osten von den sanften Bergkuppen der Serra de Llevant. Hier gedeihen Hafer, Weizen, Oliven, Mandeln, Aprikosen, Tomaten, Wein, ja sogar Reis – und einst galt die Region als Kornkammer der Insel. Heute arbeiten nur noch knapp drei Prozent der Mallorquiner als Bauern, dennoch erlebt die Landwirtschaft wieder eine kleine Renaissance. So kommt es auch, dass das dünn besiedelte Zentrum Mallorcas nicht etwa verwildert oder verwahrlost, sondern von einer wachsenden Anzahl an Kleinbauern liebevoll gehegt und gepflegt wird. Die Früchte ihrer Arbeit kann man auf den vielen Wochenmärkten erwerben oder auch nur bestaunen. Einer der bekanntesten und schönsten ist der Mittwochsmarkt in Sineu. Doch auch in Llucmajor, Felanitx oder Petra bieten Händler regelmäßig ihre Waren feil. Wer sich einen Überblick über die große Ebene Es Pla verschaffen möchte, erklimmt am besten den Klosterberg Puig de Randa (540 m) zwischen Algaida und Llucmajor. Von seinem Gipfel schweift der Blick von Palma bis hoch zur Bucht von Alcúdia. Westlich erstrecken sich zu Füßen des Tramuntana-Gebirges die Weingärten von Binissalem, wo viele Bodegas zur Verkostung einladen. Weiter nördlich erblickt man das Stadtgebiet von Inca. Doch das Schönste liegt in der Weite der Mitte: von Klatschmohn und Windmühlen gesäumte Felder und Olivenhaine sowie unzählige winzige Dörfer, in denen trotz der Landflucht immer noch Menschen leben, die ihre alten Traditionen pflegen, aber auch behutsam neue Brücken in die Zukunft bauen.

In diesem Kapitel:

ADAC Top Tipps:

10 **Puig de Randa**
| Aussichtspunkt |
Der Puig de Randa bietet Besuchern gleich drei Klöster und auf seinem Gipfel einen fantastischen Blick, der an klaren Tagen von Küste zu Küste über die gesamte Insel reicht. 161

ADAC Empfehlungen:

23 **Santuari de Sant Salvador**
| Aussichtspunkt |
Eine gigantische Christusstatue und ein göttliches Panorama warten auf diesem beliebten Klosterberg. 163

24 **Mercat de Sineu**
| Markt |
Obst, Gemüse, Blumen, Haushaltswaren: Es gibt fast nichts, was es auf dem Markt in Sineu nicht gibt. Wegen seiner besonderen Atmosphäre ist er immer noch der schönste der Insel. 166

25 **SOM España, Llucmajor**
| Hotel |
Die Zimmer des Hotels sind in einem Stadtpalais untergebracht, das mit viel Liebe restauriert und modernisiert wurde. Altes – etwa Fußböden und Türrahmen – wurde dabei bewahrt und ganz neu in Szene gesetzt. 169

Das Santuari de Cura, eines von drei Klöstern an den Hängen des Puig de Randa

44 Llucmajor

Die einstige Schuhmacherstadt ist heute Anziehungspunkt für Fahrradtouristen

Information

■ OIT, 07620 Llucmajor, Carrer de la Constitució 1, Tel. 971 66 91 62, www.visitllucmajor.com

Lebensfroh und mallorquinisch präsentiert sich die Kleinstadt Llucmajor (9900 Einw.). Sie war 1349 Schauplatz der blutigen Schlacht gegen das Königreich Aragón, bei der Jaume III ums Leben kam und Mallorca seinen Status als unabhängige Monarchie verlor. Bis zur Industrialisierung arbeiteten die Einwohner Llucmajors v. a. als Bauern, dann etablierten sich zahlreiche Schuhfabriken. Heute sorgt verstärkt der Tourismus für Arbeitsplätze.

Durch das historische Zentrum – mit seinen Bürgerhäusern, dem hübschen Rathaus und etlichen Restaurants und Cafés an der Plaça d'Espanya – schlängeln sich auch viele Rennradfahrer. Die Gegend um Llucmajor gilt als Radlerparadies und besitzt das größte ausgeschilderte Radwegenetz der Insel.

Parken

Die Lücken in den Nebenstraßen der Altstadt sind begehrt. An Markttagen daher lieber etwas außerhalb nahe der Umgehungsstraße (Ma 19a) parken.

Cafés

Colon Seit 1928 eine Institution, um bei Kaffee und feinem Gebäck das Leben auf der Plaça d'Espanya zu beobachten. ■ Plaça d'Espanya 17, www.cafecolon1928.es, Di geschl.

Restaurants

€–€€ | Contrabando Tapas – traditionell und neu interpretiert, mit bestem regionalen Wein serviert. ■ Passeig de Jaume III 2, Tel. 971101673, Di geschl.

Einkaufen

Just su Aquí Handverlesene mallorquinische Produkte. Hier gibt es auch den berühmten Kräuterlikör »Herbes« – das Original stammt nämlich von der hiesigen Brennerei Vidal. ■ Carrer del Bisbe Taixequet 81, Tel. 618526518, Mo–Sa 10–13.30 und 18–21 Uhr

Markt Llucmajors großer, quirliger Wochenmarkt findet immer freitags statt. ■ Rund um die Plaça d'Espanya

In der Umgebung

Campos

| Stadt |

Das von der Landwirtschaft geprägte Städtchen (7000 Einw.) ist von Windmühlen, Plantagen und Weingärten umgeben. Beim Bummel durch die Gassen im Zentrum lohnt sich ein Besuch der Pfarrkirche Sant Julià (1873) und der Traditionskonditorei Can Pomar (Carrer de Plaça 20, www.pastisseriespomar.es), die vorzügliche Ensaïmadas produziert. Immer donnerstags und samstags ist in Campos Markttag. ■ www.ajcampos.org

Puig de Randa

| Aussichtspunkt |

10 *Drei Klöster und ein Panoramablick zum Niederknien*

Gepflegte Natursteinhäuser und blühende Gärten machen den Charme des Bergdorfes Randa (80 Einw.) ungefähr 5 km nördlich von Llucmajor aus. Dennoch dient der Ort für viele Urlauber lediglich als Durchgangsstation auf ihrem Weg hinauf zum Gipfelplateau des 540 m hohen Puig de Randa. An seinen Hängen befinden sich mit Nostra Senyora de Gràcia, der Ermita de Sant Honorat und dem Santuari de Cura

Im Blickpunkt

Ramón Llull – vom Frauen- zum Volkshelden

Er gilt als einer der wichtigsten Gelehrten Europas seiner Zeit: Ramón Llull wurde um 1233 als Sohn katalanischer Edelleute auf Mallorca geboren. Seine jugendliche Gier nach Genuss und seine Liebesabenteuer waren berüchtigt. Doch mit Mitte 30, so die Legende, offenbarte sich ihm Gott, und er änderte sein Leben: Llull zog als Eremit auf den Klosterberg Randa (S. 161), studierte und gründete die Missionsschule Miramar (S. 101). Er verfasste rund 270 wissenschaftliche Abhandlungen, aber auch Lyrik und Prosa – v. a. in seiner Muttersprache. Auf diese Weise wurde Ramón Llull zum Begründer der katalanischen Literatursprache und zu einem Identitätsstifter der Katalanen. Doch auch im Feld der Logik leistete er Außergewöhnliches: Die von ihm entwickelte »Llullsche Maschine«, ein Gerät zur Analyse logischer Zusammenhänge, gilt als Vorläufer des Computers. 1315 kam Llull auf Reisen ums Leben. Der Leichnam des später seliggesprochenen Gelehrten wurde in Sant Francesc (S. 73) in Palma beigesetzt.

ADAC Mobil

Vorsicht auf der Serpentinenstraße am **Puig de Randa**: Die Strecke ist extrem beliebt bei Rennradfahrern, die auf der Gegenspur gerne mit Karacho zurück ins Tal fahren. Beim Überholen sieht man sie häufig nicht sofort.

gleich drei Klöster. Letzteres ist nach dem Santuari de Lluc (S. 112) der bedeutendste Pilgerort der Insel, zieht aber wegen seines fantastischen Weitblicks auch unzählige Tagestouristen an. Gegründet wurde das Kloster vom mallorquinischen Gelehrten Ramón Llull (S. 161). Er lebte zeitweise als Eremit auf dem Berg, und die Popularität seiner Lehren machte den Puig de Randa ab dem 15. Jh. zu einem Anziehungspunkt für seine Anhänger. Llull zu Ehren wurde neben der Klosterkirche ein kleines Museum eingerichtet. Wer hier oben länger bleiben möchte, kann in der Klosterherberge auch übernachten – und muss dank des angeschlossenen Restaurants auch nicht verhungern.
■ www.santuaridecura.com

ADAC Wussten Sie schon?

Windmühlen sind ein Wahrzeichen Mallorcas. Auf der Insel gab es einst Tausende davon. Vor allem rund um Campos, Felanitx und vor den Toren Palmas sieht man sie noch häufig, viele wurden und werden weiterhin liebevoll restauriert. Die meisten Mühlen dienten früher als Pumpwerke zur Be- oder Entwässerung von Ackerland, nur rund ein Viertel wurde als Getreidemühle genutzt.

45 Felanitx

Das urige Städtchen hat einiges zu bieten – doch viele fahren daran vorbei

Kommt Christoph Kolumbus nun aus Felanitx oder nicht? Diese Frage beschäftigt Historiker bereits seit Jahrzehnten, und immer neue Thesen werden lanciert. Die jüngste lautet: Der Entdecker stammt von der Nachbarinsel Ibiza. Gut so, denn jetzt kann sich das von den Ausläufern der Serra de Llevant umgebene Städtchen (9900 Einw.) endlich auf seine wahren Stärken konzentrieren. Das sind Klöster, Kirchen, prächtige Herrenhäuser sowie eine lange Tradition im Weinanbau und in der Herstellung von Keramik. Wohlhabend wurden die Bürger jedoch erst mit dem Sieg über die Piraten ab dem späten 18. Jh. Die Erträge der Landwirtschaft, insbesondere einer florierenden Weinproduktion, wurden vom Handelshafen Portocolom (S. 148) verschifft. In den 1960er-Jahren boomte dann der Fremdenverkehr, allerdings vorwiegend in den Küstenorten der Gemeinde. Die Stadt selbst gibt sich bis heute recht untouristisch. Richtiger Trubel herrscht nur sonntags, wenn die Marktleute in der Altstadt ihre Stände aufbauen.

Sehenswert

Església Sant Miquel

| Kirche |

Die Ursprünge der Pfarrkirche reichen bis ins 13. Jh. zurück. Ihre Hauptfassade erhebt sich oberhalb einer breiten Freitreppe an der Plaça de Sa Font de Santa Margalida und besticht durch ihr fein gearbeitetes Renaissanceportal aus dem 16. Jh. Im Inneren wetteifern das streng gotische Mittelschiff, verschwenderisch ausgestattete Seitenkapellen und der prunkvoll vergoldete gotische Hochaltar um Aufmerksamkeit. Gegenüber der Kirche fällt der Brunnen Font de Santa Margalida ins Auge. Die Quelle existierte wohl schon im 13. Jh. und gilt einer Legende zufolge als unversiegbar.

Verkehrsmittel

Bus Linie 425 verbindet Felanitx mit Manacor und Cala d'Or. Nach Palma fährt der Expressbus 491. ■ www.tib.org, nach Palma (491) ca. 1 Std., 5,20 €

In der Umgebung

Santuari de Sant Salvador

| Aussichtspunkt |

23 *Hier oben sind Himmel und Meer zum Greifen nah*

Zwischen Felanitx und Portocolom (Ma 4010) thront auf dem Gipfel des Sant Salvador (510 m) die gleichnamige Klosteranlage. Vor allem an Feiertagen fahren viele Einheimische hier hoch, um den grandiosen Rundumblick bei einem Picknick zu genießen. Beliebte Fotomotive sind ein 34 m hoher Turm mit Christusmonument aus dem Jahr 1934 sowie ein riesiges Steinkreuz, hinter dem sich die mallorquinische Ebene Es Pla ausbreitet. Pilger zieht es zur Marienfigur in der Klosterkirche, deren Legende ins 14. Jh. zurückreicht. Wer sich in den Ausblick vom Klosterberg verliebt hat, kann hier oben auch ganzjährig in einer privat geführten Herberge übernachten.

46 Montuïri

Rund um die kleine Stadt erfährt man viel über die Frühgeschichte der Insel

Malerisch, umgeben von Feldern und Gärten, schmiegt sich das mittelalterliche Montuïri (2300 Einw.) an einen Hügel. In arabischer Zeit war das Dorf eines der Verwaltungszentren der Insel, heute geht es in den gepflasterten Gassen und auf der zentralen Plaça

Etwas unterhalb des Santuari Sant Salvador erhebt sich ein mächtiges Steinkreuz

Prähistorische Wehranlagen der Talaiot-Kultur sind in Son Fornés zu bestaunen

Major sehr beschaulich zu. Das archäologische Museum sowie das reizvoll restaurierte Mühlenviertel entlang dem Carrer del Molinar am südlichen Ortsrand sind jedoch eine Attraktion.

Sehenswert

Museu Arqueològic de Son Fornés

| Volkskundemuseum |

Am nördlichen Ortsausgang von Montuïri präsentiert das in einer alten Kornmühle untergebrachte Museum die wichtigsten Aspekte der prähistorischen Talaiot-Kultur – und zwar so anschaulich, dass selbst Laien sie gut verstehen können. Gezeigt werden Keramik, Werkzeuge und Waffen, die in der nahen Megalithsiedlung Son Fornés (S. 164) gefunden oder rekonstruiert wurden. Hintergründe werden anhand von Schautafeln und Computeranimationen verdeutlicht.

■ Carrer d'Emili Pou (Ma 3220) s/n, www.sonfornes.mallorca.museum, Mo–Fr 9–15 Uhr, 3,50 €, Kinder unter 12 Jahre frei

In der Umgebung

Son Fornés

| Ausgrabungsstätte |

Wer dem Museum Son Fornés in Montuïri einen Besuch abgestattet hat, kann hier die Fundstätte der Exponate mit zwei besonders gut erhaltenen Talaiots besichtigen. Sie befindet sich rund 2,5 km nordwestlich des Dorfes, an der Ma 3200 Richtung Pina. Der imposantere Turm hat einen Durchmesser von 17 m und ist 3,5 m hoch, gilt als größtes Relikt seiner Art auf der Insel und wurde vermutlich als Schlachtraum genutzt. Die freigelegten Wohngebäude rund um die Türme lassen darauf schließen, dass hier einst 300 bis 400 Menschen lebten.

47 Petra

Hier wurde der Missionar Junípero Serra geboren, der Gründer von San Francisco

Was verbindet die Vereinigten Staaten mit Mallorca? Die Antwort lautet Junípero Serra und stammt aus dem beschaulichen Städtchen Petra (3000 Einw.). Hier erblickte der einstige Bauernsohn und spätere Franziskanermönch 1713 das Licht der Welt, empfing in der Pfarrkirche Sant Pere das erste Sakrament und wurde schließlich im Convent de Sant Francesc in Palma zum Priester geweiht. Noch als junger Mann zog es Serra dann in die Neue Welt: In Kalifornien wurde er zum Chefmissionar ernannt und gründete mehrere Missionsstationen – darunter San Diego und San Francisco –, die Jahrhunderte später zu blühenden Metropolen heranwuchsen. Wer Petra besucht, trifft dort überall auf Zeugnisse des berühmten Sohnes: bunte Fliesen mit Bildern seiner Missionen, sein Elternhaus, ein kleines Serra-Museum. Und bisweilen schlendern Amerikaner durch die stillen Gassen des Dorfes, auf der Suche nach den Wurzeln ihrer Heimatstädte.

■ www.visitpetramallorca.com

Verkehrsmittel

Bahn Der Tren Manacor (T3) fährt stündlich von Petra nach Manacor, Sineu, Inca und Palma. ■ Fahrzeit Palma ca. 1 Std., Hin- und Rückfahrt 8 €, www.tib.org.

In der Umgebung

Els Calderers

| Freilichtmuseum |

Neben La Granja (S. 98) ist Els Calderers am Fuße des Puig de Bonany eines der schönsten historischen Landgüter Mallorcas. Im von viel Natur eingerahmten Herrenhaus (ca. 1750) kann man Küche, Wohnzimmer, Schlafzimmer und den eindrucksvollen Weinkeller in Originalausstattung besichtigen. Im Außenbereich sind neben den Werkstätten auch das Waschhaus, die Scheune und alte Stallungen zu sehen, in denen noch heute mallorquinische Schweine gehalten werden – sehr zur Freude der Kinder.

■ Carretera Palma–Manacor, km 37, www.elscalderers.com, Okt.–März tgl. 10–17, April–Sept. 10–18 Uhr, 9 €, Kinder 4 €

48 Sineu

Das Städtchen war einst königliche Residenz, heute lockt der Mittwochsmarkt

Information

■ OIT, 07510 Sineu, Carrer de Sant Francesc 10 (im Rathaus), Tel. 971 52 00 27, www.ajsineu.net

Das auf einem Hügel thronende Sineu (3600 Einw.) markiert stolz den geografischen Mittelpunkt Mallorcas. Bereits die Mauren schätzten die zentrale Lage des Ortes und das fruchtbare Ackerland der Ebene Es Pla rundherum. So wuchs Sineu über die Jahrhunderte zu einem der wichtigsten Handelszentren der Insel heran und wurde im Jahr 1309 sogar von König Jaume II zur Residenzstadt erklärt. Heute geht es im Ort eher beschaulich zu – mit einer Ausnahme: Der inselweit äußerst beliebte Wochenmarkt verwandelt Sineu alle sieben Tage schon ab dem frühen Vormittag in einen quirligen Bienenstock (S. 166).

Sehenswert

Església de Santa Maria

| Kirche |

Die trutzige, am höchsten Punkt der Stadt errichtete Pfarrkirche ist das Wahrzeichen von Sineu und grüßt Besucher schon aus der Ferne. Sie stammt aus dem 13. Jh., wurde aber nach einem Brand Anfang des 16. Jh. neu aufgebaut. Im Jahr 1549 kam schließlich der frei stehende Glockenturm hinzu. Der Eingang am Seitenportal wird von einem geflügelten Löwen bewacht. Er ist das Symbol des Evangelisten Markus, dem stolzen

Mittwochs zieht es Scharen von Einheimischen und Touristen zum Markt nach Sineu

Schutzpatron der Stadt. Der kreuzgewölbte Innenraum des Gotteshauses wirkt seit der jüngsten Renovierung und Neuweihe einladend, hell und modern. Angeschlossen ist auch ein kleines Kirchenmuseum.

■ Tgl., 1 €, Kinder unter 14 Jahre frei

Mercat de Sineu

| Markt |

24 *Bis heute der stimmungsvollste Markt der gesamten Insel*

Nein, was man oft über den Wochenmarkt von Sineu liest, stimmt leider nicht ganz: Auch hier wird mittlerweile Ware aus China verkauft. Trotzdem ist der bunte Mittwochsmarkt, der sich am Vormittag rund um die Kirche von der Plaça des Fossar in alle Gassen der Altstadt ausbreitet, ein Höhepunkt, der auch viele Einheimische aus allen Ecken der Insel anlockt. Neben landwirtschaftlichen Produkten, Delikatessen und Haushaltswaren wechseln hier nach alter Tradition immer noch blökende Schafe und gackernde Hühner den Besitzer. Und zwischen den Marktständen tummeln sich Musiker, die für gute Stimmung sorgen.

Palau dels Reis

| Historisches Bauwerk |

Am südwestlichen Altstadtrand erhebt sich der wehrhafte, verschachtelte Palau dels Reis, den Jaume II ab 1309 hier errichten ließ. Mitte des 16. Jh. wurde der Palast in ein Kloster umgewandelt und an den Orden der Konzeptionistinnen übergeben. Die Nonnen leben bis heute hinter den hohen, schmucklosen Mauern – völlig abgeschirmt von der Öffentlichkeit.

Verkehrsmittel

Bahn Die Bahnlinie T3 verbindet Sineu stündlich mit Manacor, Petra, Inca und Palma. ■ www.tib.org, Fahrzeit Palma ca. 45 Min., Hin- und Rückfahrt 6 €

Restaurants

€€ | Santapí Entspannte Pizzeria mit aufmerksamem Service. Die Qualität stimmt, der Chef stammt aus Napoli. ■ Sa Plaça 9, Tel. 646 66 43 13, Do geschl.

49 Inca

Einkaufs- und Lederwarenparadies unweit der Serra de Tramuntana

Industrie und Handel prägen Inca (28 000 Einw.), die nach Palma und Manacor drittgrößte Stadt der Insel. Sie ist ein bedeutender Verkehrsknotenpunkt und liegt direkt an der Ma 13. Schon seit dem 13. Jh. werden hier Schuhe und Lederwaren produziert, und bis heute locken v. a. die guten Einkaufsmöglichkeiten Besucher an. Zahlreiche Schuhfabriken haben sich am Ortsrand angesiedelt und bieten in Outletstores entlang der Umgehungsstraße Ma 13a die neuesten Trends zu reduzierten Preisen. Auch die schmucke, aber untouristische Innenstadt wartet mit zahlreichen Modegeschäften auf. An der zentralen Plaça de Santa Maria Major kann man sich bei einem Kaffee vom Shoppen ausruhen oder in einem der urigen Kellerlokale mit einer deftigen mallorquinischen Mahlzeit stärken.

■ www.incaturistica.es

Einkaufen

ReCamper Outlet Outletstore des bekannten mallorquinischen Schuhherstellers Camper. ■ PG Industrial s/n (Ecke Carrer Quarter, an der Ma 13a), Tel. 971 64 21 31, www.camper.com, 10–20 Uhr, So geschl.

In der Umgebung

Caimari

| Dorf |

In dem Dörfchen, rund 15 Autominuten nördlich von Inca (Ma 2130), kann man schon die Bergluft der Serra de Tramuntana schnuppern. Im Carrer de s'Horitzó liegt Ca Na To Ne Ta (www.canatoneta.com), das es immer wieder in die Listen der Top-Restaurants Mallorcas schafft. Am Ortseingang kann man sich in der Tafona de Caimari (www.satafonadecaimari.com) mit Olivenöl aus der Region eindecken.

50 Binissalem, Santa Maria del Camí

In Mallorcas größtem Weinanbaugebiet laden Bodegas zu Kostproben ein

Mit einer Fläche von rund 1200 ha bilden die Weingärten rund um Binissalem und Santa Maria del Camí das größte Anbaugebiet Mallorcas. Wein wurde hier bereits im 14. Jh. kultiviert. Heute hat man die Tropfen aus der Region mit einer eigenen Herkunftsbezeichnung (D.O.) geadelt. Entlang der Ma 13a laden zahlreiche Bodegas zur Verkostung direkt beim Winzer ein. Sowohl Binissalem als auch Santa Maria del Camí – früher eine wichtige Station auf dem Weg von Palma nach Inca – haben kleine, reizvolle historische Zentren, die man bei einem Bummel erkunden kann. ■ www.ajbinissalem.net

Restaurants

€€€ | **Moli des Torrent** Romantischer Landgasthof, untergebracht in einer alten renovierten Mühle, in dem neben Fisch und Fleisch auch vegetarische Menüs auf den Tisch kommen. Die exquisite Küche und das Ambiente rechtfertigen die stolzen Preise. ■ Carretera de Bunyola 75 (Ma 2020), Santa María del Cami, Fr–Di ab 19 Uhr

Events

Festa des Vermar Das Weinfest in Binissalem ist Höhepunkt im Jahreskalender des Ortes. Zwei Wochen lang wird in den Gassen ausgelassen gefeiert, gegessen, getanzt, gesungen – und natürlich verkostet und getrunken. ■ Mitte–Ende Sept., www.ajbinissalem.net

Einkaufen

Albaflor – Vins Nadal Im Angebot sind Weine aus der Region mit D.O.-Gütesiegel. Auch der urige Weinkeller kann besichtigt werden. ■ Carrer d'en Ramon Llull 2, Binissalem, www.vinsnadal.es, April–Okt. Mo–Fr 9–18, Sa 10–14 Uhr, Führung mit Verkostung ab 20 €

Rund um Binissalem gedeihen die Trauben für die besten Rotweine der Insel

Übernachten

Wer im Landesinneren Quartier bezieht, hat einen riesigen Vorteil: Hier hat man selbst während der turbulenten Hauptsaison seine Ruhe. Und das Meer ist in fast allen Himmelsrichtungen nie weiter als 45 Autominuten entfernt. Zudem bieten die meisten Finca-Hotels herrliche Pools, familiäre Gastlichkeit und fantastische mallorquinische Küche. Etwas Besonderes ist eine Übernachtung in den verträumten Boutique-Hotels, die es in Petra, Sineu oder Llucmajor gibt.

Zwischen Llucmajor und Felanitx 160

€ | Segles Verwunschenes Stadthotel in Campos. Die Inhaberin und ihre Katzen-Großfamilie empfangen alle Gäste mit viel Herzlichkeit. Frühstück und Grillabende im Innenhof. ■ Carrer de Santanyí 4, Campos, Tel. 971 65 00 97, www.hotelsegles.com

25 **€€ | SOM España** Mit viel Feingefühl restauriertes Stadtpalais in Llucmajor. Am schönsten sind die Balkonzimmer über der Placeta des Sabater. Das Haus ist auch auf Radfahrer eingestellt. ■ Carrer d'en Melià 1, Llucmajor, Tel. 971 12 04 24, www.somespanya.com

Zwischen Montuïri, Sineu und Petra 163

€ | Casal de Petra Klein, aber fein. Auf Sonnenterrasse, Swimmingpool und Garten muss niemand im pittoresken Fünf-Zimmer-Stadtpalais im Herzen von Petra verzichten. ■ Carrer de Manacor 63, Petra, Tel. 660 78 04 72, www.myroomshotels.es/cpm

€ | Son Cleda Gemütliches, zentrales Hotel in Sineu mit acht Zimmern auf zwei Etagen. Am Markttag kann man quasi vom Frühstückstisch aus einkaufen. ■ Plaça es Fossar, Sineu, Tel. 971 52 10 27, www.hotelsoncleda.com

€€ | Ses Illes Hier schlägt das Herz aller Finca-Freunde höher – vorausgesetzt man findet dieses malerische, aber versteckte Agroturismo. ■ Diseminados Polígono 3, zwischen Inca und Costix, nahe Ma 3240, Tel. 971 18 20 13, www.sesilles.com

€€–€€€ | Can Joan Capó Schmuckes Stadthotel und gleichzeitig verstecktes Kleinod mit tollem Pool und Garten im Zentrum von Sineu. ■ Carrer Degà Joan Rotger 4, Tel. 971 85 50 75, www.canjoancapo.com, nur Erwachsene

Von Inca bis Santa Maria del Camí 167

€€ | Torrent Fals Grüne Ruheoase unweit der Bodegas von Binissalem und Santa Maria del Camí. Nach Palma sind es nur 20 Min. ■ Carretera Santa María–Sencelles, km 4,5, Tel. 971 14 41 91, www.torrentfals.com

€€–€€€ | Binibona Parc Natural Dieses Naturstein-Luxus-Landhotel nördlich von Inca bietet Stille, einen traumhaften Pool und eine grandiose Aussicht auf die umliegenden Berge. ■ Carretera de Binibona s/n, Binibona-Caimari, Tel. 971 87 35 65, www.binibona.com

ADAC Service Mallorca

Beim **ADAC Info-Service**, in den **ADAC Geschäftsstellen** sowie auf dem **Internetportal des ADAC** (adac.de) erhalten Sie Informationen zu den Dienstleistungen des Automobilclubs und zu Ihrem Reiseziel. So können Sie sich von der **ADAC Trips App** (adac.de/services/apps/trips) via Smartphone oder Tablet-PC inspirieren lassen oder als **ADAC Mitglied** das kostenlose **ADAC Tourset® Mallorca, Menorca, Ibiza, Formentera** (adac.de/reise-freizeit/reiseplanung/tourset) mit vielen Reiseinfos und Karten anfordern. Bei Pannen und Notfällen steht Ihnen unser Team rund um die Uhr telefonisch und digital (adac.de/hilfe und ADAC Pannenhilfe App) zur Verfügung.

ADAC Info-Service

T 089 558 95 96 97
Infos zu allen ADAC Leistungen
(Mo–Sa 8–20 Uhr gebührenfrei)

ADAC Ambulanzdienst

T 089 76 76 76
(Erkrankung, Unfall, Verletzung, Transportfragen, Todesfall)

ADAC Pannenhilfe Deutschland

T 089 20 20 40 00, Mobil 22 22 22
(Verbindungskosten je nach Netzbetreiber/Provider)

ADAC Pannenhilfe Ausland

T +49 89 22 22 22
(Verbindungskosten je nach Netzbetreiber/Provider)

Online-Angebote des ADAC für Ihre Reiseplanung

Service	**Webadresse**
Reiseinspirationen, -planung und -hinweise	adac.de/reise-freizeit/reiseplanung
Aktuelle Verkehrslage	adac.de/verkehr
Individuelle Routenplanung	adac.de/maps
Infos zu Tankstellen und Spritpreisen	adac.de/tanken
Infos zu mautpflichtigen Strecken	adac.de/mautportal
Infos zu Fährverbindungen	adac.de/faehren
Aktuelle Infos vor Reiseantritt	adac.de/tourmail
Informationen für Camper	adac.de/camping
Informationen für Motorrad- und Oldtimerfahrer	adac.de/reise-freizeit/reisen-motorrad-oldtimer
Informationen für Segler und Skipper	skipper.adac.de
ADAC Reiseangebote	adacreisen.de
ADAC Autovermietung	adac.de/autovermietung
ADAC Versicherungen für den Urlaub	adac.de/versicherungen
Weltweite Preisvorteile für ADAC Mitglieder	adac.de/vorteile-international
Telemedizinische Beratung	adac.de/meinmedical

Anreise und Einreise

Auto und Autofähre

Die Anreise mit dem Auto ist strapaziös und teuer, aber machbar. Von den Häfen in Barcelona, València und Dénia (Costa Blanca) sowie Toulon (Frankreich) verkehren täglich **Autofähren** nach Mallorca (Palma/Port d'Alcúdia). Die Überfahrt nach Palma dauert ca. 7–8 Stunden und kostet 550–700 € (Hin- und Rückfahrt, 2 Erw. mit Pkw, Kabine). Hinzu kommen **Mautgebühren**. Wir empfehlen, Fährtickets im Voraus online zu buchen (www.baleaparia.com, www.trasmediterranea.es).

Flugzeug

Der Flughafen **Palma–Sant Joan** (PMI, www.aena.es) wird von allen großen Flughäfen Deutschlands, Österreichs und der Schweiz aus angeflogen – während der Saison gibt es auch Verbindungen von Regionalairports (z. B. Frankfurt-Hahn, Weeze, Rostock oder Memmingen), die oft von Billigfliegern bedient werden. Non-Stop-Flüge ab Deutschland bieten u. a. Condor, EasyJet, Eurowings, Iberia, Lufthansa, Norwegian, Ryanair, SunExpress, Transavia, TUIfly und Vueling.

Die Flugdauer nach Palma beträgt ca. 2,5 Std., Tickets sind im Reisebüro oder online ab ca. 130 € pro Person (inkl. Gebühren) erhältlich, aber die Preise schwanken. Je früher man bucht und je flexibler man zeitlich ist, desto günstiger der Flugpreis. Oft sind auch Pauschalreisen (Charterflug inkl. Hotel und Mietwagen) billiger als die separate Buchung von Flug und Unterkunft.

Der Flughafen Sant Joan liegt ca. 8 km nordöstlich von Palma und wird vom Stadtzentrum aus im 15-Minuten-Takt von der **EMT-Buslinie 1** angesteuert (Fahrt ca. 30 Min., 5 €, www.emtpalma.es). Leihwagen vieler nationaler und internationaler Firmen stehen am und rund um den Airport (Transfer mit Shuttlebussen) zur Verfügung.

Einreise und Dokumente

Für Urlaubstrips, die nicht länger als drei Monate dauern, ist die Einreise problemlos mit **Personalausweis** bzw. **Reisepass**, vorläufigem Reisepass und **Kinderreisepass** möglich. Kindereinträge im Pass eines Elternteils sind nicht mehr gültig – jedes Kind benötigt ein eigenes Ausweisdokument. Achtung: Jugendlichen unter 18 Jahren, die alleine nach Mallorca reisen, wird dringend empfohlen, eine unterzeichnete Einverständniserklärung ihrer Eltern mitzubringen. Die Erklärung beinhaltet neben dem allgemeinen Einverständnis zur Reise auch die Orte, an denen sich der Minderjährige aufhalten wird, sowie die Namen der Personen, die vor Ort verantwortlich sind. Einen mehrsprachigen Vordruck gibt es beim ADAC, weitere Informationen zum Thema bei den deutschen Vertretungen in Spanien (www.spanien.diplo.de, Suchbegriff: »Minderjährige«).

Auto und Straßenverkehr

Führerschein und Papiere

Autofahrer benötigen einen **nationalen Führerschein**, wer mit dem eigenen Pkw anreist zusätzlich den Fahrzeugschein. Zudem muss am Fahrzeug ein Nationalitätskennzeichen angebracht sein, sofern das Auto kein Euro-Nummernschild hat. Die Mitnahme der grünen **Internationalen Versicherungskarte** wird empfohlen, da sie als Versicherungsnachweis dient und bei Unfällen die Abwicklung erleichtert.

Straßennetz und Sicherheit

Mallorca verfügt über ein dichtes Netz aus Autobahnen, Bundes- und Schnellstraßen sowie Nebenstrecken. Die wichtigsten Straßen sind nummeriert, wobei schnelle Verbindungen meist zweistellige (z. B. Ma 11), kleine und weniger bedeutende Strecken vierstellige Ziffern (z. B. Ma 5010) tragen.

Tempolimits in Mallorca

(Ausnahmen siehe Verkehrsvorschriften)

Straße	Tempolimit
Autobahn	max. 120 km/h
Schnellstraße	max. 100 km/h
Landstraße	max. 90 km/h
Ortschaft	max. 50 km/h

Vor allem während der Hauptsaison empfiehlt sich wegen des hohen Verkehrsaufkommens auf allen Straßen eine umsichtige, defensive Fahrweise. Insbesondere auf kleinen und kurvigen Nebenstrecken, die durch das Gebirge oder zu abgelegenen Buchten und Aussichtspunkten führen, kann es eng werden. Entlang einspuriger Straßen befinden sich in regelmäßigen Abständen **Ausweichbuchten**. In der Regel weicht dasjenige Fahrzeug aus, dem es am einfachsten möglich ist, die nächste Verbreiterung oder Bucht zu erreichen. Lassen Sie sich an kniffligen Engstellen nicht aus der Ruhe bringen. Manchmal dauert es einfach, bis man gemeinsam mit anderen Verkehrsteilnehmern ein passendes Ausweichmanöver gefunden hat.

Viele der sehr **kleinen Straßen** auf der Insel, die häufig dennoch zu attraktiven Zielen führen, sind nicht asphaltiert. Das gilt auch für etliche Parkplätze an Badebuchten. Hier muss man mit holprigem Naturbelag sowie teilweise mit tiefen Schlaglöchern rechnen. Um- oder durchfahren Sie diese in Schrittgeschwindigkeit und achten Sie dabei auf Ihren Unterboden. Wer plant, die Insel intensiv abseits asphaltierter Routen zu erkunden, sollte ein Auto mit viel Bodenfreiheit mieten.

Verkehrsvorschriften

Höchstgeschwindigkeiten für Pkw und Motorräder (in km/h): auf Autobahnen 120, auf Landstraßen 90 und in Ortschaften 50. An gefährlichen Stellen ist das Tempo außerorts oft auf 70 oder 50 km/h beschränkt, teilweise werden auch **Richtgeschwindigkeiten** vorgegeben. Innerorts gibt es verkehrsberuhigte Zonen mit Tempolimit 30 oder 20. In den Städten wird die **Vorfahrt** an Kreuzungen meistens durch Stoppschilder geregelt; wer unsicher ist, kann einen Blick auf die Beschilderung der einmündenden Straßen werfen. Hängt auch hier kein Stopp- oder Vorfahrtgewähren-Schild, gilt rechts vor links. Auf den Landstraßen überwiegen **Verkehrskreisel**, die meist zweispurig sind. Vorfahrt hat immer das Fahrzeug, das sich bereits im Kreisverkehr befindet. Als Tourist bleibt man am besten auf der rechten Spur. Das diagonale Abfahren von der Innenspur des Kreisels ist offiziell verboten, wird aber von Einheimischen dennoch gerne praktiziert.

Während der Fahrt ist die Bedienung von Navigationsgeräten untersagt, Telefonieren ist nur mit einer Freisprecheinrichtung erlaubt. Die Promillegrenze liegt bei 0,5, für Fahranfänger mit bis zu 2 Jahren Fahrpraxis bei 0,3. Für Motorradfahrer gilt Helmpflicht. Verkehrsverstöße, insbesondere zu schnelles Fahren und Alkoholdelikte, werden streng geahndet, und Betroffene müssen mit hohen Geldbußen rechnen.

Tanken

Im Vergleich zum spanischen Festland ist **Benzin** auf den Balearen spürbar teurer. Grundsätzlich gilt: In der Inselmitte ist die Tankfüllung etwas günstiger als in den Ferienzentren an der Küste. Ein Liter Super (»gasolina sin plomo«, 95 Oktan) kostet durchschnittlich 1,76 €, für einen Liter Diesel (»gasóleo/Diesel«) muss man mit rund 1,97 € rechnen (Stand: Nov. 2022). Der Großteil der **Tankstellen** hat tgl. von 7–21 oder 22 Uhr geöffnet, an Autobahnen und in Flughafennähe in der Regel auch rund um die Uhr. Kleinere Filialen haben sonntags geschlossen und arbeiten häufig noch mit Servicepersonal, das beim Zapfen assistiert. Fast alle Tankstellen akzeptieren die gängigen internationalen Kreditkarten. Wer Preise vergleichen möchte, kann dies mithilfe der spanischen Webseite www.geoportalgasolineras.es tun.

Parken

In fast allen Städten und Dörfern Mallorcas gibt es (meist rund um die Altstädte) größere **Parkplätze** und in Palma auch zahlreiche **Parkhäuser**. Ob und unter welchen Umständen man sein Auto einfach am Straßenrand abstellen kann, zeigen farbige Markierungen an. Ein **gelber Streifen** bedeutet: Parken verboten! **Blaue Streifen** markieren kostenpflichtige Parkzonen, ein Parkautomat, an dem man sein Ticket löst, befindet sich in der Nähe. Mit einer **weißen Linie** sind Flächen gekennzeichnet, auf denen man kostenlos parken darf. Gerade in kleineren Orten findet man oft Straßen ganz ohne Markierung. Hier gilt: Parken ist erlaubt, sofern keine Schilder (etwa an Garagentoren oder Lieferzufahrten) ein Verbot signalisieren. Wichtig: Innerorts werden an den **Markttagen** manche Straßen gesperrt, und man darf dort nur dann nicht parken. In diesen Fällen befinden sich keine gelben Verbotsmarkierungen am Fahrbahnrand. Falls Sie Ihr Auto über Nacht in einer Altstadt abstellen wollen, sollten Sie also schon am Vortag entsprechende Hinweise beachten. Parksünden werden auf Mallorca mit hohen Strafen geahndet. Zahlreiche **Tipps** rund ums Thema Parken finden Sie auch im Innenteil des Reiseführers bei den jeweiligen Orten oder Sehenswürdigkeiten.

Unfall und Panne

Bewahren Sie bei Unfällen und Pannen auf offener Straße einen kühlen Kopf und sichern Sie zunächst die Unfallstelle mit einem **Warndreieck** ab. Beim Verlassen des Fahrzeugs muss außerhalb geschlossener Ortschaften eine **reflektierende Warnweste** getragen werden. Stellen Sie daher bei Abholung Ihres Mietwagens sicher, dass diese auch gut erreichbar im Auto liegt.

Bei einem Unfall mit Verletzten müssen in jedem Fall Polizei und Rettungskräfte über die Notrufnummer 112 oder 062 (Guardia Civil) kontaktiert werden. Leisten Sie nach Möglichkeit Erste Hilfe. Bei Blechschäden muss nicht zwingend die Polizei verständigt werden, wenn sich beide Unfallparteien einig sind. Halten Sie jedoch mithilfe eines **EU-Unfallberichts** (»Part d'accident«) den genauen Unfallhergang fest. Das Formular muss von beiden Parteien unterzeichnet werden. Geben Sie im Unfallbericht keinesfalls ein Schuldeingeständnis ab. Er dient lediglich der sachlichen Dokumentation. Vordrucke sind in mehreren Sprachen in den ADAC Geschäftsstellen erhältlich. Vergessen Sie außerdem nicht, auch Ihren

Autovermieter rasch über den Unfall zu informieren. Bei Problemen berät Sie gerne der **ADAC** (Tel. 0800/510 1112), fallabhängig können Plus-Mitglieder bei Verständigungsproblemen auch den ADAC Dolmetscher-Service in Anspruch nehmen.

Kinder im Auto

Kinder unter zwölf Jahren oder mit einer Größe unter 135 cm dürfen nur mit Rückhalteeinrichtung befördert werden. Babyschalen bzw. Kindersitze und Sitzerhöhungen bietet fast jeder Autovermieter gegen Aufpreis an – reservieren Sie diese schon bei der Buchung!

Diplomatische Vertretungen

Die Auslandsvertretungen Ihres Heimatlandes helfen Ihnen, wenn Sie Dokumente verloren haben, oder vermitteln, falls es auf der Insel zu Problemen mit Polizei und Behörden kommt.

Deutsche Botschaft Madrid

■ Calle de Fortuny 8, 28010 Madrid, Spanien, Tel. +34 915 57 90 00, www.spanien.diplo.de, Termin nur nach Vereinbarung

Konsulat der Bundesrepublik Deutschland

■ Carrer Porto Pí 8, 07015 Palma, Tel. 971 70 77 37, Notfall-Tel. 659 01 10 17, www.palma.diplo.de, Termin nur nach Vereinbarung

Honorarkonsulat Österreich

■ Avinguda de Jaume III 29, 07012 Palma, Tel. 971 42 51 46, consuladoaustriapalma@mmmm.es, Termin nur nach Vereinbarung

Schweizerisches Konsulat

■ Carrer Antonia Martinez Fiol 6, 07010 Palma, Tel. 971 76 88 36, palmamallorca@honrep.ch, Mo–Fr 9–12 Uhr

Einkaufen und Märkte

Im Innenteil des Reiseführers finden sich viele **Einkaufstipps**. Ein Erlebnis ist der Besuch von **Wochenmärkten**, die in jedem Ort ihren eigenen Charme und Charakter haben. Neben Lebensmitteln und Haushaltswaren werden oft auch Kunsthandwerk, Ledererzeugnisse und Souvenirs angeboten.

Wochenmärkte auf einen Blick:

Montag	Caimari, Cala Millor, Manacor, Montuïri
Dienstag	Alcúdia, Artà, Campanet, Pina, Porreres, Portocolom
Mittwoch	Andratx, Bunyola, Capdepera, Llucmajor, Petra, Port de Pollença, Santanyí, Sineu
Donnerstag	Campos, Consell, Inca, Port de Sóller, Ses Salines
Freitag	Algaida, Binissalem, Can Picafort, Llucmajor, Port d'Alcudia, Son Servera
Samstag	Alaró, Bunyola, Cala Ratjada, Campos, Costitx, Moscari, Portocolom, Santanyí, Sóller
Sonntag	Alcúdia, Felanitx, Muro, Pollença, Porto Cristo, Sa Pobla, Santa Maria del Camí, Valldemossa

Feiertage

1. Januar (Neujahr), 6. Januar (Dreikönigsfest), 1. März (Tag der Balearen), März/April (Gründonnerstag, Karfreitag), 1. Mai (Tag der Arbeit), 15. August (Mariä Himmelfahrt), 12. Oktober (Nationalfeiertag), 1. November (Allerheiligen), 6. Dezember (Tag der Verfassung),

8. Dezember (Mariä Empfängnis), 25. Dezember (Weihnachten). In einigen Gemeinden sind der zweite Weihnachtsfeiertag, der Oster- sowie der Pfingstmontag ebenfalls arbeitsfrei. Zudem werden die Namenstage der Ortsheiligen oft wie Feiertage zelebriert.

Geld und Währung

Banken haben in der Regel Mo–Fr von 9–14 Uhr geöffnet, einige Filialen auch samstagvormittags. In Städten und Ferienzentren gibt es **Wechselstuben**, die auch nachmittags und abends (Flughafen 8–24 Uhr) geöffnet sind. Wer größere Transaktionen plant, sollte einen Ausweis mitführen. Fast alle Banken haben **Geldautomaten** mit deutschem Menü. Hier kann man mit EC-Karte (Maestro/VPay) und Geheimnummer (PIN) Bargeld abheben (ca. 3–5 € Gebühr pro Auszahlung). Gängige **Kreditkarten** (Visa, Master, selten Amex) werden von allen größeren Geschäften, Hotels und Lokalen sowie Tankstellen und Autovermietern akzeptiert. Wer einen Leihwagen buchen möchte, benötigt zwingend eine Kreditkarte.

Kosten im Urlaub

(durchschnittliches Preisniveau)

Café con leche	1,80–2,30 €
Kaffee mit Kuchen	4–5 €
Softdrink	1,90–3 €
Glas Wein (0,2 l)	3,50–6 €
Bier (0,3 l)	1,80–3,30 €
Tapas	4,50–9 €
Hauptgericht abends	14–22 €
2 x Liege & Schirm (Tag)	16–22 €
Eintritt Museum	3 €/10 € (staatlich/privat)

Gesundheit

Ärzte und Krankenhäuser

In den meisten Städten und Urlaubsorten gibt es niedergelassene **deutschsprachige Ärzte** sowie Ärztehäuser, in denen verschiedene Fachärzte praktizieren. Adressen und Broschüren erhält man in allen Hotels sowie in den Tourist-Informationen. Die Behandlung erfolgt gegen Barzahlung, die Rechnung kann zu Hause bei der gesetzlichen oder privaten Krankenversicherung eingereicht werden. In allen öffentlichen bzw. staatlichen Krankenhäusern und Notfallzentren (PAC – »Punto de Atención Continuada«) wird problemlos die **Europäische Krankenversicherungskarte (EHIC)** akzeptiert. Zur Sicherheit empfehlen wir den Abschluss einer privaten **Auslandskrankenversicherung** inklusive Rücktransport. Sie kann die Kostenerstattung in privaten Kliniken erleichtern und eine Behandlung in einem Heimatkrankenhaus ermöglichen. Wählen Sie in medizinischen Notfällen die **Notrufnummer 112.**

Apotheken

Apotheken (»farmàcia«) tragen ein grünes Kreuz. Sie sind in der Regel werktags von 9–13 und 17–19 Uhr geöffnet. Meist spricht das Personal zumindest Englisch. Viele in Deutschland, Österreich und der Schweiz erhältliche Präparate sind unter einem ähnlichen Namen auch in Spanien verbreitet. Welche Apotheke **Notdienst** hat, wird auf Schildern an der Tür oder im Schaufenster angezeigt.

Haustiere

Wer mit Haustieren einreisen möchte, muss einen gültigen **EU-Heimtieraus-**

Festivals und Events

Januar

Dreikönigsfest (5. Januar, Palma, Santa Ponça, Capdepera u. v. m.) – Am Vorabend des 6. Januar wird inselweit die Ankunft der Heiligen Drei Könige mit Umzügen gefeiert.

Revetla de Sant Antoni (16./17. Januar, Artà, Sa Pobla und andere Orte) – Spektakel mit Feuer und tanzenden Teufeln zu Ehren des hl. Antonius, Schutzpatron der Tiere. Am nächsten Tag werden Esel, Schafe und Federvieh in den Kirchen gesegnet.

Sa Ràpita feiert die Nit de Sant Joan

Februar

Firó de la Flor d'Amtler (Anfang Februar, Son Servera) – Mallorca begeht den Beginn der Mandelblüte mit Folklore und Mandelspezialitäten.

März

Oris Rally Clásico (Anfang März, Portals Nous, Andratx, Sóller u. v. m.) – Rallye durchs Tramuntana-Gebirge, das Oldtimerfans aus aller Welt anlockt (www.orisrallyclasico.com).

Mai

Fira de la Taronja (Ende Mai, Sóller, Port de Sóller und Fornalutx) – Orangenfest mit Aktivitäten. Viele Lokale bieten spezielle Menüs an.

Juli

Festa de Sant Joan (23./24. Juni, inselweit) – In der Johannisnacht feiert, grillt und tanzt ganz Mallorca an den Stränden, die mit Feuern, Fackeln und Kerzen beleuchtet sind.

Juli

Festes del Carme (16./17. Juli, Cala Figuera, Cala d'Or, Cala Ratjada, Porto Cristo) – Livemusik, Tanz und Schiffsprozessionen zu Ehren der Schutzheiligen der Fischer.

August

Marxa Lluc a Peu (Erster Samstag, Palma/Lluc) – Nächtliche Wallfahrt von Palma zum Santuari de Lluc (42 km) in der Serra de Tramuntana mit mehreren Tausend Teilnehmern (www.desguellallucapeu.es).

Festival Chopin (Sonntags, Valldemossa) – Klassikkonzerte in der Kartause (www.festivalchopin.com).

September

Nit de L'Art (Ende September, Palma) – Palma huldigt der modernen Kunst. Ab 19 Uhr öffnen viele Museen und Galerien gratis ihre Pforten (www.artpalmacontemporani.com).

Oktober

Historische Orgelwoche (Erste Oktoberwoche, inselweit) – Gratiskonzerte in vielen Orten, gespielt auf historischen Schmuckstücken. Termine bei den Tourist-Infos.

weis mitbringen. Das Dokument kann jeder Tierarzt ausstellen. Darin wird bestätigt, dass das Tier durch einen Mikrochip identifizierbar und zudem gegen **Tollwut** geimpft ist (Erstimpfung mind. 21 Tage vor Grenzübertritt, aber nicht älter als zwölf Monate). Für in Spanien als potenziell gefährlich geltende Hunde (z. B. Pit Bull, Rottweiler) besteht Maulkorbpflicht und Leinenzwang. Zudem müssen diese Hunde bei der Einreise bei der zuständigen Ortsverwaltung (»ajuntament«) des Urlaubsortes registriert werden.

Information

Die wichtigsten Infobüros **OIT** (Oficines d'Informació Turística) vor Ort sind im Haupttext jeweils zu Beginn der Orte aufgeführt. Allgemeine Informationen erhält man im zentralen Büro in Palma an der Plaça d'Espanya (Tel. 971 76 01 57, www.infomallorca.net, www.illesbalears.travel) oder beim spanischen Fremdenverkehrsamt in Berlin.

Spanisches Fremdenverkehrsamt

■ Lichtensteinallee 1 (Spanische Botschaft), 10787 Berlin, Tel. 030/882 65 43, www.spain.info, für Besucher Mo–Fr 10–14 Uhr

Klima und beste Reisezeit

Mallorca ist ein Reiseziel für jede Jahreszeit: Von Januar bis März hüllt sich die Insel in ein weiß-rosarotes **Mandelblütengewand**, in den Gärten und auf den Wiesen blüht es bis in den Mai hinein. Landpartien, Wanderungen und Radtouren sind jetzt besonders reizvoll – oder ein Städtetrip nach Palma. Die Sonne prickelt schon auf der Haut, nachts ist es aber noch kühl, und man muss immer mit Regen rechnen. Ein Hotelzimmer mit Heizung ist ratsam.

Ab Juni läuten hochsommerliche Temperaturen und Trockenheit die **Haupt-** und **Badesaison** ein. Während der Ferien kann es auf der Insel aber extrem voll werden. Baden kann man meist noch bis in den Oktober hinein. Ab Ende September verflüchtigt sich die große Hitze – die Bedingungen für Wander- und Naturfreunde sind wieder ideal. Spätestens ab November wird es dann spürbar kühler und feuchter, und es kommt häufig zu Unwettern.

Nachtleben

Besonders pulsierend ist das Nachtleben in **Palma**, **S'Arenal** und **Magaluf** sowie in **Cala Ratjada**. Die Bars füllen sich jedoch meist erst ab 22 Uhr, die Diskotheken erreichen sogar erst nach Mitternacht ihre volle Betriebstemperatur. In den kleineren Urlaubsorten spielt sich das Nachtleben meist an den

Klimatabelle Mallorca

Monat	Luft (°C) min/max	Wasser °C	Sonne (h/Tag)	Regentage
Jan.	8/15	14	5	6
Feb.	8/16	13	6	6
März	10/17	14	7	5
April	12/19	15	8	6
Mai	15/23	17	9	5
Juni	19/27	21	11	4
Juli	22/29	24	11	1
Aug.	23/30	25	10	2
Sept.	20/27	24	8	5
Okt.	17/24	21	7	7
Nov.	12/19	18	5	6
Dez.	10/17	15	5	7

Küstenboulevards und rund um die Häfen ab. Hier stehen insbesondere Cocktailbars, Musikkneipen und neuerdings die Beachclubs hoch im Kurs.

Notfall

Wählen Sie in Notfällen die gebührenfreie **europäische Notrufnummer 112**. Unter dieser Nummer erhalten Sie Hilfe von der Polizei, Feuerwehr, einem Rettungswagen oder Notarzt. Häufig wird in der Rettungsleitstelle auch Deutsch gesprochen. Bei Verkehrsunfällen oder Überfällen kann auch die örtliche Polizei unter der **Notrufnummer 062** verständigt werden.
ADAC Mitglieder können sich in Notfällen rund um die Uhr an die **ADAC Pannenhilfe** (Tel. +49/89/22 22 22) oder den **Ambulanzdienst** (Tel. +49/89/ 76 76 76) wenden.

Öffnungszeiten

Kleinere Geschäfte sind in der Regel Mo–Fr 9–13.30/14 und 16.30/17–20 Uhr sowie am Samstagvormittag geöffnet. In Kaufhäusern sowie in den Läden der Urlaubszentren kann man auch mittags, in den Filialen der großen Supermarktketten (Eroski, Lidl) auch am Sonntag einkaufen.
Viele Kirchen, v. a. auf dem Land, können nur kurz vor oder nach der Messe besichtigt werden. Aushänge informieren über die Gottesdienstzeiten. Öffnungszeiten Bank, Post und Apotheken: siehe entsprechende Rubrik.

Post

Abgesehen vom **Hauptpostamt** (»correu«) in Palma (Carrer de la Constitució) sind Postämter meist von Mo–Sa zwischen 9–13 Uhr geöffnet. Briefmarken (»segells«) erhält man aber auch am Kiosk und in den Tabakläden. **Briefkästen** sind gelb und tragen die Aufschrift »correos«.

Rauchen und Alkohol

In öffentlichen Gebäuden (Flughafen, Bahnhöfe) sowie in Restaurants, Bars und Diskotheken ist das Rauchen verboten. Zudem herrscht an vielen öffentlichen Orten im Freien Rauchverbot – etwa vor Krankenhäusern sowie auf Spielplätzen. Alkohol darf auf der ganzen Insel nicht an Minderjährige unter 18 Jahre ausgeschenkt werden. Ferner hat die Stadtverwaltung von Palma seit einigen Jahren Alkoholexzessen am Strand und auf öffentlichen Plätzen rund um die Platja de Palma den Kampf angesagt. Verstöße können von der Polizei mit **Bußgeldern** von bis zu 3000 € geahndet werden. Supermärkte und fliegende Händler dürfen zudem ab Mitternacht keinen Alkohol mehr verkaufen. Auch in den Gemeinden Llucmajor (S'Arenal), Calvià (Magaluf) und Capdepera (Cala Ratjada) gelten neuerdings strengere Vorschriften für Partyurlauber.

Sicherheit

Mallorca ist ein sehr sicheres Reiseziel. Gewaltdelikte, etwa Raubüberfälle auf Urlauber, sind sehr selten. Dennoch sollte man Wertgegenstände im **Hotelsafe** verstauen und auch nicht sichtbar im Auto liegen lassen. In Palma und den belebten Urlaubszentren haben es während der Hauptsaison **Trickbetrüger** auf Touristen abgesehen. Vor allem an der Platja de Palma treiben Hütchenspieler und manch andere Scharlatane ihr Unwesen. Mit **Taschendieben** muss man auch in Markthallen, auf Wochenmärkten sowie auf allen gut besuchten Plätzen und Boulevards rechnen. Wählen Sie im Ernstfall den **Polizeinotruf 069**. In vielen Ferienorten patrouilliert im Sommer auch eine **Touristenpolizei** mit deutsch- und englischsprachigen Beamten. Der Diebstahl von Pass oder Ausweis muss immer angezeigt werden. Nur mit Polizeiprotokoll kann man Ersatzdokumente beantragen. Bei Verlust Ihrer Scheck- oder Kreditkarte sollten Sie diese umgehend sperren.

Sperrnotruf für EC- und Kreditkarten:
Tel. 0049/11 61 16
Mobil-Kurzwahl: 11 61 16
www.sperrnotruf.de
Für die Sperre benötigen Sie Ihre Kontonummer und Bankleitzahl bzw. IBAN.

Souvenirs

Beliebte Mitbringsel sind bunte Zungenstoffe (»telas de llengües«), die tönernen **Pfeifenfiguren** (»siurells«), Keramik und mundgeblasenes **Glas**, **Kunstperlen** sowie **Korb**- und **Lederwaren**. Wer »made in Mallorca« kaufen möchte, muss jedoch genau hinsehen. Auf zahlreichen Märkten gibt es mittlerweile auch billige Importware.
Interessante kulinarische Souvenirs sind u. a. **D.O.-Weine** aus Binissalem und Felanitx, die traditionellen **Kräuterliköre** »Herbes«, »Palo de Mallorca« sowie der berühmte Randa-Likör aus dem Cura-Kloster. Gerne gekauft werden **Olivenöle** und **Salze** aus den Salinen von Es Trenc sowie Mallorcas berühmte **Hefeteigschnecken**, die »einsaïmadas«, die man sogar noch am Flughafen bekommt.

Sport

Golf

Auf der Insel befinden sich insgesamt 24 Golfplätze inmitten herrlicher Landschaft – viele von ihnen bieten auf ihren Fairways und Abschlägen sogar fantastische Blicke aufs Meer. In den meisten Clubs sind Gäste willkommen. Zu den reizvollsten Anlagen gehören der **Golfclub Alcanada** auf der Halbinsel Victòria (www.golf-alcanada.com, Greenfee ab 135 €) im Norden, **Canyamel Golf** im Nordosten der Insel (www.canyamelgolf.com, Greenfee ca. 100 €), **Vall d'Or** im Osten (www.valldorgolf.com, Greenfee ca. 110 €), der Traditionsplatz **Arabella Son Vida** bei Palma (www.arabellagolfmallorca.com, Greenfee ca. 110 €), der **T Golf & Country Club** bei Magaluf www.t-golf.club, dynamische Preise) sowie **Son Termes** (www.golfsontermes.com, Greenfee ca. 95 €) in den Ausläufern der Serra de Tramuntana. Eine Liste aller Plätze gibt es beim Golfverband der Balearen (www.fbgolf.com) sowie beim Portal Golf Mallorca (www.golf-mallorca.com).

Radfahren

Mallorca ist ein Paradies für Radfahrer. Anspruchsvolle Bergstrecken für Rennradler und Mountainbiker finden sich im gesamten **Tramuntana-Gebirge**. Immer noch knackig, aber etwas sanfter ist das Terrain in seinen Ausläufern zwischen Pollença und Alaró sowie in der **Serra de Llevant** zwischen Capdepera und Felanitx. Die flache Ebene im Zentrum der Insel – etwa rund um Sineu und Petra – sowie die Küstenregionen im Osten und Süden können ganz entspannt auch von Genussradlern befahren werden. Ausdauerfans powern sich hier freilich auf besonders langen Rundfahrten aus. Im Süden sind v. a. Llucmajor und seine umliegenden Dörfer bei Radlern populär – auch wegen der anspruchsvollen Abstecheroption zum Puig de Randa (S. 161). Viele Kommunen bauen hier ihr **Radwegenetz** aus und beschildern auch reizvolle, wenig befahrene Nebenstraßen. Zudem passen immer mehr Hotels ihr Angebot an Radtouristen an.

In fast allen Ferienorten gibt es **Fahrradvermietungen**, die immer häufiger auch E-Bikes und E-Scooter verleihen. Zahlreiche Reiseveranstalter bieten zudem maßgeschneiderte Pakete für Radurlauber an (www.easy-tours.de, www.huerzeler.com), die schon von Deutschland aus gebucht werden können. Auf Mallorca herrscht offiziell **Helmpflicht** außerhalb geschlossener Ortschaften; bei schlechtem Wetter muss reflektierende Kleidung getragen werden. Zudem dürfen Radfahrer nicht in Gruppen fahren, wenn sie den Verkehr behindern oder spezielle Schilder dies anzeigen. Ist die Straße frei, sind maximal zwei Radfahrer nebeneinander erlaubt.

Reiten

Lange Sandstrände und unverbautes Hinterland machen Mallorca attraktiv für Reiter aller Leistungsstufen. In vielen Ferienorten gibt es **Reiterhöfe** (»Ranchos«, »Clubs Hípics«), die Unterricht und Tagesausritte anbieten. Zudem bieten einige Fincas **Komplettpakete** für Pferdefreunde inklusive Unterkunft an (www.rancho-jaume.eu, www.finca-caballo-blanco.com, www.canpaulino.com). Besonders viel Spaß macht das Reiten durch die Naturparks im Nord- und Südosten der Insel rund um Artà und am Naturstrand Es Trenc. Informationen gibt es in den Tourismusbüros.

Schwimmen

Fast alle Hotels haben Innen- oder Außenpools, zusätzlich verfügen manche Orte über öffentliche Schwimmbäder (Infos bei den Tourismusbüros). Im Hochsommer erwärmt sich das Meer an den Küsten auf bis zu 25 Grad, und die zahlreichen Strände und Buchten laden zum Baden ein. Achten Sie dabei jedoch unbedingt auf die **Strandbeflaggung**: Die rote Fahne bedeutet Badeverbot, wird die gelbe Flagge gehisst, sollten nur geübte Schwimmer ins Meer eintauchen und Kinder das Wasser tunlichst meiden.

An vielen Naturbuchten gibt es weder Rettungsschwimmer noch Warnflaggen. Hier müssen **Hinweistafeln** beachtet werden, die auf tückische Strömungen (auch unter Wasser!) hinweisen. Beim Baden ist v. a. an Felsbuchten und bei starkem Wind Vorsicht geboten.

Segeln und Surfen

Rund um Mallorca finden sich herrliche Segelreviere für jeden Geschmack, unzählige kleine Buchten laden zum Ankern ein. Besonders gut sind die Windbedingungen an der Nordküste rund um **Pollença** und **Alcúdia**. Hier gibt es etliche Segel-, Surf- und Kitesurf-Schulen, die auch Boote, Bretter und Ausrüstung verleihen. Einen Überblick über alle **Charterjachten** der Balearen gibt es auf der Webseite von Mallorca Nautic (www.mallorcanautic.com).

Tauchen

In den meisten Küstenorten haben sich Tauchschulen niedergelassen. Sehr reizvoll sind die fischreichen Gewässer rund um die **Illa Sa Dragonera** im Südwesten und das **Cabrera-Archipel** im Süden vor Colònia de Sant Jordi. Profis kommen in den Revieren am

Cap Formentor auf ihre Kosten. Auch die Nordostküste rund um **Cala Ratjada** punktet mit spannenden Kliffs und Unterwasserhöhlen; hier sind auch Anfänger gut aufgehoben.

Wandern

Die vielseitigen Landschaften und das angenehme Klima im Frühjahr und Spätsommer machen Mallorca zum Traumziel für Wanderer. Besonders schöne und auch anspruchsvolle Routen gibt es an der **Westküste** der Insel. In der **Serra de Tramuntana** sind ganztägige Bergtouren möglich, und zahlreiche Schutzhütten (oft nicht bewirtschaftet) und Picknickplätze laden zur Rast ein. Besonders beliebt ist hier der rund 150 km lange **Fernwanderweg GR 221** (»Ruta de Pedra en Sec«, www.serratramuntana.de), der in neun aussichtsreichen Etappen von Port d'Andratx über Valldemossa nach Pollença führt. Auch im Osten der Insel rund um **Artà** und in der **Serra de Llevant** sowie auf den Inseln **Sa Dragonera** und **Cabrera** (hier nur geführte Wanderungen) kann man reizvolle, nicht ganz so anstrengende Touren unternehmen. Für alle Wanderwege auf Mallorca gilt: Viele Routen sind zwar inzwischen gut ausgeschildert, doch in manchen Gegenden fehlen Wegmarkierungen gänzlich. So kann es immer wieder vorkommen, dass man sich in die Macchie verirrt. Abhilfe schaffen ein GPS-fähiges Mobiltelefon sowie gute Wanderführer, die auch in den Infobüros der Gemeinden erhältlich sind. Auch im Frühjahr und Frühherbst sollten Wanderer Sonnencreme, Hut und ausreichend Flüssigkeit sowie eine winddichte Jacke einpacken. Feste Wanderschuhe sind im Tramuntana-Gebirge unverzichtbar, Flipflops und Sandalen auch auf vermeintlich einfachen Küstenpfaden tabu. Geführte Wanderreisen werden von zahlreichen Veranstaltern angeboten, etwa **Wikinger Reisen** (www.wikinger-reisen.de), **Studiosus** (www.studiosus.com) oder **Gebeco** (www.gebeco.de).

Strom und Steckdose

Die Netzspannung beträgt 230 Volt, Adapter sind nicht notwendig. In die Steckdosen passen problemlos übliche Euro- wie auch Schuko-Stecker.

Telefon und Internet

Die mallorquinischen Telefonnummern sind neunstellig und beginnen mit 971 oder 871, Handynummern beginnen stets mit der Ziffer 6. Die Benutzung handelsüblicher Handys und Smartphones ist auf der Insel dank **Roaming** fast überall problemlos möglich. Nur im Gebirge und im Landesinneren kann die Netzqualität einbrechen.
Anschlüsse auf der Insel sind über die spanische Ländervorwahl **0034** zu erreichen. Für Gespräche nach Deutschland wählt man die Länderkennung 0049, nach Österreich 0043 und 0041 für Anrufe in die Schweiz.
Die meisten **Hotels** bieten ihren Gästen Zugang zu einem drahtlosen WLAN-Netz, in das man sich mit einem Kennwort via Laptop oder Smartphone einloggt. Verbreitet sind auch immer noch Computer im Lobby-Bereich, mit denen man gegen Gebühr im Netz surfen und Mails verschicken kann. Zudem gibt es vielerorts **kostenloses WLAN** – vor allem in der Hauptstadt und entlang der Platja de Palma wurde ein dichtes Hotspot-Netz aufgebaut. Seit dem Wegfall der Roa-

ming-Gebühren können in der Heimat gebuchte Datenpakete aber in der Regel auch ohne Aufpreis im europäischen Ausland genutzt werden.

Umgangsformen

In vielen Restaurants werden Tische von den Kellnern zugewiesen. Beim **Bezahlen** ist es unüblich, die Rechnung aufzuteilen. Gruppen sollten also zusammenlegen.
Trinkgeld kann, muss man aber nicht geben. Wer zufrieden war, lässt den Betrag (ungefähr 10 %) oder das Wechselgeld beim Verlassen des Lokals einfach liegen.

Unterkunft und Hotels

Mallorca bietet Unterkünfte für jeden Geschmack und jedes Budget. **Hoteltipps** finden sich am Ende jedes Kapitels in diesem Reiseführer. Sehr gefragt sind **Fincas** und **Privatunterkünfte**. Es gibt sie von einfach bis luxuriös, mit Verpflegung oder für Selbstversorger. Fündig wird man bei der **Agentur Fincallorca** (www.fincallorca.com), aber auch bei **FeWoDirekt** (www.fewo-direkt.de). Seit einigen Jahren wird auf den Balearen wieder eine **Touristensteuer** erhoben. Pro Gast und Tag müssen je nach Kategorie der Unterkunft und Jahreszeit zwischen 0,25 und 2 € abgeführt werden. Bezahlt wird meist schon bei der Ankunft an der Hotelrezeption.
Wildes **Campen** ist auf Mallorca streng verboten. Die einzigen offiziellen Campingplätze finden sich am Parkplatz des Klosters Lluc sowie am Picknickplatz Es Pixarells an der Ma 10 Richtung Pollença (Anmeldung notwendig, Tel. 971 51 70 83, www.lluc.net).

Verkehrsmittel im Land

Bahn

Wer kein Auto hat, kann sich mit der Bahn schnell und günstig auf der Insel fortbewegen. Am besten ausgebaut ist die Nord-Süd-Trasse: Die Linien **T1** und **T2** verbinden im 40-Minuten-Takt Palma mit Inca und Sa Pobla, die Züge der Linie **T3** biegen in **Inca** Richtung Osten ab und fahren weiter nach Sineu, Petra und Manacor (www.tib.org). Bei Touristen beliebt ist der historische **Tren de Sóller** (S. 76, 105), der von der Inselhauptstadt in das Tal der Orangen führt (www.trendesoller.com).

Bus

Über 60 Buslinien fahren ab Palma in fast alle Ecken der Insel. Querverbindungen sind zwar rar, dennoch erreicht man fast jedes Dorf und selbst abgelegene Sehenswürdigkeiten – vorausgesetzt man bringt etwas Zeit mit. Auch in Palma kommt man mit dem Bus schnell voran (www.emtpalma.es). Der **zentrale Busbahnhof** für überregionale Linien befindet sich im zweiten Untergeschoss des Estació Intermodal an der Plaça d'Espanya. Tickets kauft man direkt beim Fahrer. Infos zu allen Linien finden Sie unter www.tib.org sowie im Hauptteil des Buches unter der Rubrik »Verkehrsmittel«.

Fähre

Von Frühjahr bis Herbst steuert die Reederei **Balearia** (www.balearia.com) ab Palma mehrmals täglich Ibiza an (2–3,5 Std., hin und zurück ab 65 €), ab Port d'Alcúdia gibt es Fähren nach Menorca (1,5–2 Std., hin und zurück ab 40 €). Die Schiffe von **Trasmediterranea** (www.trasmediterranea.es) befördern Passagiere fast ganzjährig einmal pro Woche ab Palma (5,5 Std., hin und zurück ab 60 €), im Sommer tgl. ab Port d'Alcúdia (2,5 Std., hin und zurück ab 50 €) nach Menorca. Preise variieren je nach Saison und Platzkategorie.

Mietwagen

Mietwagen auf Mallorca sind im Vergleich zu anderen Feriendestinationen günstig. Dennoch lohnt sich v. a. in der Hauptsaison ein Vergleich der Anbieter, Preise und inbegriffenen Leistungen. Für die Sommerferien sollte man bereits im Voraus online reservieren. Achten Sie bei der Auswahl auch auf Lage und Öffnungszeiten der Abholstation. Nicht jeder Anbieter verfügt über Stellplätze am Flughafen. Kunden werden in diesen Fällen mit einem Shuttle zum Fahrzeugdepot befördert. Hier muss das Fahrzeug meist auch wieder mit vollem Tank abgegeben werden. Will man das außerhalb der Öffnungszeiten tun, können Gebühren anfallen – zudem ist der Shuttleservice oftmals nicht rund um die Uhr gewährleistet.

In der verkehrsreichen Hauptsaison empfiehlt sich eine **Vollkaskoversicherung** ohne jegliche Selbstbeteiligung, denn auf den engen und viel befahrenen Straßen kann es schnell zu Kratzern und Dellen kommen. Achten Sie zudem auf eine hohe Deckungssumme der angebotenen Haftpflichtversicherung – im Idealfall ist sie unbegrenzt. Wer ein Auto auf Mallorca anmieten möchte, benötigt einen **nationalen Führerschein**, zwingend eine **Kreditkarte** und muss meist, abhängig vom Anbieter, mindestens 21 Jahre alt sein. Für Mitglieder bietet die **ADAC Autovermietung** günstige Konditionen an. Buchungen über adac.de/autovermietung, die ADAC Geschäftsstellen oder unter Tel. 089/76762099.

Taxi

Preise für Überlandfahrten sind oftmals festgeschrieben und können Tafeln an den Taxiständen entnommen werden. Innerorts wird mit **Taxameter** abgerechnet. Die Kosten variieren je nach Tag und Zeit. Sie setzen sich aus einer Grundgebühr (ca. 3 €) und einem Kilometerpreis (ca. 1,08 €/km) zusammen. Hinzu kommen gegebenenfalls Zuschläge für Nacht- und Wochenendfahrten sowie (seltener) auch für Gepäckstücke. Wer weite Strecken über die Insel zurücklegt, muss auch die Rückfahrt des Taxifahrers bezahlen. Die Strecke vom Flughafen ins Zentrum von Palma kostet rund 35 €. Nicht alle Taxis akzeptieren Kreditkarten!

Zollbestimmungen

Zwischen **EU-Ländern** ist der persönliche Reisebedarf abgabenfrei. Richtmengen für den privaten Verbrauch: 800 Zigaretten, 200 Zigarren, 110 l Bier, 10 l Likör/Spirituosen, 10 kg Kaffee. Für Wein, der für den privaten Konsum eingeführt wird, gibt es keine Beschränkungen – vorausgesetzt, er wurde auf Mallorca regulär versteuert. Für Einkäufe aus den Duty-free-Läden am Flughafen Palma gelten leicht reduzierte Einfuhrlimits (Infos: www.zoll.de bzw. www.bmf.gv.at/zoll).

Bei der Einreise in die **Schweiz** bleiben Waren im Gesamtwert von unter 300 CHF zollfrei (inkl. Alkohol und Tabak). Zusätzlich müssen Freimengen beachtet werden: Steuerfrei bleiben 250 Zigaretten/Zigarren oder 250 g andere Tabakfabrikate, 5 l alkoholische Getränke bis 18 % Vol. und 1 l alkoholische Getränke über 18 % Vol. Beschränkt ist außerdem die Mitnahme von Lebensmitteln (Infos: www.ezv.admin.ch).

Die Geschichte Mallorcas

Um 4000 v. Chr. Erste Siedler kommen auf die Balearen. Ihre Spuren werden später u. a. bei Sóller und Valldemossa gefunden.

Um 1400 v. Chr. Beginn der Talaiot-Kultur. Die Siedlungen werden mit den für die Zeit typischen Türmen aus Steinquadern geschützt.

123–70 v. Chr. Besatzung durch die Römer. Sie gründen Palmaria Palmensis, das heutige Palma, und später Pollentia bei Alcúdia.

300–465 Das Christentum breitet sich aus, das Römische Reich zerfällt. 426 zerstören die Vandalen Pollentia, ab 465 besetzen sie alle Balearen-Inseln.

534–900 Byzanz besiegt die Vandalen, die Balearen werden Teil des Oströmischen Reiches; der Katholizismus erlebt eine Blütezeit.

902–1076 Mallorca wird von den Mauren erobert und ab dem Jahr 1076 ein unabhängiges Emirat; Palma erlebt einen kulturellen Aufschwung.

1229 Jaume I, König von Aragón, geht am 12. September bei Santa Ponça an Land, die christliche Rückeroberung (Reconquista) beginnt.

1276 Mallorca wird unabhängige Monarchie und König Jaume II zum Herrscher über die Insel.

1349 Jaume III kommt in der Schlacht von Llucmajor ums Leben, Mallorca wird wieder Provinz von Aragón.

1400–1700 Piratenangriffe werden zur Plage, rund um die Insel werden Wachtürme gebaut. 1652 tötet die Pest große Teile der Inselbevölkerung.

1835 Unter Königin Isabella II von Spanien werden Mallorcas Kirchen und Klöster säkularisiert.

Ab 1900 Erste Hotels eröffnen, ein Fremdenverkehrsverband wird gegründet. In den 1930er-Jahren besuchen 40 000 Touristen Mallorca.

1936–1939 Im Spanischen Bürgerkrieg unterstützt die Insel Franco, von 1939 bis zum Tod des »Generalissimus« 1975 herrscht eine faschistische Diktatur.

Ab 1960 Mit der Eröffnung des Flughafens Son Sant Juan beginnt der Massentourismus, an den Küsten schießen Hotelanlagen aus dem Boden.

1983 Die Balearen werden autonome Region Spaniens mit Palma als Hauptstadt. Die katalanische Sprache erlebt eine Renaissance.

Ab 2000 Die Zahl der Urlauber nähert sich der 10-Mio.-Marke; Proteste gegen den Massentourismus häufen sich.

2016 Am 1. Juli wird eine neue Touristensteuer eingeführt.

2017 Ende Dezember wird der Sóller-Tunnel nach langem Streit mautfrei.

2022 Alcúdia wie auch Pollença werden erstmalig zu »Spaniens schönsten Dörfern« gekürt.

In den 1950er-Jahren ging es am Strand von Palma noch recht beschaulich zu

Spanisch und Katalanisch für die Reise

Das Wichtigste in Kürze	Spanisch	Katalanisch
Ja/Nein	*sí/no*	*sí/no*
Bitte/Danke	*por favor/gracias*	*si us plau/gràcies*
Hallo!/Auf Wiedersehen!	*¡Hola!/¡Adiós!/¡Hasta luego!*	*Hola/Adéu-siau!/Adéu!*
Guten Morgen!/Guten Tag!	*¡Buenos días!*	*Bon dia!*
Guten Abend!	*¡Buenas tardes!*	*Bona tarda!*
Gute Nacht!	*¡Buenas noches!*	*Bona nit!*
Mein Name ist ...	*Me llamo ...*	*Em dic ...*
Entschuldigung!	*¡perdón!/¡perdone!*	*disculpi!/disculpa!*
Achtung!/Vorsicht!	*¡Atención!/¡Cuidado!*	*Compte!*
Ich verstehe Sie nicht.	*No les entiendo.*	*No et entenc.*
Wie viel kostet das?	*¿Cuánto cuesta?*	*Quant és?*
Damen/Herren	*señoras/señores*	*senyores/senyors*
geöffnet/geschlossen	*abierto/cerrado*	*obert/tancat*
gestern/heute/morgen	*ayer/hoy/mañana*	*ahir/avui/demà*
Wo ist ...?	*¿Dónde está ...?*	*On és ...?*
Ist das der Weg nach ...?	*¿Es este el camino a ...?*	*És aquest el camí per ...?*
Ich möchte ...	*Quisiera ...*	*Voldria ...*
Die Rechnung, bitte!	*¡La cuenta, por favor!*	*El compte, si us plau!*
Auto	*coche*	*cotxe*
Tankstelle	*estación de servicio*	*benzinera*
Super/Diesel/	*gasoline súper/diésel/*	*gasolina super/diesel/*
bleifrei	*gasolina sin plomo*	*sense plom*
Panne	*avería*	*avaria*
Wochentage		
Montag/Dienstag	*lunes/martes*	*dilluns/dimarts*
Mittwoch/Donnerstag	*miércoles/jueves*	*dimecres/dijous*
Freitag/Samstag	*viernes/sábado*	*divendres/dissabte*
Sonntag	*domingo*	*diumenge*

Hinweise zur Aussprache

Spanisch und Katalanisch

c	vor ›a, o, u‹ wie ›k‹, z. B.: casa, vor ›e‹ und ›i‹ ähnlich dem englischen ›th‹
ch	wie ›tsch‹, z. B.: leche
g	vor ›e‹ und ›i‹ wie ›ch‹, z. B.: gente
gue/gui	wie ›ge, gi‹, z. B.: guiso, pague
h	ist immer stumm
j	wie ›ch‹, z. B.: jamón
ll	zwischen Vokalen wie ›lj‹ z. B.: tortilla
ñ	wie ›nj‹, z. B.: niño
que/qui	wie ›ke, ki‹, z. B.: queso, quiero
s	vor ›b, d, g, l, m, n‹ weiches ›s‹
v	wie ›b‹, z. B.: via, vino
z	ähnlich dem englischen ›th‹

Besonderheiten des Katalanischen

ç	wie scharfes ›s‹, z. B.: França, dolços
g	vor ›e‹ und ›i‹ wie in Garage, z. B.: coratge, ›ig‹ am Wortende wie ›dsch‹, z. B.: puig
j	wie ›g‹ in Garage, z. B.: menjar
ny	wie ›gn‹ in ›Champagner‹, z. B.: Catalunya
s	am Anfang und Ende des Wortes scharfes ›s‹, z. B.: sis, zwischen zwei Vokalen weiches ›s‹, z. B.: ase
ss	zwischen zwei Vokalen scharfes ›s‹
x	wie ›sch‹, z. B.: caixa
z	wie weiches ›s‹, z. B.: onze, setze

Register

Bildnachweis
Titel: Cala Figuera
Foto: shutterstock.com (Simon Dannhauer)
Rücktitel: Dorf an der Küste von Deià
Foto: Shutterstock.com (vulcano)

adobe.stock: raskjaer 192 – **AWL Images:** Marco Simoni 52; D. Pearson 124 – **Bildagentur Huber:** R. Schmid 77; Chris Seba 78; A. Stewart 118/119 – **Bodega Ribas:** 26 – **Fernando Esteva:** 115 – **Fotolia:** vulcanus 6/7 – **Getty Images:** 30; Archive Photos 44 – **Huber Images:** Cornelia Dürr 3.1; Chris Seba 21; Reinhard Schmid 39; Massimo Borchi 41 – **imago stock&people:** 20 – **Jahreszeiten Verlag:** Arthur F. Selbach 50.2 – **Jalag:** A. F. Selbach 4.2, 60.1, 61.3, 62.1, 62.2, 63.1, 63.2, 73, 117.1, 147.2, 154 – **laif:** Fautre/Le Figaro Magazine 18; Miquel Gonzalez 29; Dieter Roeseler 51; Frank Heuer 54, T. Linkel 61.1; F. Heuer 63.3, 65.1, 74, 104/105, 134/135, 153; L.Moscia/Archivolatino 108; T. Gerber 160; D. Kruell 176 – **Look-foto:** Roetting+Pollex 22, 33, 35; age fotostock 25; Rainer Mirau 50.1, J. Richter 81, 100; age fotostock 93, 164; H. Dressler 110; robertharding 133.1, 140; R. Mirau 159.1 – **mauritius images:** Peter Erik Forsberg/Alamy Stock Photos 2.1; Cultura/Russ Rohde 24; Westend61/Moritz Teichmann 31; imageBROKER/Cordelia Ewerth 37; Visions from Earth/Alamy 38; joan llado/Alamy 42; imageBROKER/Fabian von Poser 45.2; felipe caparros cruz/Alamy 47; imageBROKER/Helmut Corneli 56.2; John Warburton-Lee 85; K. Kreder/imageBROKER 89; H. Corneli/ imageBROKER 166/167; Allan Cash Picture Library/Alamy 184 – **Ottmar Heinze:** 127, 128 – **Posada Terra Santa:** 95 – **Ramón Pérez Niz:** CC BY-SA 2.0 40 – **seasons.agency:** GourmetPictureGuide 86 – **Shutterstock.com:** Maria Ordos 3.2; vulcano 4.2, 12/13, 61.2, 58/59, 66/67, 90, 103, 122, 147.3; Eivaisla 9.2; Pawel Kazmierczak 14/15; Bildgigant 19, 99; Lucky Business 27; Magdanatka 32; Nanisimova 34; Natali Glado 45.1; Volker Rauch 46, 130; balounm 56.1; Karel Gallas 62.3; Rolf E. Staerk 82; Simon Dannhauer 97.1; Artesia Wells 97.2; holbox 133.3; Michael Thaler 147.1 – **stock.adobe.com:** tournee 2/3; Joseph Maniquet 16/17; myFood 23; vulcanus 36; Balate Dorin 55; Georgios 57; Kai Koehler 143 – **Terra Cuita:** 28

Markenlizenz der ADAC Medien und Reise GmbH, München

ISBN 978-3-95689-873-0

2., unveränderte Auflage 2024

Autoren: Cornelia Hüber, Andreas Pippig, Jens van Rooij
Redaktion: Juliane Helf, Susanne Kronester-Ritter
Lektorat und Satz: Ewald Tange, München
Bildredaktion: Dr. Nafsika Mylona
Reihengestaltung: Eva Stadler, München; Independent Medien Design, Horst Moser, München
Kartografie: Kunth Verlag GmbH & Co. KG, München, Huber Kartographie GmbH, www.kartographie.de
Herstellung: Felix Robitsch, Mendy Willerich
Druck und Bindung: Drukarnia Dimograf Sp z o.o. (Polen)

GRÄFE UND UNZER

Ein Unternehmen der
GANSKE VERLAGSGRUPPE

Wichtiger Hinweis
Die Daten und Fakten für dieses Werk wurden mit äußerster Sorgfalt recherchiert und geprüft. Wir weisen jedoch darauf hin, dass diese Angaben häufig Veränderungen unterworfen sind und inhaltliche Fehler oder Auslassungen nicht völlig auszuschließen sind. Für eventuelle Fehler oder Auslassungen können Gräfe und Unzer, die ADAC Medien und Reise GmbH sowie deren Mitarbeiter und die Autoren keinerlei Verpflichtung und Haftung übernehmen. Alle Inhalte im Buch wenden sich an und gelten für alle Geschlechter (w/m/d). Soweit grammatikalisch männliche, weibliche oder neutrale Personenbezeichnungen verwendet werden, dient dies allein der besseren Lesbarkeit.

Ansprechpartner für den Anzeigenverkauf:
KV Kommunalverlag GmbH & Co. KG, MediaCenter München, Tel. 089/928 09 60

Bei Interesse an maßgeschneiderten B2B-Produkten:
b2b-kontakt@graefe-und-unzer.de

Leserservice
GRÄFE UND UNZER Verlag
Grillparzerstraße 12
81675 München
www.graefe-und-unzer.de

Umwelthinweis
Nachhaltigkeit ist uns sehr wichtig. Der Rohstoff Papier ist in der Buchproduktion hierfür von entscheidender Bedeutung. Daher ist dieses Buch auf PEFC-zertifiziertem Papier gedruckt. PEFC garantiert, dass ökologische, soziale und ökonomische Aspekte in der Verarbeitungskette unabhängig überwacht werden und lückenlos nachvollziehbar sind.

Unterwegs auf Mallorca

Mit Blumen im Haar

Die Insel ganz gemütlich mit dem Oldtimer zu erkunden ist ein echtes Erlebnis. Und man kann sogar im Camper übernachten. Einen voll ausgestatteten alten Bulli (VW-Bus) gibt's beim Spezialisten.

■ www.mallorcadriving.com

Mit Bus und Bahn

Die Busse des TIB (www.tib.org) sind zuverlässig und steuern auch kleinste Dörfer an. Zudem bieten die Züge T1–T3 eine schnelle Alternative.

■ Siehe S. 182, Kästen »ADAC Mobil« und Rubrik »Verkehrsmittel«

Auf Abenteuerstraßen

Schlaglöcher, Engstellen – oder Ziegen: Mallorca kann selbst routinierten Fahrern den Schweiß auf die Stirn treiben. Knifflige Strecken und spezielle Verkehrsregeln werden im Buch ausführlich beleuchtet.

■ Siehe S. 172–173, 183 und Kästen »ADAC Mobil«

Mit dem Pedelec

Die Radwege rund ums Tramuntana-Gebirge haben es in sich. Rückenwind gefällig? Ausgefallene und ausdauernde E-Bikes, die es bis zum Cap Formentor schaffen, gibt es bei »Urban Ape« in Port de Pollença.

■ Siehe S. 126, 179, 131, www.urbanapepuertopollensa.com

Auf Schusters Rappen

Mallorca wird als Wanderziel immer beliebter. Dieses Buch versteht sich zwar nicht als Wanderführer, beschreibt aber die schönsten Routen und Spaziergänge – direkt bei den Sehenswürdigkeiten.

■ Siehe auch S. 181

Reisen in Corona-Zeiten

Liebe Leserin, lieber Leser, durch die langen pandemiebedingten Einschränkungen im Hotel- und Gastronomiegewerbe können wir nicht ausschließen, dass einige der im Buch empfohlenen Adressen zum Zeitpunkt Ihrer Reise nicht mehr aktuell sind. Wenn Sie trotz unserer Bemühungen um Aktualität eine solche Adresse finden, teilen Sie uns diese bitte mit. Wir belohnen jede in die nächste Auflage aufgenommene Korrektur mit **einem kostenlosen Reiseführer Ihrer Wahl**. Zuschriften bitte an: adac@graefe-und-unzer.de